Klaus-Michael Bogdal (Hrsg.)
Neue Literaturtheorien in der Praxis

D0932169

WV studium

Band 169

Klaus-Michael Bogdal (Hrsg.)

Neue Literaturtheorien in der Praxis

*Textanalysen von
Kafkas ‚Vor dem Gesetz'*

Westdeutscher Verlag

Umschlaggestaltung: Horst Dieter Bürkle, Darmstadt
Druck und buchbinderische Verarbeitung: Langelüddecke, Braunschweig
Gedruckt auf säurefreiem Papier
Printed in Germany

ISBN 3-531-22169-8

Inhalt

Einleitung: Vor dem Gesetz der Literatur.
Neue Literaturtheorien in der Praxis

Klaus-Michael Bogdal

> "An einer Theorie ist es wahrhaftig
> nicht ihr geringster Reiz, daß sie
> widerlegbar ist."
> (Friedrich Nietzsche)

1.

Die 1990 erschienene Einführung in 'Neue Literaturtheorien'[1] konnte eines nicht leisten, ohne 'unförmlich' zu werden: die Exemplifizierung an einem literarischen Text. Dennoch ist der häufig geäußerte Wunsch nach einer praktischen 'Bewährungsprobe' einleuchtend. Literaturwissenschaftliche Grundlagenforschung, sei sie noch so anschaulich dargelegt, überzeugt letztlich erst in der konkreten Textanalyse, in der sie ihre Möglichkeiten und Grenzen erprobt.

Eine durch Modellanalysen erweiterte Neuauflage des Einführungsbandes würde dessen Grundkonzeption, die systematische Darlegung neuer Theorierichtungen in den Literaturwissenschaften, sprengen. Daher die Idee, in einem *Fortsetzungsband*, der genügend Raum bietet, die 'praktische Seite' der neuen Literaturtheorien zu demonstrieren.

Allerdings sind weder eine Methoden-Revue noch literaturwissenschaftliches Schau-Tanzen vorgesehen. Die Gefahren einer 'Anwendung' sind den Beteiligten durchaus bewußt. "Der Apparat lähmt die Organe," hätte Kafka dazu gesagt. Auseinandersetzungen mit den theoretischen Vorgaben, Widersprüche, Weiterentwicklungen, Zurücknahmen sind beabsichtigt. Sicher finden Sie in den 10 Kapiteln Analysen professioneller, spezialisierter Leser, die sich auf geregelte Zugangsweisen berufen. Aber es geht nicht allein um 'Theorie'. Im Vordergrund stehen ganz unterschiedliche *Lesarten* zu Kafka, die das Wissen über Literatur produktiv erweitern. Literaturtheorie gilt gemeinhin als Hindernis auf dem Weg zu

---

1 Klaus-Michael Bogdal (Hg.): Neue Literaturtheorien. Eine Einführung, Opladen 1990.

den Texten. Die Mitarbeiter dieses Bandes versuchen den Gegenbeweis anzutreten. Theorie vermag den Zugang zum 'Objekt des Begehrens' öffnen, wenn sie nicht ausschließlich auf ihren wissenschaftlichen Status reflektiert, sondern auch ihren kulturellen Gebrauchswert im Lesealltag im Auge behält und nicht zuletzt in unserer Mediengesellschaft eine differenzierte Lesefähigkeit zu bewahren hilft.

Warum dann ausgerechnet Franz Kafka, den durch die literaturwissenschaftliche Rezeption nicht wenig geschundenen Autor? Schließlich haben wir noch Adornos Warnung im Ohr:

"Die Beliebtheit Kafkas, das Behagen am Unbehaglichen, das ihn zum Auskunftsbüro der je nachdem ewigen oder heutigen Situation des Menschen erniedrigt und mit quikkem Bescheidwissen eben den Skandal wegräumt, auf den das Werk angelegt ist, weckt Widerwillen dagegen, mitzutun und den kurrenten Meinungen eine sei's auch abweichende anzureihen."[2]

Und Beda Allemann weiß zu berichten, daß Kafka-Colloquien "in reine Deutungs-Festspiele, wenn nicht Interpretations-Orgien"[3] ausgeartet seien. Sollten es wirklich Orgien und nicht Festspiele gewesen sein, spricht das nicht unbedingt gegen Kafka und seine Interpreten. Das Problem hat seine Ursache nicht in der Vielzahl überzeugender oder abwegiger Deutungen, die jeden Studenten, der in einem Referat den 'Forschungsstand' präsentieren möchte, schier zur Verzweiflung bringt. Heinz Politzer hat im Vorwort zu seinem Kafka-Band in den 'Wegen der Forschung' Kafkas ambivalente Funktion in der jüngeren Literaturwissenschaft deutlich beschrieben:

"Kafka hat nicht nur die wissenschaftliche Methodik ihrer Eindeutigkeit beraubt, er hat auch die Deutbarkeit von Dichtung überhaupt ins Zwielicht der Fragwürdigkeit gerückt."[4]

Damit ist aber das Dilemma der Literaturthorie - und insbesondere der hermeneutischen Richtung - benannt, die über eine historische und systematische Statusbestimmung von Literatur hinaus 'Deutungen' wissenschaftlich legitimieren will. Die Texte Kafkas haben sich diesem Ansinnen gegenüber als erfreulich sperrig erwiesen: "Jeder Satz spricht: deute mich, und keiner will es dulden."[5] Dieses Eingeständnis eines ansonsten

---

2 Theodor Adorno: Aufzeichnungen zu Kafka, in: Gesammelte Schriften Bd.10.1, Frankfurt/M. 1977, 254.
3 Beda Allemann: Fragen an die judaistische Kafka-Deutung am Beispiel Benjamins, in: K.E. Grözinger u.a. (Hg.), Franz Kafka und das Judentum, Frankfurt/M. 1987, 35.
4 Heinz Politzer: Franz Kafka. Wege der Forschung, Darmstadt [2]1980, IX.
5 Adorno a.a.O., 255.

wenig über Lektüreprobleme klagenden Philosophen weist auf eine Eigenart der Texte Kafkas, die Tatsache nämlich, daß sie verwirrende "Spuren (...) exegetischer Strukturen"[6] tragen. Daß Texten Anweisungen zu ihrer Deutung inhärent sind, kennen wir seit der mittelalterlichen Allegorese und natürlich durch die Talmud-Tradition, auf die 'Vor dem Gesetz' anspielt. Die Legende im Roman 'Der Proceß' treibt die textinterne Selbstexegese auf die Spitze. Anders jedoch als die allegorische Literatur des Mittelalters oder z.b. die symbolhafte Dichtung der Autonomieepoche schließen Kafkas 'Kommentare' die Texte nach außen ab, obwohl alle 'Türen' offen scheinen. 'Vor dem Gesetz', ein Text, der in den uns vertrauten allegorischen und symbolischen Mustern nicht aufgeht, erinnert daran, daß die Literaturtheorie sich noch immer *vor dem Gesetz der Literatur* befindet. Seine Analyse ist deshalb zugleich der Versuch, ihre 'Gesetze' zu erkennen.

2.

Die Beiträge enthalten erfreulich wenig Überschneidungen, offensichtlich weil sie jeweils sehr unterschiedliche Wissensbereiche ansprechen. Auf eine Etikettierung wurde verzichtet, jeder Autor konnte seinen Titel ohne direkten Bezug auf die 'Einführung' formulieren und theoretische Weiterentwicklungen berücksichtigen.

Jedoch wurde die Reihenfolge der 'Einführung' aus Gründen der Übersichtlichkeit beibehalten. Zwei Änderungen sind zu vermerken: Die 'strukturale Psychoanalyse' wurde vom Verfasser um Aspekte poststrukturalistischer Theorie erweitert und rückt deshalb an die erste Stelle. Historische Diskursanalyse und symptomale Lektüre wurden ebenfalls zu einem Konzept verbunden.

Neu ist der Versuch, Möglichkeiten der Literaturrezeption in der *Schule* aufzuzeigen, so daß auch Lehrer anläßlich der Kafka-Lektüre im *Deutschunterricht* mit den 'Neuen Literaturtheorien in der Praxis' arbeiten können.

Vielleicht werden Sie fragen, wo bei all der "Raserei der Auslegung"[7] Kafka bleibt. Auch ihn finden Sie in diesem Buch - an erster Stelle. Wir drucken einen Auszug aus der neuen historisch-kritischen Ausgabe:

---

6 Gerhard Kurz: Meinungen zur Schrift. Zur Exegese der Legende "Vor dem Gesetz" im Roman "Der Prozeß", in: K.E. Grözinger u.a., a.a.O., 213.
7 Maurice Blanchot: Wiederholung und Verdopplung. Notiz über Literatur und Interpretation, in: Neue Rundschau 99 (1988), 125.

Franz Kafka: Der Proceß, In der Fassung der Handschrift, herausgegeben von Malcolm Pasley, Frankfurt/M. 1990, zu dem Sie Zuflucht nehmen dürfen, wenn Ihnen die 'Erklärer' zu 'unförmlich' werden.

Nach *dieser* Ausgabe wird in allen Beiträgen einheitlich zitiert. Die Seitenangaben finden Sie in Klammern hinter dem jeweiligen Beleg.[*]

---

[*] Für die sorgfältige Korrektur der Manuskripte ist Kathrin Schwehr und Tanja Wegenast zu danken.

Franz Kafka
Der Proceß

[Auszug aus dem Kapitel 'Im Dom']¹

(...)

K. erwartete ihn unten an der Treppe. Der Geistliche streckte ihm schon
von einer obern Stufe im Hinuntergehn die Hand entgegen. "Hast Du ein
wenig Zeit für mich?" fragte K. "Soviel Zeit als Du brauchst", sagte der
Geistliche und reichte K. die kleine Lampe damit er sie trage. Auch in
der Nähe verlor sich eine gewisse Feierlichkeit aus seinem Wesen nicht.
"Du bist sehr freundlich zu mir", sagte K. Sie giengen nebeneinander im
dunklen Seitenschiff auf und ab. "Du bist eine Ausnahme unter allen, die
zum Gericht gehören. Ich habe mehr Vertrauen zu Dir, als zu irgendjemanden von ihnen, soviele ich schon kenne. Mit Dir kann ich offen reden." "Täusche Dich nicht", sagte der Geistliche. "Worin sollte ich mich
denn täuschen?" fragte K. "In dem Gericht täuschst Du Dich", sagte der
Geistliche, "in den einleitenden Schriften zum Gesetz heißt es von dieser
Täuschung: Vor dem Gesetz steht ein Türhüter. Zu diesem Türhüter
kommt ein Mann vom Lande und bittet um Eintritt in das Gesetz. Aber
der Türhüter sagt, daß er ihm jetzt den Eintritt nicht gewähren könne.
Der Mann überlegt und fragt dann, ob er also später werde eintreten dürfen. 'Es ist möglich', sagt der Türhüter, 'jetzt aber nicht.' Da das Tor zum
Gesetz offensteht wie immer und der Türhüter beiseite tritt, bückt sich
der Mann, um durch das Tor in das Innere zu sehn. Als der Türhüter
[292] das merkt, lacht er und sagt: 'Wenn es Dich so lockt, versuche es
doch trotz meines Verbotes hineinzugehn. Merke aber: Ich bin mächtig.
Und ich bin nur der unterste Türhüter. Von Saal zu Saal stehn aber Türhüter einer mächtiger als der andere. Schon den Anblick des dritten kann
nicht einmal ich mehr ertragen.' Solche Schwierigkeiten hat der Mann
vom Lande nicht erwartet, das Gesetz soll doch jedem und immer zugänglich sein denkt er, aber als er jetzt den Türhüter in seinem Pelzmantel genauer ansieht, seine große Spitznase, den langen dünnen schwarzen
tartarischen Bart, entschließt er sich doch lieber zu warten bis er die Erlaubnis zum Eintritt bekommt. Der Türhüter gibt ihm einen Schemel und

---

1 Hrsg. v. Malcolm Pasley, Frankfurt/M. 1990, S.[292] - [303]. Die Paginierung dieser
  Ausgabe finden Sie im lfd. in eckigen Klammern. Der Abdruck erfolgt mit freund-
  licher Genehmigung des S.Fischer Verlags Frankfurt/M.

läßt ihn seitwärts von der Tür sich niedersetzen. Dort sitzt er Tage und Jahre. Er macht viele Versuche eingelassen zu werden und ermüdet den Türhüter durch seine Bitten. Der Türhüter stellt öfters kleine Verhöre mit ihm an, fragt ihn über seine Heimat aus und nach vielem andern, es sind aber teilnahmslose Fragen wie sie große Herren stellen und zum Schlusse sagt er ihm immer wieder, daß er ihn noch nicht einlassen könne. Der Mann, der sich für seine Reise mit vielem ausgerüstet hat, verwendet alles und sei es noch so wertvoll um den den Türhüter zu bestechen. Dieser nimmt zwar alles an, aber sagt dabei: 'Ich nehme es nur an, damit Du nicht glaubst, etwas versäumt zu haben.' Während der vielen Jahre beobachtet der Mann den Türhüter ununter-[293]brochen. Er vergißt die andern Türhüter und dieser erste scheint ihm das einzige Hindernis für den Eintritt in das Gesetz. Er verflucht den unglücklichen Zufall, in den ersten Jahren laut, später als er alt wird brummt er nur noch vor sich hin. Er wird kindisch und da er in dem jahrelangen Studium des Türhüters auch die Flöhe in seinem Pelzkragen erkannt hat, bittet er auch die Flöhe ihm zu helfen und den Türhüter umzustimmen. Schließlich wird sein Augenlicht schwach und er weiß nicht ob es um ihn wirklich dunkler wird oder ob ihn nur seine Augen täuschen. Wohl aber erkennt er jetzt im Dunkel einen Glanz, der unverlöschlich aus der Türe des Gesetzes bricht. Nun lebt er nicht mehr lange. Vor seinem Tode sammeln sich in seinem Kopfe alle Erfahrungen der ganzen Zeit zu einer Frage die er bisher an den Türhüter noch nicht gestellt hat. Er winkt ihm zu, da er seinen erstarrenden Körper nicht mehr aufrichten kann. Der Türhüter muß sich tief zu ihm hinunterneigen, denn die Größenunterschiede haben sich sehr zuungunsten des Mannes verändert.'Was willst Du denn jetzt noch wissen', fragt der Türhüter, 'Du bist unersättlich.' 'Alle streben doch nach dem Gesetz', sagt der Mann, 'wie so kommt es, daß in den vielen Jahren niemand außer mir Einlaß verlangt hat.' Der Türhüter erkennt, daß der Mann schon am Ende ist und um sein vergehendes Gehör noch zu erreichen brüllt er ihn an: 'Hier konnte niemand sonst Einlaß erhalten, denn dieser Eingang [294] war nur für Dich bestimmt. Ich gehe jetzt und schließe ihn.'"

"Der Türhüter hat also den Mann getäuscht", sagte K. sofort, von der Geschichte sehr stark angezogen. "Sei nicht übereilt", sagte er Geistliche, "übernimm nicht die fremde Meinung ungeprüft. Ich habe Dir die Geschichte im Wortlaut der Schrift erzählt. Von Täuschung steht darin nichts." "Es ist aber klar", sagte K., "und Deine erste Deutung war ganz richtig. Der Türhüter hat die erlösende Mitteilung erst dann gemacht, als sie dem Manne nichts mehr helfen konnte." "Er wurde nicht früher gefragt", sagte der Geistliche, "bedenke auch daß er nur Türhüter war und als solcher hat er seine Pflicht erfüllt." "Warum glaubst Du daß er seine Pflicht erfüllt hat?" fragte K., "er hat sie nicht erfüllt. Seine Pflicht war es vielleicht alle Fremden abzuwehren, diesen Mann aber, für den der Eingang bestimmt war, hätte er einlassen müssen." "Du hast nicht genug Achtung vor der Schrift und veränderst die Geschichte", sagte der Geistliche. "Die Geschichte enthält über den Einlaß ins Gesetz zwei wichtige Erklärungen des Türhüters, eine am Anfang, eine am Ende. Die eine Stelle lautet: 'daß er ihm jetzt den Eintritt nicht gewähren könne' und die andere: 'dieser Eingang war nur für Dich bestimmt.' Bestände zwischen diesen Erklärungen ein Widerspruch dann hättest Du recht und der Türhüter hätte den Mann getäuscht. Nun besteht aber kein Widerspruch. Im Gegen-[295]teil die erste Erklärung deutet sogar auf die zweite hin. Man könnte fast sagen der Türhüter gieng über seine Pflicht hinaus, indem er dem Mann eine zukünftige Möglichkeit des Einlasses in Aussicht stellte. Zu jener Zeit scheint es nur seine Pflicht gewesen zu sein, den Mann abzuweisen. Und tatsächlich wundern sich viele Erklärer der Schrift darüber, daß der Türhüter jene Andeutung überhaupt gemacht hat, denn er scheint die Genauigkeit zu lieben und wacht streng über sein Amt. Durch viele Jahre verläßt er seinen Posten nicht und schließt das Tor erst ganz zuletzt, er ist sich der Wichtigkeit seines Dienstes sehr bewußt, denn er sagt 'ich bin mächtig', er hat Ehrfurcht vor den Vorgesetzten, denn er sagt 'ich bin nur der unterste Türhüter', er ist wo es um Pflichterfüllung geht weder zu rühren noch zu erbittern, denn es heißt von dem Mann, 'er ermüdet den Türhüter durch seine Bitten', er ist nicht geschwätzig, denn während der vielen Jahre stellt er nur wie es heißt 'teilnahmslose Fragen', er ist nicht bestechlich, denn er sagt über ein Geschenk 'ich nehme es nur an, damit Du nicht glaubst etwas versäumt zu haben', schließlich deutet auch sein Äußeres auf einen pedantischen Charakter hin, die große Spitznase und der lange dünne schwarze tartarische Bart. Kann es einen pflichttreueren Türhüter geben? Nun mischen sich aber in den Türhüter noch andere Wesenszüge ein, die für den, der Einlaß verlangt, sehr günstig sind und welche es immerhin begreiflich [296] machen, daß er in jener Andeutung einer zukünftigen Möglichkeit über seine Pflicht etwas hinausgehn konnte. Es ist nämlich nicht zu leugnen, daß er ein wenig einfältig und im Zusammenhang damit ein wenig eingebildet ist. Wenn auch seine Äußerungen über seine Macht und über die Macht der andern Türhüter und über deren sogar für ihn unerträglichen Anblick - ich sage wenn auch alle diese Äußerungen an sich richtig sein mögen, so zeigt doch die Art wie er diese Äußerungen vorbringt, daß seine Auffassung durch Einfalt und Überhebung getrübt ist. Die Erklärer sagen hiezu: Richtiges Auffassen einer Sache und Mißverstehn der gleichen Sache schließen einander nicht vollständig aus. Jedenfalls aber muß man annehmen, daß jene Einfalt und Überhebung, so geringfügig sie sich vielleicht auch äußern, doch die Bewachung des Einganges schwächen, es sind Lücken im Charakter des Türhüters. Hiezu kommt noch daß der Türhüter seiner Naturanlage nach freundlich zu sein scheint, er ist durchaus nicht immer Amtsperson. Gleich in den ersten Augenblicken macht er den Spaß, daß er den Mann trotz des ausdrücklich aufrecht erhaltenen Verbotes zum Eintritt einladet, dann schickt er ihn nicht etwa fort, sondern gibt ihm wie es heißt einen Schemel und läßt ihn seitwärts von der Tür sich niedersetzen. Die Geduld mit der er durch alle die Jahre die Bitten des Mannes erträgt, die kleinen Verhöre, die Annahme der Geschenke, die Vornehmheit, mit der [297] er es zuläßt, daß der Mann neben ihm laut den unglücklichen Zufall verflucht, der den Türhüter hier aufgestellt hat - alles dieses läßt auf Regungen des Mitleids schließen. Nicht jeder Türhüter hätte so gehandelt. Und schließlich beugt er sich noch auf einen Wink hin tief zu dem Mann hinab, um ihm Gelegenheit zur letzten Frage zu geben. Nur eine schwache Ungeduld - der Türhüter weiß ja daß alles zuende ist - spricht sich in den Worten aus: 'Du bist unersättlich'. Manche gehn sogar in dieser Art der Erklärung noch weiter und meinen, die Worte 'Du bist unersättlich' drücken eine Art freundschaftlicher Bewunderung aus, die allerdings von Herablassung nicht frei ist. Jedenfalls schließt sich so die Gestalt des Türhüters anders ab, als Du es glaubst." "Du kennst die Geschichte genauer als ich und längere Zeit", sagte K. Sie schwiegen ein Weilchen. Dann sagte K.: "Du glaubst also der Mann wurde nicht getäuscht?" "Mißverstehe mich nicht", sagte der Geistliche, "ich zeige Dir nur die Meinungen, die darüber bestehn. Du mußt nicht zuviel auf Meinungen achten. Die Schrift ist unveränderlich und die Meinungen sind oft nur ein Ausdruck der Verzweiflung darüber. In diesem Falle gibt es sogar eine Meinung nach welcher gerade der Türhüter der Getäuschte ist." "Das ist eine weitgehende Meinung", sagte K. "Wie wird sie begründet?" "Die Begründung", antwortete der Geistliche, "geht von der Einfalt des Türhüters aus. Man sagt, daß er das Innere des Gesetzes nicht [298] kennt, sondern nur den Weg, den er vor dem Eingang immer wieder abgehn muß. Die Vorstellungen die er von dem Innern hat werden für kindlich gehalten und man nimmt an, daß er das wovor er dem Manne Furcht machen will, selbst fürchtet. Ja er fürchtet es mehr als der Mann, denn dieser will ja nichts anderes als eintreten, selbst als er von den schrecklichen Türhütern des Innern gehört hat, der Türhüter dagegen will nicht eintreten, wenigstens erfährt man nichts darüber. Andere sagen zwar, daß er bereits im Innern gewesen sein muß, denn er ist doch einmal in den Dienst des Gesetzes aufgenommen worden und das könne nur im Innern geschehen sein. Darauf ist zu antworten, daß er wohl auch durch einen Ruf aus dem Innern zum Türhüter bestellt worden sein könne und daß er zumindest tief im Innern nicht gewesen sein dürfte, da er doch schon den Anblick des dritten Türhüters nicht mehr ertragen kann. Außerdem aber wird auch nicht berichtet, daß er während der vielen Jahre außer der Bemerkung über die Türhüter irgendetwas von dem Innern erzählt hätte. Es könnte ihm verboten sein, aber auch vom Verbot hat er nichts erzählt. Aus alledem schließt man, daß er über das Aussehn und die Bedeutung des Innern nichts weiß und sich darüber in Täuschung befindet. Aber auch über den Mann vom Lande soll er sich in Täuschung befinden, denn er ist diesem Mann untergeordnet und weiß es nicht. Daß er den Mann als einen Untergeordneten [299] behandelt, erkennt man an vielem, das Dir noch erinnerlich sein dürfte. Daß er ihm aber tatsächlich untergerodnet ist, soll nach dieser Meinung ebenso deutlich hervorgehn. Vor allem ist der Freie dem Gebundenen übergeordnet. Nun ist der Mann tatsächlich frei, er kann hingehn wohin er will, nur der Eingang in das Gesetz ist ihm verboten und überdies nur von einem Einzelnen, vom Türhüter. Wenn er sich auf den Schemel seitwärts vom Tor niedersetzt und dort sein Leben lang bleibt, so geschieht dies freiwillig, die Geschichte erzählt von keinem Zwang. Der Türhüter dagegen ist durch sein Amt an seinen Posten gebunden, er darf sich nicht auswärts entfernen, allem Anschein nach aber auch nicht in das Innere gehn, selbst wenn er es wollte. Außerdem ist er zwar im Dienst des Gesetzes, dient aber nur für diesen Eingang, also auch nur für diesen Mann für den dieser Eingang allein bestimmt ist. Auch aus diesem Grunde ist er ihm untergeordnet. Es ist anzunehmen, daß er durch viele Jahre, durch ein ganzes Mannesalter gewissermaßen nur leeren Dienst geleistet hat, denn es wird gesagt, daß ein Mann kommt, also jemand im Mannesalter, daß also der Türhüter lange warten mußte ehe sich sein Zweck erfüllte undzwar solange warten mußte, als es dem Mann beliebte, der doch freiwillig kam. Aber auch das Ende des Dienstes wird durch das Lebensende des Mannes bestimmt, bis zum Ende also bleibt er ihm untergeordnet. Und immer wieder wird betont, daß von [300] alledem der Türhüter nichts zu wissen scheint. Daran wird aber nichts auffälliges gesehn, denn nach dieser Meinung befindet sich der Türhüter noch in einer viel schwerern Täuschung, sie betrifft seinen Dienst. Zuletzt spricht er nämlich vom Eingang und sagt, 'Ich gehe jetzt und schließe ihn', aber am Anfang heißt es, daß das Tor zum Gesetz offensteht wie immer, steht es aber immer offen, immer d.h. unabhängig von der Lebensdauer des Mannes für den es bestimmt ist, dann wird es auch der Türhüter nicht schließen können. Darüber gehn die Meinungen auseinander, ob der Türhüter mit der Ankündigung daß er das Tor schließen wird, nur eine Antwort geben oder seine Dienstpflicht betonen oder den Mann noch im letzten Augenblick in Reue und Trauer setzen will. Darin aber sind viele einig, daß er das Tor nicht wird schließen können. Sie glauben sogar, daß er wenigstens am Ende auch in seinem Wissen dem Manne untergeordnet ist, denn dieser sieht den Glanz der aus dem Eingang des Gesetzes bricht, während der Türhüter als solcher wohl mit dem Rücken zum Eingang steht und auch durch keine Äußerung zeigt, daß er eine Veränderung bemerkt hätte." "Das ist gut begründet", sagte K., der einzelne Stellen aus der Erklärung des Geistlichen halblaut für sich wiederholt hatte. "Es ist gut begründet und ich glaube nun auch daß der Türhüter getäuscht ist. Dadurch bin ich aber von meiner frühern Meinung nicht abgekommen, denn beide decken sich [301] teilweise. Es ist unentscheidend, ob der Türhüter klar sieht oder getäuscht wird. Ich sagte, der Mann wird getäuscht. Wenn der Türhüter klar sieht, könnte man daran zweifeln, wenn der Türhüter aber getäuscht ist, dann muß sich seine Täuschung notwendig auf den Mann übertragen. Der Türhüter ist dann zwar kein Betrüger, aber so einfältig, daß er sofort aus dem Dienst gejagt werden müßte. Du mußt doch bedenken, daß die Täuschung in der sich der Türhüter befindet ihm nichts schadet, dem Mann aber tausendfach." "Hier stößt Du auf eine Gegenmeinung", sagte der Geistliche. "Manche sagen nämlich, daß die Geschichte niemandem ein Recht gibt über den Türhüter zu urteilen. Wie er uns auch erscheinen mag, so ist er doch ein Diener des Gesetzes, also zum Gesetz gehörig, also dem menschlichen Urteil entrückt. Man darf dann auch nicht glauben, daß der Türhüter dem Manne untergeordnet ist. Durch seinen Dienst auch nur an den Eingang des Gesetzes gebunden zu sein ist unvergleichlich mehr als frei in der Welt zu leben. Der Mann kommt erst zum Gesetz, der Türhüter ist schon dort. Er ist vom Gesetz zum Dienst bestellt, an seiner Würdigkeit zu zweifeln, hieße am Gesetz zweifeln." "Mit dieser Meinung stimme ich nicht überein", sagte K. kopfschüttelnd, "denn wenn man sich ihr anschließt, muß man alles was der Türhüter sagt für wahr halten. Daß das aber nicht möglich ist, hast Du ja selbst ausführlich begründet." "Nein", sagte der Geistliche,[302] "man muß nicht alles für wahr halten, man muß es nur für notwendig halten." "Trübselige Meinung", sagte K. "Die Lüge wird zur Weltordnung gemacht."

K. sagte das abschließend, aber sein Endurteil war es nicht. Er war zu müde, um alle Folgerungen der Geschichte übersehn zu können, es waren auch ungewohnte Gedankengänge in die sie ihn führte, unwirkliche Dinge, besser geeignet zur Besprechung für die Gesellschaft der Gerichtsbeamten als für ihn. Die einfache Geschichte war unförmlich geworden, er wollte sie von sich abschütteln und der Geistliche, der jetzt ein großes Zartgefühl bewies, duldete es und nahm K.'s Bemerkung schweigend auf, trotzdem sie mit seiner eigenen Meinung gewiß nicht übereinstimmte. (...) [303]

I.
"Später!" - Poststrukturalistische Lektüre der "Legende" *Vor dem Gesetz*

Hans H. Hiebel

1. Einleitung

Im Hinblick auf meinen Beitrag in 'Neue Literaturtheorien' (Bogdal 1990) muß dem Folgenden vorausgeschickt werden, daß sich die vorliegende Interpretation nicht ausschließlich auf eine strukturalistisch-psychoanalytische bzw. an Lacan orientierte Annäherung beschränkt, sondern - im Sinne der von mir bereits vorgelegten Kafka-Arbeiten - einer allgemeineren poststrukturalistischen oder besser: neo-strukturalistischen[1] Auslegung verpflichtet ist. Dies deshalb, weil "Methoden" nicht beliebig appliziert werden können, sondern allein durch das Interpretandum legitimiert bzw. aufgerufen werden. (Es gibt keine "Methoden" der Interpretation.) Das bedeutet, daß von Fall zu Fall - entsprechend der Ausrichtung der Kafka-Texte selbst - die semiologisch-psychoanalytische (sprich: Lacansche) Annäherung an den Text sich mit einer an Foucaults 'Überwachen und Strafen' (Foucault 1977) ausgerichteten Sicht verband, dies insbesondere deshalb, weil die Rechtsvorstellungen Kafkas durch das poststrukturalistische Konzept Foucaults sehr gut erhellt werden können, das nicht mehr von eindeutigen Herrschafts-Knechtschafts-Verhältnissen, sondern von einer Pyramide "überwachter Überwacher" (um nicht zu sagen "Türhüter") (Foucault 1977, 228 f.) ausgeht.

Andererseits baute meine Lektüre auch auf einem poststrukturalistischen Literaturbegriff auf und bezog sich u. a. auf Roland Barthes' 'S/Z' (Barthes 1976) und Deleuzes und Guattaris 'Kafka' (Deleuze/ Guattari 1976); dies auch deshalb, weil in bezug auf Kafka eine Segmentierung und vereindeutigende Formskelettierung im Sinne des frühen Strukturalismus inadäquat wäre. Für Kafka ist nämlich der Schnitt zwischen Signifikant und Signifikat und das Moment des "Gleitens" des Signifizierten "unter dem Signifikanten" (Lacan 1975,

---

1 Es ist zu spät, aber Manfred Franks Terminus wäre der geeignetere gewesen: Frank, Manfred: Was ist Neostrukturalismus?, Frankfurt a. M. 1984.

27) charakteristisch, aber ebenso auch die alle Binarität unterlaufende Polysemie, das Gestrüppartige, 'Rhizomatische' (vgl. Deleuze/Guattari 1976, 7 ff.) und das Sternennetz bzw. die "Galaxie" (Barthes 1976, 10) der Bedeutungselemente. Derridas Begriff der "Dissemination"[2] wäre geeignet, das Feld dieser Charakteristika zu erhellen. Kennzeichnend ist damit auch das "Reversible" (Barthes 1976, 35) des Textes, das Prinzip der Umkehrbarkeit und Ungerichtetheit der tausendfachen Bedeutungspartikel - semischer, referenzieller, symbolischer Natur - , die Reversibilität, die nach Barthes den modernen im Unterschied zum klassischen Text definiert (Barthes 1976, 34 f.).

Die genannten Momente erklären auch, weshalb all die vereindeutigenden religiös-theologischen, psychoanalytischen, sozialgeschichtlichen, existentialistischen Kafka-Exegesen nur als beschränkte Auslegungsversuche gelten können und weshalb es an der Zeit ist, die Geschichte der Interpretationen selbstreflexiv zu überdenken. Kafkas sinnverweigernde Sinn-Dissemination (Sinnstimulierung bei gleichzeitiger Sinn-Verweigerung) nötigt zu sozusagen 'meta-interpretativem Interpretieren', in welchem ältere Deutungsansätze ausschließlich transitorischen Charakter erhalten.

2. Recht, Macht, Begehren - Die Figuren der *Paradoxie*, der *gleitenden Metapher* und des *Zirkels von Innen und Außen*

Da unser 'Referenzmythos' ('Vor dem Gesetz') hier nicht erschöpfend interpretiert werden kann, sei es mir erlaubt, auf jene drei Themen (Macht, Recht, Begehren) und jene drei Formen oder Figuren (Paradoxie, gleitende Metapher, Zirkel von Innen und Außen) hinzuweisen, mit deren Hilfe ich das Werk Kafkas aufzuschließen versucht habe (Hiebel 1983/89; Hiebel 1984); als "aufschließbar" erwies sich freilich nur die Tatsache des permanenten Aufschubs von Aufschlüssen, der "différance" (Derrida 1976, 6 ff.; vgl. Hiebel 1983, 159 ff., 204; Hiebel 1984, 126 ff.). Es verwundert nicht, daß Derrida selbst aus Kafkas 'Vor dem Gesetz' den "unzugänglichen Charakter des Gesetzes" und die "Unzugänglichkeit zur Erzählung" herausliest (Derrida 1992, 54 f.) und meint, dieser Text präsentiere keinen "identifizierbaren Gehalt jenseits der Erzählung selbst (...), außer einer unabschließbaren *différance* bis zum Tode" (Derrida 1992, 78; vgl. auch 54, 68).

---

2 Derrida, Jacques: La dissémination, Paris 1972.

Die drei Grundformen lassen sich folgendermaßen skizzieren:

1) Die Qualität des Irritierend-Unauflöslichen, meist von der Form der *Paradoxie*, einer Paradoxie, die sich oft weiter und weiter verzweigt, kennzeichnet das gesamte Werk Kafkas.

2) Andererseits prägen der Schwebezustand zwischen Wörtlichkeit und Uneigentlichkeit sowie die Vielbezüglichkeit bzw. Unbestimmtheit dieser Uneigentlichkeit oder Figürlichkeit Kafkas Werk; vorherrschend ist daher die *Metapher*, die oft einen ganzen Text determiniert (die Metapher der Strafkolonie, des Prozesses, des Volks der Mäuse, des Baus usw.), aber eine prozessuale, changierende *Metapher*, die von einer Bedeutung zur anderen "*gleitet*" (Hiebel 1983, 35 ff.).

3) Aus der Form der unbestimmten Uneigentlichkeit bzw. gleitenden Semiose läßt sich häufig die Figur des *Zirkels von Innen und Außen* hervorheben, eine Doppeldeutigkeit, derzufolge es (wie z.B. in 'Der Proceß') unentscheidbar scheint, ob von einer inneren Instanz (Anklage-, Kritik- und Strafinstanz) oder einer äußeren, sozialen Struktur (Anklage-, Verfahrens-, Urteils-, Strafinstanz) die Rede ist.

Versuchen wir, 'Vor dem Gesetz' auf diese drei Formen hin zu befragen:

1) *Paradox* am Text 'Vor dem Gesetz' ist vor allem seine Fabel: Für den Mann vom Lande existiert ein Eingang ins Gesetz, aber genau diesen Eingang darf oder kann er nicht passieren; für ihn und nicht für ihn ist der Eingang bestimmt. Die Figur ist bekannt (die des bitteren Sarkasmus): "[Es gibt] unendlich viel Hoffnung - nur nicht für uns" (Kafka in: Brod 1966, 71). ("Du hast keine Chance, aber nütze sie", wäre die humoristische Spiegelverkehrung dieser Paradoxie.)

2) Jedes Wort bei Kafka steht buchstäblich und darf doch niemals nur wörtlich genommen werden: Urteil, Gesetz, Prozeß, Fürsprecher. Was also ist gemeint mit "Gesetz"? Ein Gebäude ('Justizpalast')? Das Gesetzeswerk als die Summe aller positiven Gesetze? Extrajuridische Gesetze? Das moralische Gesetz? Die Richtschnur für das richtige Leben? Der wahre Weg? Der wahre Weg, der für jedes Individuum anders definiert ist? ("dieser Eingang war nur für Dich bestimmt"; [294])

Der Sinn des Signifikanten verschiebt sich offenbar von Partie zu Partie, die *Metapher gleitet*: Zunächst wird der Leser vielleicht "das Gesetz" als die Summe der Gesetze interpretieren. Der "Türhüter" und die Vorstellung vom "Eintritt in das Gesetz" indessen legen die Vorstellung eines Gebäudes nahe, d.h. die Personifizierung oder Allegorisierung des Gesetzes oder schlicht den Ort, an dem man *vor* Gericht zu erscheinen hat und 'im Namen des Gesetzes' verhört oder verurteilt wird.

Vielleicht zitiert der Titel der dem 'Proceß' entwendeten Parabel 'Vor dem Gesetz' auch schlicht eine Redewendung? Den Beginn von "*vor dem Gesetz* sind alle gleich"? Vielleicht zitiert er ein "Idiom" (Derrida 1992, 41), das paradoxerweise zu einem Wesen personifiziert und darüber hinaus zu einer Stätte vor einem Bauwerk allegorisiert wird? Ein "Idiom", das den Titel als den "Eigennamen" des Textes und als den Indikator seines Inhalts sowie das "Incipit" der Erzählung ("Vor dem Gesetz steht ...") abgibt (Derrida 1992, 81, 63, 17 f.)? Die Metapher gleitet, die Semiose verschiebt die Bedeutungen (und stellt zugleich eben diese Verschiebung, diesen Aufschub, diese *différance* dar).[3]

Ist das Gesetz "das der Moral, des Rechts oder der Politik", ist es "eine Sache, eine Person, ein Diskurs, eine Stimme, eine Schrift oder ganz einfach ein Nichts, das unablässig den Zugang zu sich aufschiebt (...)?" (Derrida 1992, 48 u. 73 f.)

3) Aber kommen wir zur dritten Figur, in der sich die gleitende Metapher oder unbestimmte Uneigentlichkeit zu einem *Zirkel von Innen und Außen* verfestigt: Der Türhüter und die hinter ihm sich erhebenden Instanzen können für die *gesellschaftlichen* Vertreter "des Gesetzes" genommen werden, die Vertreter der Summe der positiven Gesetze oder die Vertreter der Macht, die das Gesetz diktieren oder das Gesetz 'sind': "Was der Adel tut, ist Gesetz" (Kafka 1969, 361), heißt es in 'Zur Frage der Gesetze' (ibid., 360-362); und Kafkas Text 'Fürsprecher' trennt "Gesetz" und "Tatbestand eines Urteils" (Kafka 1969, 369-371) radikal voneinander, d.h. Codex einerseits und Realität des Verfahrens oder des *processus*, die von Macht, Korruption, Kontingenz und Zufall bestimmt zu sein scheint (vgl. Hiebel 1983), andererseits. Ob nun ein höheres Regulativ (ein *kategorischer Imperativ*, ein Gesetz aller Gesetze) existiert oder nicht, entscheidend sind all jene *faktisch* wirksamen juridischen und extrajuridischen Akte innerhalb der Pyramide "überwachter Überwacher" der modernen "Disziplinargesellschaft" (Foucault 1977, 228 ff.).

---

3 Genau diese Zweiheit läßt sich auch in 'Ein Landarzt' erkennen (vgl. Hiebel 1984, 126 f.).

Der "Zirkel" führt aber schließlich auch ins "Innere", Intrapsychische: Wie der Rahmen, der 'Proceß', so kann auch 'Vor dem Gesetz' als *Psychomachie* gelesen werden: Bittender und Verbietender, Trieb und Aufschub-Instanz, Wunsch und Zensur, Es und Über-Ich, "désir" (Begehren) und "loi" (Gesetz) (Lacan 1966, 782) können auch im *Inneren* des Subjekts angesiedelt sein - zumal der Wächter den Mann vom Lande nicht "gewaltsam" abhält und dieser eigentlich "sich selbst den Eintritt untersag[t]" (Derrida 1992, 66). Aus sozialem Zwang ist Selbstzwang geworden:

"Das Tier entwindet dem Herrn die Peitsche und peitscht sich selbst, um Herr zu werden, und weiß nicht, daß das nur eine Phantasie ist, erzeugt durch einen neuen Knoten im Peitschenriemen des Herrn."(Kafka 1966, 42)

Ewig wiederholt sich die Urszene der Verdrängung im Innern der Psyche: Der Wunsch oder das Begehren, ins Innere des Gesetzes zu 'penetrieren', wird versagt durch ein Nein, das an das *non/nom du père* erinnert, mit dem - Lacan zufolge - der große Andere oder Dritte den Inzest untersagt, die Mutter-Kind-Dyade zerschneidet, die Urverdrängung einleitet, das Gesetz aufrichtet und das Subjekt in die *symbolische Ordnung* einführt, in Sprache und Gesetz (Gesetz der Sprache, Sprache des Gesetzes) (vgl. Lacan 1966, 278, 577 ff.), denn das "Gesetz des Menschen" ist das "Gesetz der Sprache" (Lacan 1973, 112). Deshalb vermag der pure Signifikant "Vater" ("nom du père"), da er die Struktur der Familie benennt, markiert und erschafft, zugleich als Inzesttabu zu fungieren, als primordiales Gesetz ("loi") (vgl. ibid. und Lacan 1975, 89).

Aber das Verbot ist nur ein Aufschub, ein "später[!]". Auf die Frage, ob er "später" werde eintreten können, antwortet der Türhüter dem Mann vom Lande: "Es ist möglich (...), jetzt aber nicht." (292) Der Aufschub, die *différance*, ist seinerseits nur die Wiederholung der Verdrängung, die Wiederholung der Urszene, das Hinausschieben unmittelbarer Verausgabung, der Tod im Leben (vgl. Derrida 1976, 6 ff., 26 f.). Tyrannei oder Recht? Die Antwort des Geistlichen lautet: "man muß nicht alles für wahr halten, man muß es nur für notwendig halten." (303) Jedenfalls deutet Kafka im "Zirkel von Innen und Außen" an, daß nicht gesagt werden kann, wo der Ursprung liegt: draußen oder drinnen. Das Drinnen wirkt immer nach außen und das Draußen immer nach drinnen.

3. Die Parabel vom Unzugänglichen

Eine Parallele - es gibt weitere (vgl. Kafka 1966, 253, 359, 322 f.) - zur Legende 'Vor dem Gesetz', die wie jene das Ganze des 'Proceß'-Romans allegorisch spiegelt und als Figur der Vergeblichkeit an die Mythen von Tantalos und Sisyphos erinnert, stellt jene "Geschichte" über das Leid der "kleinen Advokaten" dar, die der Advokat Huld Josef K. erzählt.

"Ein alter Beamter, ein guter stiller Herr, hatte eine schwierige Gerichtssache, welche besonders durch die Eingaben des Advokaten verwickelt worden war, einen Tag und eine Nacht ununterbrochen studiert - diese Beamten sind tatsächlich fleißig wie niemand sonst. - Gegen Morgen nun, nach vierundzwanzigstündiger wahrscheinlich nicht sehr ergiebiger Arbeit gieng er zur Eingangstür, stellte sich dort in Hinterhalt und warf jeden Advokaten, der eintreten wollte, die Treppe hinunter. Die Advokaten sammelten sich unten auf dem Treppenabsatz und berieten, was sie tun sollten; einerseits haben sie keinen eigentlichen Anspruch darauf eingelassen zu werden, können daher rechtlich gegen den Beamten kaum etwas unternehmen und müssen sich, wie schon erwähnt auch hüten, die Beamtenschaft gegen sich aufzubringen. Andererseits aber ist jeder nicht bei Gericht verbrachte Tag für sie verloren und es lag ihnen also viel daran einzudringen. Schließlich einigten sie sich darauf daß sie den alten Herrn ermüden wollten. Immer wieder wurde ein Advokat ausgeschickt, der die Treppe hinauf lief und sich dann unter möglichstem allerdings passivem Widerstand hinunterwerfen ließ, wo er dann von den Kollegen aufgefangen wurde. Das dauerte etwa eine Stunde, dann wurde der alte Herr, er war ja auch von der Nachtarbeit schon erschöpft, wirklich müde und gieng in seine Kanzlei zurück." (158 f.)

Schließlich ziehen die Advokaten ein, aber wagen offenbar "nicht einmal zu murren" (159). Hier führt die gleitende Metapher - das "Gericht" als Großmetapher und offenes Erzählgerüst genommen - in die schiere Justizsatire. Sind die "großen Advokaten" (243) von den Anklägern und Richtern kaum zu unterscheiden, so verhalten sich die "kleinen Advokaten" opportunistisch und werden auf diese Weise zu Parteigängern der Ankläger; das "Recht" erscheint letztlich als reiner Machtmechanismus, als ein transversales Kräfteverhältnis, ein "allseitiges und ungerichtetes Verlangen" (Deleuze/Guattari 1976, 69). Eine Richtung jedoch scheint konstant zu bleiben: Aus der Sicht der Opfer ist die Verteidigung - bei vorausgesetztem Machtgefälle - eine Legitimationszwecken dienende Farce. Recht und Gesetz erscheinen im Sinne Nietzsches als Mittel der Macht. Soweit Gesetzesbruch bzw. Delinquenz ein soziales Produkt ist und das (positive) "Recht" auf der Seite der Ankläger steht, ist die Verteidigung ohnmächtig, opportunistisch oder voreingenommen gegen den Angeklagten. Häufig sichert ja der Rechts-Verstoß nur "das Überleben der Ärmsten" (Foucault 1977, 108).

Die Form der *Paradoxie* scheint auch diese Parabel zu prägen, in welcher die Advokaten oder *Fürsprecher* sich letztlich nur als Gegner entpuppen. Daneben läßt sich wieder die Figur des *Zirkels von Innen und Außen* erkennen; sie führt erneut in einen intrapsychischen Raum. Auch eine Auflehnung gegen *innere Anklagen* scheint gemeint zu sein, eine Auflehnung, die sich als vergeblich, ein Kampf gegen den *inneren Ankläger* (Verdrängungsinstanz, Zensur, Überich), der sich als unmöglich erweist. Es kommt zu einem *circulus vitiosus* und ewigen Ritual (zur ewigen Wiederkehr des Verdrängten und der Verdrängung), da die Selbstrechtfertigung eigentlich immer schon die Anerkennung der Anklage voraussetzt. Gehe es nun um Pathologisch-Extremes oder um Normales, also im speziellen um eine "Selbstbestrafungsneurose" (Lacan 1980, 94), oder um die allgemeine Notwendigkeit von Verdrängung und Aufschub, d.h. um das "Gesetz" schlechthin - "loi" (Lacan 1966, 278 u. 782), in jedem Falle entspringt die Selbstverteidigung (anders als die Selbst-Setzung) den Anklagen im Namen des petrifizierten Überich. Aufgrund des vorausgesetzten Machtgefälles zwischen Ich bzw. Es und Überich muß die "Verteidigung" scheitern, auch wenn sie andere "Fürsprecher" oder "Advokaten" - Stimmen, die zustimmen - zu Hilfe nimmt. All die inneren "Advokaten" prallen sozusagen am Vertreter des "Gesetzes" ("loi") ab. Das schwache, geängstigte Ich kommt nicht an gegen die Zensur, das Verbot, das Nein.[4] "Was die Korruption im Recht ist, das ist im Denken die Angst", hatte W. Benjamin notiert (Benjamin 1981, 142).

Benjamin hatte auch behauptet, daß Kafkas Werk aus dem "Gestus" als der "wolkigen Stelle der Parabel" hervorgehe (Benjamin 1981, 20); eine Notiz zum 'Proceß' erläutert dies:

"Bei Kafka ist die Neigung sehr bemerkenswert, den Vorfällen gewissermaßen den Sinn abzuzapfen. Siehe den Gerichtsbeamten, der eine Stunde lang die Advokaten die Treppe hinunterwirft."(Benjamin 1981, 127)

Aber diese Art Sinnentzug ist nur die Kehrseite der Vieldeutigkeit, die das "Gleiten" der Metapher oder Semiose ermöglicht.

---

4 Vgl. dazu die Interpretation von Kafkas 'Der Steuermann' bei: Reh, Albert M.: Psychologische und psychoanalytische Interpretationsmethoden in der Literaturwissenschaft. In: Paulsen, Wolfgang (Hg.): Psychologie in der Literaturwissenschaft, Heidelberg 1971, 34-55.

4. Der 'Proceß'-Kontext

Nähern wir uns nun einer detaillierteren Lektüre der Erzählung 'Vor dem Gesetz'. Zunächst zum Kontext, dem 'Dom'-Kapitel bzw. dem 'Proceß':

Josef K., verhaftet und einer unbekannten Schuld angeklagt, wird nicht müde, zu beteuern, er sei "vollständig unschuldig" (200), und gleichzeitig zu versuchen, sich zu rechtfertigen, Schuldgefühle zu unterdrücken, Ängste zu verleugnen, Fehlleistungen zu verneinen. (Vgl. Hiebel 1983, 180 ff.) Die Bank, seine Arbeitsstätte, wird schließlich vom "Proceß" bzw. "Gericht" eingeholt und erscheint K. als "Folter, die, vom Gericht anerkannt, mit dem Proceß zusammen[hängt]" (177 f.). Schließlich erhält K. in der Bank einen Auftrag, der ihn von seinem Büro entfernt; er soll einem italienischen Geschäftsfreund der Bank den Dom und andere "Kunstdenkmäler" (272) zeigen. Im Dom trifft er jedoch anstelle des Italieners den Gerichts- bzw. "Gefängniskaplan". Wenn Leni am Telephon zum gerade aufbrechenden K. sagt: "Sie hetzen dich" (278), dann ist hier nicht mehr zu unterscheiden, ob hiermit die Bank oder das Gericht gemeint ist.

Der Dom - Ort des "ewigen Lichts" (281) - ist ironischerweise der dunkelste aller Räume der 'Proceß-Welt'; die "Finsternis", die K. empfängt, wird durch das Licht einer einzelnen Kerze nur noch "vermehrt" (280). Die symbolische Qualität des Raumes macht diesen zum Ort der 'letzten Dinge': des verlorenen Paradieses, des Sündenfalls, der Schuld, des jüngsten Gerichts, des Todes und der - von Kafka sogleich in der Türhüterlegende in Frage gestellten - Erlösung, also besser: zum Ort des *Aufschubs* der Erlösung, des Aufschubs-bis-zum-Tode. Über allem schwebt das Auge Gottes, des großen Anderen: "auf dem Hauptaltar ein großes Dreieck von Kerzenlichtern" (280). Von jenem großen Anderen, *l'Autre* als Verkörperung des Unbewußten, der Sprache und des Gesetzes (vgl. Lacan 1966, 379), der nun in Erscheinung tritt (in seinem Repräsentanten, dem Geistlichen) und Josef K. bei seinem Namen ruft, ihn ganz zu kennen und zu durchschauen scheint, ist indessen nicht zu sagen, ob er dem Himmel oder der Hölle, dem Recht oder dem Terror zugehört. Der Gefängniskaplan scheint K. mit seiner Predigt und Parabel nur noch mehr zu verwirren, zu "hetzen", d.h. als ein bald zu erlegendes 'Wild' in sein Ideologie-Netz einzufangen, das aus religiösen, rechtlichen und literarischen Motiven gewoben zu sein scheint. Der Geistliche kann als eine Imago des Überichs aufgefaßt werden, die aus dem oder im Dunkel des Unbewußten auftaucht; als 'geistlicher Vater' ist er ja ein "Symbolischer Vater", der im "Namen des Vaters" (Lacan 1975, 89)[5] (nach dem Modell von Freuds 'Totem und Tabu'[6]) Anklage erhebt und die Reue des Sohnes verlangt: "ich fürchte, es wird schlecht enden. Man hält dich für schuldig." (289) Die Kirche erscheint mithin als der privilegierte Ort der 'Culpabilisierung' (der Produktion von Schuldgefühl, der Verdrängung, des Aufschubs, der Einprägung des "Gesetzes" - im Sinne von Lacans "loi").

Der Zwiespältigkeit des Gerichts entspricht jene Josef K.s. Auch K. wird einerseits als schuldlos, andererseits als ein Mensch mit Fehlern gezeichnet, dem seine Hybris, seine Widersprüche und Fehlleistungen, seine Verleugnungen nicht zu Bewußtsein kommen. Hier zeigt sich K.s Gespaltenheit, und zwar vor allem im Widerspruch von blinder Selbstsicherheit einerseits und verleugneten, verneinten, verdrängten, unbewußten Schuldempfindungen und Ängsten andererseits. Von Anfang an fällt K.s. unbeteiligt säkulare, pietätlose Betrachtung der "Kunstdenkmäler" auf: Mit der "elektrischen Taschenlampe" sucht er zollweise einige Bilder ab, beleuchtet mit ihr das "Altarbild", das "eine Grablegung Christi in gewöhnlicher Auffassung" darstellt (es deutet auf K.s Hinrichtung voraus). "Störend schwebte das ewige Licht davor", heißt es in der erlebten Rede aus personaler Perspektive. (281 f.) Ein "Album der städtischen Sehenswürdigkeiten" trägt K. wie einen Schutzschild vor sich her, und als der Geistliche ihm es wegzulegen gebietet, heißt es: "K. warf es so heftig weg, daß es aufklappte und mit zerdrückten Blättern ein Stück über den Boden schleifte."- (288) Hinter K.s Fassade erscheinen plötzlich seine latente Unsicherheit und Unterwürfigkeit, sein unbewußtes Schuldgefühl, seine Angst. Schon in dem Augenblick, als der Geistliche in die Kanzel aufzusteigen beginnt, "bekreuzigt" und "verbeugt" sich Josef K. (284), läßt sich 'culpabilisieren' im "Namen des Vaters". Und als er das "Josef K.!" hört - wie ein "Wo bist du, Adam?" -, macht er nach einigem Zögern das "Geständnis"[!], d.h. das "Geständnis", "gut verstanden" zu haben. (286f.) Was hat er verstanden? Seinen Namen, den Vornamen und den Familiennamen, welcher der "Name des Vaters" ist.

---

5 Lacan nennt den imaginär oder real ermordeten Vater der Urhorde Freuds im zitierten Kontext auch - eben weil er als 'Toter' Schuldgefühle verursacht - den "Toten Vater"; auch Derrida erwähnt in seiner Kafka-Interpretation den "toten Vater" als den Ursprung von Reue und Gesetz (Mord- und Inzesttabu) (Derrida 1992, 58 ff.).

6 Für Freud liegt im Vatermord bzw. im Schuldgefühl der Ursprung der Religiosität, der Sittlichkeit, der Moral und der sozialen Gefühle - d.h. des "Gesetzes", wenn man so will (Freud 1974, 351 u. 427 ff.).

Diese Namensanrufung hat H. Turk (mit Lacan) als "'Urszene' der Benennung" der "'Urszene' der Verdrängung" korreliert.[7] Es gehe um jene mit dem Eintritt in die *symbolische Ordnung* - die Welt der Sprache und des Gesetzes - gesetzte Verdrängung des Gelebten.[8] Der Tatsache, daß das Subjekt nur mehr als Leerstelle hinter dem Signifikanten erscheine, entspreche es, "daß der Eintritt in den 'ordre symbolique' durch das Verbot eines symbolischen Vaters ('nom du père') und das heißt, die Manifestation eines Mangels, erwirkt" werde.[9] K. gestehe mit seinem Namen, "daß er ist wie der Vater, ohne der Vater zu sein."[10] Es ist daher folgerichtig, wenn H. Turk die "Schuld" Josef K.s als die "Schuld der Verdrängung" (der Verdrängung des Lustprinzips und des phantasierten bzw. symbolischen Vatermords) interpretiert.[11] Dem paradoxen Gebot, sein zu *sollen* wie der Vater und *nicht* sein zu *dürfen* wie er,[12] kann ja der Sohn - nach der Logik von 'Totem und Tabu' - nur rebellierend und zugleich schuldbewußt bereuend bzw. verdrängend nachkommen. Der Mangel, der den Sohn gegenüber dem (vermeintlich) vollkommenen Vater auszeichnet, unterstellt ihn dem Gesetz der "symbolischen Kastration" (Safouan 1973, 279 ff.; Lang 1973, 282-286). Aus dieser "symbolischen Kastration", dem Schuldempfinden und der Reue auf Grund der Rebellion, gehen aber nach Freud letztlich Sittlichkeit, Moral und Religion (das "Gesetz"/"loi") hervor (Freud 1974, 351 u. 427 ff.).

Das "Gesetz" (Inzesttabu, Mordverbot, Moral, Recht, Religion), nach Lacan die Wirkung eines "puren Signifikanten", des "Namens-des-Vaters" und der Anerkennung dessen, "was die Religion uns als Namen-des-Vaters anzurufen lehrt" (Lacan 1975, 89), wird von Kafka demnach höchst sinnfällig inszeniert mittels der Verkoppelung von Namensanrufung und Schuldzuschreibung durch einen 'geistlichen Vater', d.h. mittels der Verkoppelung von Vater-Namen und Religion, weltlichem und himmlischem Vater.

---

7 Turk, Horst: "betrügen ... ohne Betrug". Das Problem der literarischen Legitimation am Beispiel Kafkas. In: Kittler, Friedrich/A.Turk, Horst (Hg.): Urszenen. Literaturwissenschaft als Diskursanalyse und Diskurskritik, Frankfurt a. M. 1977, 381-409, hier: 389, vgl. 388 ff.

8 Vgl. ebd. 393.

9 Ebd. 397.

10 Ebd. 388.

11 Ebd. 390.

12 Vgl. Freud, Sigmund: Das Ich und das Es (1923). In: S. F.: Studienausgabe Bd.III, Frankfurt a. M. 1975, 273-330, hier: 301 f.

5. 'Vor dem Gesetz'

Der Gefängniskaplan teilt nun Josef K. eine "Legende" aus den "einleitenden Schriften zum Gesetz" mit. (292) Diese "Legende" vermag der Kaplan selbst nicht zu deuten; er zitiert nur die "Meinungen" (298), die über sie bestehen; wie die *Thora* erscheinen das "Gesetz" selbst ebenso wie die ins Gesetz einleitende "Schrift" einem unabschließbaren (mündlichen) Auslegungsprozeß überantwortet zu sein[13]: "Die Schrift ist unveränderlich und die Meinungen sind oft nur ein Ausdruck der Verzweiflung darüber." (298) Die "Legende" ist daher als undeutbare Parabel der Undeutbarkeit bestimmt worden, als "Leerform", welche durchs Prinzip der "gleitenden Sinnenttäuschung" nur die Sinnprojektionen seiner Deuter aufruft und widerlegt. (Elm 1979, 424 f.)

Aber es ist doch möglich und notwendig, die bei aller Offenheit und Vielbezüglichkeit des Textes gleichwohl vorhandenen Sinnimplikationen herauszuarbeiten.

Zunächst fällt auf, daß der Türhüter die (einleitende) "Schrift" "Legende" nennt: ein Zu-Lesendes, wie er später ja auch betont, daß die "Schrift" (als Schrift!) unveränderlich sei: "Die Schrift ist unveränderlich." (298) Hier liegt offensichtlich eine Anspielung auf das Verhältnis von Schriftlichkeit und Mündlichkeit vor, speziell: auf das Verhältnis von (verschlossen gehaltener) Thora und sie auslegenden Exegesen bzw. auf das Verhältnis von Halacha und Haggada, schriftlich kodifiziertem Gesetzeswerk (Codex) und mündlichen bzw. erzählend-parabolischen Interpretationen (im Sinne eines unabschließbaren Auslegungsprozesses, wie ihn die rabbinische Tradition darstellt). In eine "Schrift" kann man nicht eintreten, eher schon in eine Erzählung. Aber vielleicht liegt das "Gesetz", in das der Mann vom Lande eintreten möchte, *jenseits* aller Schrift, denn die "einleitende Schrift" zum "Gesetz" besagt nicht, daß dieses "Gesetz" selbst durch eine *Schrift* verkörpert werde. Dennoch scheint sich im Verhältnis des Mannes vom Lande zum "Gesetz" das Verhältnis von Literalität und Oralität zu spiegeln: Der ländliche Mann erwartet gewissermaßen - als aus einer archaisch-naiven, oralen face-to-face-Kultur Kommender - einen konkreten Ratschlag im Sinne pragmatischer Faßlichkeit; daher die Materialisierung des "Gesetzes" bzw. des Mannes Glaube an die Anfaß-

---

13 Vgl. Scholem, Gershom: Über einige Grundbegriffe des Judentums, Frankfurt a. M. 1976, 109.

barkeit des "Gesetzes". Er will die Literalität des "Gesetzes" - die lebensferne Abstraktheit, Generalität, Situationsunabhängigkeit der Schrift - nicht wahrhaben.

Aber das Wort "Legende" bedeutet ja auch Glossar, Erläuterung, Anleitung, wie ein Plan oder Text zu lesen sei; die "Legende" ist also - ironischerweise - selbst schon eine Interpretation, ein Kommentar (zu einer Schrift?): eine uninterpretierbare Interpretation des Uninterpretierbaren. Andererseits spielt das Wort "Legende" auch auf "Legendäres", auf das Heiligenlegendenhafte, auf den märchen- oder mythenhaften Charakter der Erzählung an und macht sie damit wieder zu einer Gattung der Mündlichkeit (nicht Formulierung einer Norm, nicht Schrift, sondern *Erzählung*); sie verkörpert so auf einer Metaebene zugleich die Vorstellung, daß Poesie die Statthalterin der Mündlichkeit in einer Epoche der Schriftkultur darstellt (Mündlichkeit wird zu einem überkommenen archaischen Rest, der Sinn zu verbürgen scheint). Die Stadt wäre mithin einer Kultur der Schrift, das Land einer - auf Mündlichkeit basierenden - archaisch-naiven face-to-face-Kultur zugeordnet. Was Derrida als "Singularität" von "Idiom" und literarischer "Erzählung" faßt und der Allgemeinheit entgegensetzt (Derrida 1992, 39 f.), steht wohl mit dieser Bedeutungsschicht in Verbindung. (Eine mediengeschichtlich orientierte Interpretation hätte diesen Punkt näher auszuführen.)

Nun wäre außerdem festzuhalten, daß die "Legende" als Beispiel einer "Täuschung" erzählt wird: Josef K. "täusche" sich in dem "Gericht", entgegnet der Geistliche ihm, als dieser äußert:

"Du bist eine Ausnahme unter allen, die zum Gericht gehören. Ich habe mehr Vertrauen zu Dir als zu irgend jemandem von ihnen, so viel ich schon kenne. Mit Dir kann ich offen reden." (292)

Täuscht sich K. darin, daß er zuviel Vertrauen in den Geistlichen, oder darin, daß er zuwenig Vertrauen ins Gericht setzt? Offenbar gilt beides: K. ist 'schuldig' eines Widerspruchs, schuldig darin, daß er den Vorsatz "Es gab keine Schuld" (168) nicht selbstsicher durchhält und zugleich darin, daß er das "Geständnis", das zu machen ihm Leni vorschlägt (143), verweigert, d.h. das Eingeständnis seines Schuldgefühls, seiner Schwäche, seiner Ohnmacht, seines Seins-zum-Tode. Die Parabel über den "Mann vom Lande", der sein Leben vor dem Gesetz verwartet, legt indessen nahe, daß die "Täuschung" schlicht im Hoffen, im Prinzip Hoffnung, zu liegen scheint: Alles Dasein ist nur ein 'En attendant Godot', nur ein "Aufschub" - wie für Scheherazade. Daß der Eingang ins Gesetz eigens für den Mann vom Lande da ist - "dieser Eingang war nur für Dich bestimmt" (294) -, wie dieser im Sterben erfährt, diese Einsicht hätte ihm - sozusagen - auch früher nichts genützt. Als tragische Ironie ist es auch zu sehen, daß er erst im Sterben jenen "Glanz" wahrnimmt oder wahrzunehmen meint, der "unverlöschlich aus der Türe des Gesetzes bricht" (294). Nach der Logik des Diktums: "unendlich viel Hoffnung -, nur nicht für uns" mag es Möglichkeiten geben, ins "Gesetz" zu gelangen; vom "Mann vom Lande" aber - wie von Josef K. -, so führte auch G. Kaiser aus (vgl. Kaiser 1958, 37), können sie nicht realisiert werden. *De facto* steht also der Mann vom Lande einem Eingang gegenüber, der für ihn da ist und zugleich verschlossen ist; in dieser Paradoxie besteht, wie gesagt, die Pointe der Parabel. Die Tür zum "Gesetz" steht "offen" "wie immer" (292), darf aber nicht passiert werden, "jetzt" nicht. Das "Gesetz" bzw. die Vorstellung vom Eintritt in dieses "Gesetz" ist ein Phantasma. "Im" Gesetz - als dem Feld der vielen Gesetze, der Gesetzesvertreter, der 'prozessierenden' bzw. 'procedierenden' Kräfte und Mächte - befindet sich Josef K. indessen schon seit eh und je; der Mann vom Lande wohl auch. "Gesetz" scheint hier aber der Name für den Ort *jenseits* der Gesetze zu sein (jenseits der *symbolischen Ordnung*), an den zu gelangen den Mann vom Lande bzw. K. die Sehnsucht nach dem verlorenen Paradies, die "Sehnsucht nach dem Ganzen" (Lacan 1980, 53), der vorsymbolischen Existenz, antreibt (einem Ort vor Sündenfall, Ödipus und Urverdrängung, vor der Einführung in das Realitätsprinzip durch das "non-du-père").

Die Vorstellung vom 'wahren Weg' suchte Kafka offensichtlich zuweilen heim, einmal zitierte er eine Bemerkung Flauberts über eine glückliche Alltagsszene: "'Die sind im Rechten' (Ils sont dans le vrai)".[14] Um dieses Imaginäre geht es offenbar, diesen Traum von der Unmittelbarkeit. Doch wir müssen korrigieren: Weshalb nennt der Mann vom Lande diesen Ort "Gesetz"? Mit diesem Wort sind doch Mittelbarkeit, Regelhaftigkeit, Allgemeinheit, Rücksicht auf den Anderen und Reflexion angesprochen! Geht es letztlich um eine imaginäre *coincidentia oppositorum*, einen Traum von der Einheit von Unmittelbarkeit und Mittelbarkeit, Naivem und Sentimentalischem, Gefühl und Reflexion, Schriftlosigkeit und Schrift, Leben und Denken, Paradies und Welt? Gesucht wird die Regel schlechthin, die Regel, die ins "Rechte"/"le vrai" führt und die Lösung, die Erlösung bringt: "Ich habe niemals die Regel erfahren", schrieb Kafka bedauernd (Kafka 1966, 232). "Im"-Gesetz-Sein bedeutete für Kafka offenbar ein unmit-

---

14 Franz Kafka zu Max Brod in: 'Das Schloß' (Kafka 1967, 530).

telbares und doch reflexives Aufgehobensein in Familie und Gesellschaft: Der "Junggeselle" steht daher "außerhalb des Gesetzes" (Kafka 1951, 22).

Kafkas Aphorismen zu Paradies und Sündenfall bestätigen die skizzierte Doppelheit:

"Wir wurden aus dem Paradies vertrieben, aber zerstört wurde es nicht." (Kafka 1966, 101) "Die Vertreibung aus dem Paradies ist in ihrem Hauptteil ewig: Es ist also zwar die Vertreibung aus dem Paradies endgültig, das Leben in der Welt unausweichlich, die Ewigkeit des Vorganges aber (oder zeitlich ausgedrückt: die ewige Wiederholung des Vorgangs) macht es trotzdem möglich, daß wir nicht nur dauernd im Paradies bleiben könnten, sondern tatsächlich dort dauernd sind, gleichgültig ob wir es hier wissen oder nicht." (Kafka 1966, 94)

"Ewige Wiederholung" des Verbotes, ewige Wiederholung des Aufschubs, ewiges Leben im "Gesetz" (im Sinne von Lacans "loi") als in der "Welt", der Welt der Sprache und Gesetze; aber auch Leben im Traum, im Unbewußten, im Verdrängten, im "Paradies". Vielleicht ist deshalb nicht das "Paradies" (der Traum) das Objekt des Begehrens, das der "Türhüter" behütet, sondern das "Gesetz", weil Kafka eben von dieser Doppelheit von Paradies und Welt, Traum und Wirklichkeit, Wunsch und Gesetz oder Ordnung, Lustprinzip und Realitätsprinzip, Unbewußtem und Bewußtem ausgeht, d.h., weil er nicht an ein reines Traumland (ein *Imaginäres* jenseits von Reflexion, Sprache, Gesetz) hinter der Tür des Türhüters glaubt, sondern nach einer Einheit strebt, die *désir* und *loi*, Wünsche und Gesetze, Es und Überich, Leben und Reflexionen miteinander vereint wissen will (einer Einheit, die natürlich noch immer eine Illusion, einen phantastischen Traum darstellt). Jedenfalls geht es Kafka offenbar nicht um das Naive, sondern die sentimentalische Rekonstruktion des Naiven, also einen Zustand der Reflexion; ähnlich denkt Kleist, der Kafka die Urszene des Paradies-Verlustes vorgegeben hatte: Das "Bewußtsein" zerstört die natürliche "Grazie", die "Unschuld" und das "Paradies", aber wenn die "Erkenntnis gleichsam durch ein Unendliches gegangen ist", findet sich die "Grazie wieder ein"; mithin "müßten wir wieder von dem Baum der Erkenntnis essen, um in den Stand der Unschuld zurückzufallen".[15] "Das Naive ist das Sentimentalische"[16] - oder umgekehrt: das Sentimentalische ist das Naive, das durch die Reflexion gegangene und zu sich selbst zurückgekehrte Naive. Ein Traum, was sonst?

---

15 Kleist, Heinrich von: Sämtliche Werke und Briefe, hg. von Helmut Sembdner, München 1977, 2 Bde., Bd 2: 338-345, Zit.: 343 und 345.
16 Szondi, Peter: Das Naive ist das Sentimentalische. Zur Begriffsdialektik in Schillers Abhandlung. In: Euphorion 66 (1970), 174-206.

"'Es ist möglich', sagt der Türhüter, 'jetzt aber nicht'" (292), so lautet
die Formel des "Aufschubs", der *différance*, die vermittelt ist mit dem
Prinzip Hoffnung als dem Phantasma späterer Erfüllung. Es stellt sich
hier aber die Frage:

"Ist das nicht schon der Tod im Dienst eines Lebens, das sich vor dem Tod nur
durch die *Ökonomie* des Todes, den Aufschub, die Wiederholung und den Vorrat
schützen kann?" (Derrida 1967, 310)

K. und der Mann vom Lande sind "Préjugés", "Vorverurteilte", nicht
"im voraus verurteilt", sondern vom Urteil, das "sich fortwährend vor-
bereitet", betroffen, getroffen (Derrida 1992, 69 f.); "lebend stirbt
man, sterbend lebt man" (Kafka 1966, 302). Der Tod, den Josef K. im
letzten Kapitel so plötzlich stirbt, ist also eher als Endpunkt eines im
Grunde sehr langen Prozesses zu sehen; er ist selbst ein "Prozeß". Entsprechend heißt es ja auch: "das Urteil kommt nicht mit einemmal, das
Verfahren geht allmählich ins Urteil über" (289). In einem gewissen
Sinn ist es der Tod selbst, der K. den "Prozeß" macht; K. ist denn auch
der Meinung, das Gericht könne durch einen "einzigen Henker" ersetzt werden (207).

Die Türhüterlegende kann man wie die andere Parabel vom Unzugänglichen (über die "kleinen Advokaten") - beide formen *Figuren
der Vergeblichkeit* - auch als *simulacrum* des 'Schloß'-Romans lesen;
aber ebenso reflektiert sie (teils in inverser Spiegelschrift) das 'Proceß'-Geschehen; der Text umfaßt "das Ganze des *Prozeß*" in einer
Szene, ist "mis en abyme" (Derrida 1992, 75 u. 89). (Kafka hat hier,
wie eine komparatistische Analyse zeigen könnte, die wechselseitige
Spiegelung von Dostojewskijs 'Schuld und Sühne' und der Lazarus-
Erzählung bzw. von 'Die Brüder Karamasoff' und der 'Legende [!]
vom Großinquisitor' nachgestellt.[17]) Kafka setzt einen "Mann vom
Lande", der *ins* Gesetz zu gelangen begehrt, einem Mann der Stadt -
K. -, der *aus* dem Prozeß auszubrechen sucht (291), gegenüber; einen
Wartenden einem Handelnden; ein Verbot (des Eintritts) einem Gebot
(der Selbstverteidigung); einen passiven Türhüter den aktiven Verhaf-
tungs- und Exekutionsbeamten. Aber man darf nicht sophistisch verfahren. Die Analogien sind offensichtlich, sie bestehen darin, daß den
unermüdlichen und vergeblichen Fragen des Mannes vom Lande die

---

17 Vgl. Josef J. Ranftl: Von der *wirklichen* zur *behaupteten Schuld*. Studie über den
Einfluß von F. D. Dostojewskijs Romanen *Schuld und Sühne* und *Der Dop-
pelgänger* auf Franz Kafkas Roman *Der Prozeß*, Erlangen 1991.

unermüdliche und vergebliche Selbstverteidigung oder Rechtfertigung K.s parallelisiert wird, der Gewalt des Verbots die Gewalt der Anklage, der Unzugänglichkeit des Gesetzes die des hohen Gerichts, dem Türhüter bzw. den Türhütern die Verhaftungsbeamten bzw. die vielen Delegierten des Gerichts, dem lebenslangen Nicht-Eingelassen-Werden das Ausbleiben des Freispruchs, dem "später[!]" die "Verschleppung" (216), dem Tod die Hinrichtung. Der *Aufschub* bis zum Tode, die "*différance* bis zum Tod" (Derrida 1992, 68 u. 78), ist das Verbindende. Wie das "hohe Gericht" (312) bleibt das behütete und verhütete "Gesetz" im Verborgenen:

> "Der Ursprung der *différance* ist das, dem man sich *nicht* nähern, das man sich *nicht* präsentieren, sich *nicht* repräsentieren und in das man vor allem nicht eindringen *darf* und kann." (Derrida 1992, 68)

Die Urszene wiederholt sich (die Vertreibung aus dem Paradies ist "ewig", "ewige Wiederholung"), das ist im Aufschub ("non" bzw. "jetzt nicht") impliziert; Kafka gelingt es immer wieder, Urszene, Wiederholung und aktuelle Szene in einer mehrdeutigen Metapher zu überlagern und zu verdichten: in 'Vor dem Gesetz', in 'Der Proceß', 'Die Verwandlung', 'Ein Landarzt' usw. (vgl. Hiebel 1983, 126 f., 190; "Verdichtung von Urszene und Wiederholung", Hiebel 1984, 92).

Aus dem Warten und der Unkenntnis des Gesetzes in der Binnenerzählung wird in der Rahmenerzählung mehr: ein Warten in Unkenntnis *und* ein Angeklagt- und Hingerichtetwerden in Unkenntnis. K. will mehr als nur erkennen, und das Gericht will mehr als nur verborgen bleiben. Die parabolische Spiegelung legt indessen nahe, daß es hier um scheinbare Differenzen geht; offenbar ist des Mannes 'Warten auf Godot' identisch mit der "Verschleppung" (216), dem Aufschub des Prozeßverfahrens bzw. dem Hinauszögern des Urteils-, Straf- und Hinrichtungsverfahrens. Warten ('Vor dem Gesetz') und Selbstkasteiung im Namen des Aufschubs ('Proceß') erweisen sich als identisch. Die Qual resultiert aus dem Begehren nach der endgültigen "Regel", nach der endgültigen (Er-)Lösung, nach dem "Gesetz" als dem phantasmatischen Raum des Rechts, des "hohen Gerichts" (312), während in Wirklichkeit die *vielen* "Gesetze" oder *realen* Auseinandersetzungen das Warten VOR dem "Gesetz" *de facto* bestimmen. Es geht um das EINE "Gesetz", während *de facto* jede EINHEIT im Prozeß des Kampfes mit den VIELEN Gesetzen zerfällt. Kafka macht ganz offensichtlich einen gravierenden Unterschied zwischen "dem Gesetz und den Gesetzen" (Benjamin 1981, 158), dem "toten Punkt" (ebd., 154 u. 158) *des* Gesetzes und der nackten Faktizität der *vielen* Gesetze. Es bleibt offen, ob sich überhaupt hinter dem Hüter des Gesetzes ein "Gesetz" bzw. hinter den Hütern ein "hohes Gericht", eine höchste Instanz des Rechts - oder womöglich Unrechts - finden ließe; vielleicht nur das Meta-Gesetz "Seid gerecht", das in gewissem Sinn auf eine Tautologie oder Leerformel hinausläuft (denn dieses "Gesetz" besagt: "Seid gerecht", "Handelt rechtens", "Handelt nach dem Gesetz").

Benjamin bringt jenen "toten Punkt" "*des* Gesetzes" jedenfalls mit Kafkas angeblicher "Geheimniskrämerei" (vgl. ebd., 154) in Verbindung, und Deleuze und Guattari sehen in ihm ein bloßes Phantasma bzw. ein Spiel mit einer absoluten Leerstelle (Deleuze/Guattari 1976, 62); dagegen nimmt Derrida die Rede vom unzugänglichen einen "Gesetz" in emphatischer Weise ernst und begreift es als "Gesetz des Gesetzes" (Derrida 1992, 48), als unfaßlich-unzugängliches, doch existierendes Zentrum, das immer nur vermittelt über seine Rechts-Vertreter in Erscheinung treten kann; er sieht in ihm den *kategorischen Imperativ Kants* aufscheinen (Derrida 1992, 45 f.), der als abstraktes, nicht-empirisches, apriorisches Regulativ natürlich nicht faßbar ist und sein kann, und er erkennt in ihm auch das *Gesetz der Juden* (wohl in Anspielung auf die Thora) und zitiert Jean-François Lyotard:

"man weiß nicht, was dieses Gesetz sagt. Es gibt eine Art von Gesetz der Gesetze, es gibt ein Meta-Gesetz, das lautet: 'Seid gerecht.' Dies ist das Einzige, worum es dem Judentum geht." (Lyotard in: Derrida 1992, 44)

Die Unzugänglichkeit einer apriorischen Konstruktion ist aber für Kafka vielleicht weniger relevant als die existentielle Frage nach dem "Rechten" ("le vrai") bzw. die Wahrnehmung der 'vielen Gesetze', d.h. der Faktizität der vielen Rechts-Kollisionen[18], des *processus* bzw. des *procedere* permanenter Macht- und Rechtskämpfe (vgl. Deleuze/ Guattari 1976, 67), hinter welchen *das* "Gesetz" mehr oder weniger verschwindet.

Durch den "toten Punkt" des Gesetzes, diese einzige "Tür" im Universum des Prozesses, verliere, so hat G. Kaiser behauptet, Josef K.s Welt "ihre Schlüssigkeit" (Kaiser 1958, 43), erweise sich als nur subjektiv-jemeinige Welt. Das ist richtig; wir wissen nicht, ob das "Gericht" bzw. das "Gesetz" gerecht oder terroristisch ist; so wenig wie eine nihilistische Sicht bestätigt wird, so wenig wird ein Sinn des Ganzen affirmiert. Aber das Seins-Gleichnis 'Vor dem Gesetz' demonstriert doch *faktisch* die Vergeblichkeit allen Tuns, und zwar nach der

---

18 Vgl. 'Fürsprecher' (Kafka 1969, 369 f.).

absurden Logik des paradoxen Diktums: "unendlich viel Hoffnung -, nur nicht für uns". Es mag, wie die "Legende" nahelegt, einen Rückweg aufs "Land" geben - "die Geschichte erzählt von keinem Zwang" (300) -, oder es mag theoretisch eine Eintrittsmöglichkeit ins "Gesetz" geben - wie für "Arnold" in einer Variante der Parabel (Kafka 1966, 322 f.) -, für den Mann vom Lande oder Josef K. sind diese Möglichkeiten aber praktisch *nicht* vorhanden. Die negative Parabel (vom vorhandenen und doch nicht passierbaren Eingang ins "Gesetz") ist - als leere Lehre - auch eine Parabel der Negativität. Das "Es ist möglich (...), jetzt aber nicht" (292), das der Geistliche für keinen "Widerspruch" hält (295), konstituiert, lebenslang wiederholt, zweifelsohne eine teuflische Paradoxie, einen *double bind*. Dieses Skandalon versuchen alle jene Interpreten zu leugnen, die mit der Unterstellung einer realen Schuld des Einlaß Begehrenden die Möglichkeit einer realen Erfüllung konstruieren[19]. Solchem Optimismus wird dadurch widersprochen, daß die tragische Ironie der "Legende", die darin besteht, daß der Mann vom Lande erst im Sterben den "unverlöschlichen Glanz" des Gesetzes-Lichts erblickt (oder zu erblicken meint), durch den Romanverlauf in puren Sarkasmus gewendet wird. Zwar heißt es hoffnungsweckend in der Steinbruch-Szene im Schlußkapitel: "Wie ein Licht aufzuckt, so fuhren die Fensterflügel eines Fensters (...) auseinander" (312), aber hier eröffnet sich weder eine Hilfe noch eine Antwort für den sterbenden Josef K.

Der Mann vom Lande und Josef K. suchen letztlich *das* Gesetz hinter *den* Gesetzen; der Türhüter bewacht es wie das unzugängliche und doch allzeit geöffnete "Paradies" (Kafka 1966, 94). "Wir wurden aus dem Paradies vertrieben, aber zerstört wurde es nicht." (Kafka 1966, 101) Diese Paradoxie prägt Kafkas Schreiben überhaupt:"Ich bin von zuhause fort und muß immerfort nachhause schreiben, auch wenn alles Zuhause längst fortgeschwommen sein sollte in die Ewigkeit" (Kafka 1958, 392).

Das Imaginäre ist unzerstörbar; doch die Urszene wiederholt sich, die "Vertreibung aus dem Paradies" ist "ewige Wiederholung". Wenn das "Gesetz" aber Aufschub heißt, dann ist der "Mann vom Lande" schon längst "im" Gesetz; er habe das "Gesetz" "als Macht des Wortes, immer schon in sich", schreibt R. Kreis, eine "Macht, die ihm die Laufbahn in Richtung auf den Ort vorschreibt, wo sich die Verknüpfung von Sprache und Umwelt einst schicksalhaft vollzog: in die

---

19 So Henel, Ingeborg: Die Türhüterlegende und ihre Bedeutung für Kafkas *Prozeß*. In: DVjS 37 (1963), 50-70, hier: 60 u. 66.

Kindheit"; damit sei er "Mann *und* Kind" zugleich.[20] Er ist gespalten in den Sprechenden und den Seienden. Das gespaltene Subjekt spricht sich lebenslang vorwärts und bleibt zugleich zurück an einem Ort der Abwesenheit, einem abwesenden Ort, dem Unbewußten. Nach diesem Ort, der *in* ihm liegt, sehnt es sich unentwegt (wie K. im 'Schloß'); die "Sehnsucht nach dem Ganzen" (Lacan 1980, 53), der vorödipalen Mutter-Kind-Dyade, die zerschnitten wurde durch die Einführung in die Sprache, in die *symbolische Ordnung*, ins *Gesetz* *("loi")* - mittels Verdrängung, Separation von der Mutter, non-du-père, Ödipus -, kann das Subjekt niemals aufgeben. Die "symbolische Kastration" ist nichts anderes als dieser Schnitt, der sozusagen eine 'symbolische Kastriertheit' hinterläßt (Lang 1973, 282-286). Die "Sehnsucht nach dem Ganzen" und die "symbolische Ordnung" gehören indessen zusammen; "das Gesetz und die verdrängte Begierde sind ein und dieselbe Sache" (Lang 1973, 228; Lacan 1966, 782). "Der Mensch, sofern er Mensch ist, *ist* Begierde, ist jenes 'sujet barré $ ', das wir als Resultat der Einführung in die Ordnung der Sprache (...) festhalten können." (Lang 1973, 222) Diese Barriere oder Durchstreichung des Subjekts ($) bezieht sich - als Inbegriff oder Ursache der *Spaltung* des Subjekts - auf die Trennung von Bewußtsein und Unbewußtem durch das Symbolische (die Sprache) bzw. auf die Unzugänglichkeit und Unbewußtheit des Signifikates (s) und seine Abgetrenntheit vom Signifikanten (S) (vgl. Lacan 1966, 515 f.). Das Subjekt strebt fortan unstillbar in einer Kette von *metonymischen Verschiebungen* nach dem imaginären, unerreichbaren, verbotenen, aufgeschobenen Objekt des Begehrens. Sein Begehren ist nichts anderes als jene Kette der Metonymien. Derridas Analysen dessen, was er *différance* nennt (Derrida 1972, 1976, 1992), sind nur ein Fortdenken und zugleich Kommentieren des Lacanschen Konzepts der metonymischen Verschiebung nach dem Gesetz der symbolischen Ordnung.

Es ist also kein Wunder, daß man immer wieder festgestellt hat, Kafkas Figuren strebten "ausschließlich nach dem Verbotenen"[21], den Sirenen.[22] Auch in der Türhüter-Parabel geht es um dieses Streben nach dem Imaginären, Unzugänglichen, den "fremden Sälen des eigenen Schlosses" (Kafka 1958, 20). Die ewige Wiederholung von

---

20 Kreis, Rudolf: Ästhetische Kommunikation als Wunschproduktion. Goethe - Kafka - Handke. Literaturanalyse am "Leitfaden des Leibes", Bonn 1978, 140.
21 Kobs, Jörgen: Kafka. Untersuchungen zu Bewußtsein und Sprache seiner Gestalten, hg. von Ursula Brech, Bad Homburg 1970, 528.
22 Sokel, Walter: Franz Kafka. Tragik und Ironie. Zur Struktur seiner Kunst, München/Wien 1964, 200 u. 240.

Wunsch und Verneinung stellt sich ein, weil das *Nein ("Non")* kein absolutes war[23], nur ein 'jetzt nicht', 'vielleicht später' ("es ist möglich, jetzt aber nicht"), welche den Aufschub, die *différance*, konstituierten: "Die Vertreibung aus dem Paradies ist in ihrem Hauptteil ewig: Es ist also zwar die Vertreibung aus dem Paradies endgültig", die "ewige Wiederholung des Vorgangs" aber macht es trotzdem möglich, daß wir "tatsächlich dort dauernd sind" (Kafka 1966, 94). Das "später" und die Abwesenheit von "Zwang" lassen zwar alle Möglichkeiten offen, aber der Aufschub, die *différance*, ist dennoch unausweichlich. So wenig wie die "Advokaten" ans *Überich* (das *Gesetz* im Sinne von *"loi"*) herankommen, so wenig erreicht der "Mann vom Land" das vom Überich bewachte Objekt des Begehrens. Aber nochmals: Geht es um dieses Objekt, den Ort des Es, das Paradies? Oder zielt das Wort "Gesetz" in 'Vor dem Gesetz' vielmehr auf Gesetz im Sinne von *"loi"*, Überich, Sprache, symbolische Ordnung, Recht? Es bleibt bei einer radikalen Zweideutigkeit, die vielleicht darauf zurückzuführen ist, daß das Begehren das Gesetz und das Gesetz das Begehren erzeugt: "la loi et le désir refoulé sont une seule et même chose" (Lacan 1966, 782).

"Im" Gesetz - zumindest im Sinne von "loi" - befindet sich der Mann vom Lande also schon immer: erstens im *Urgesetz*, das wie eine "sprachliche Ordnung" als "Reich der Kultur durch die Regelung von Verwandtschaftsbeziehungen das der Natur" überlagert, d.h. durchs Inzesttabu (non/nom-du-père) das Begehren regelt (Lacan 1973, 118), und zweitens im *Gesetz der Rechtsnormen*, die sich ja mittels der Sprache im Subjekt verankern:

"Unkenntnis der Gesetze schützt nicht vor Bestrafung. Übersetzt aus dem Humor des Gesetzbuches drückt diese Formel trotzdem eine Wahrheit aus, auf der unsere Erfahrung beruht und die sie bestätigt. Denn niemand lebt wirklich in Unkenntnis der Gesetze, weil das Gesetz des Menschen das Gesetz der Sprache ist." (Lacan 1973, 112).

Die *"vielen* Gesetze" des Sprechens aber sind offenbar nicht der Ort, an den der Mann vom Lande sich hinsprechen möchte (vgl. Derrida 1992, 56), es geht ihm um "*das* Gesetz" des Seins (Derrida 1992, 70) *hinter* der Sprache, um das Gesetz, das Gesetz und Begehren reguliert.

Gesetze müssen situationsunabhängig (ein Ergebnis der Schriftkultur!), also als allgemeine Normen formuliert sein. Auch von *dem* "Gesetz" erwartet der Mann vom Lande *Universalität*: "Alle streben

---

23 Vgl. zur Qual der Freiheit auch den Aphorismus: "Mit einem Gefängnis hätte er sich abgefunden", aber die Gitterstäbe "standen ja meterweit auseinander". (Kafka 1954, 291 f.).

doch nach dem Gesetz" (294). Das am meisten sinnverwirrende und zutiefst paradoxe Moment der "Legende" liegt aber nun darin, daß dieses eine Gesetz - und auch dieses eine muß als Gesetz, als Maxime, als Richtschnur per definitionem universell sein - nur für *ein* Individuum, den Mann vom Lande, gedacht ist: Den Aufschub muß jedes Individuum für sich meistern.

Aus vielen Indizien (innerhalb des "Zirkels von Innen und Aussen") geht hervor, daß der Türhüter nicht nur der externen Welt zugehört, sondern auch das Innere des Mannes vom Lande (bzw. des Text-Subjekts) in allegorischer Weise spiegelt, wie ja auch das Gericht als Spiegel Josef K.s fungiert. Der Hüter entspricht - als Beamter, Repräsentant der Rechtsordnung und Vertreter des Gesetzes - der Imago des inneren Zensors, des Überichs. Daher wohl bleibt es auch offen, ob der Türhüter den Mann vom Lande überhaupt mit Gewalt ("Zwang") davon abhielte, einzudringen; jedenfalls legen drei Varianten der Parabel den Gedanken nahe, daß alles in der Hand des Subjekts liegt. (Kafka 1966, 253, 359, 322 f.) Die *différance* geschieht immer im Namen der anderen (oder des Anderen) und in unserem eigenen Namen.

Doch Eindeutigkeit bezüglich der vom "Gefängnis[!]kaplan" erzählten Legende ist hier - im Sinne des "Zirkels von Innen und Außen" - nicht zu gewinnen, so wenig wie bezüglich der Parabeln vom 'offenen Gefängnis': "Mit einem Gefängnis hätte er sich abgefunden", aber "die Gitterstangen standen ja meterweit auseinander" (Kafka 1954, 291 f.). "Es war keine Gefängniszelle, denn die vierte Wand war völlig frei." (Kafka 1966, 345) Wird die Gefangenschaft durch die Außenwelt oder durch die Innenwelt begründet? Das Nicht-Eingelassen-Werden der Türhüter-Legende wird hier - spiegelverkehrt - zum Nicht-Verlassen-Dürfen. In beiden Fällen erweist sich der *Unfreie* als nur *scheinbar Unfreier*, aber schließlich doch wieder als nur *scheinbar Freier*. Irgendeine Gewalt - sei es eine gegenwärtige, sei es eine sozusagen aus der Vergangenheit herrührende wie bei den "Kurieren", die sich durch ihren "Diensteid" an einen längst nicht mehr existierenden "König" gebunden fühlen (Kafka 1966, 44) - geht vom Türhüter aus, obgleich dieser doch durch nichts als durch *Sprechakte* Wirklichkeit gewinnt oder Macht ausübt und man keinerlei realen "Zwang" erkennen und nichts über die angeblichen weiteren Türhüter - "einer mächtiger als der andere" (293) - erfahren kann. (Gibt es sie überhaupt?) Vieles spricht dafür, daß es um eine Gewalt aus der Vergangenheit, eine "gewesende" Gewalt geht. "Das Ich ist ja nichts anderes als ein Käfig der Vergangenheit." (Kafka in: Janouch 1968, 87) Die Urszene wiederholt sich, ewig, eisern in der Innenwelt. Und in der Außenwelt. Wie die "Kuriere" hat der Türhüter vermutlich keinen "König" (kein "hohes Gericht") über sich, ist womöglich - und das trifft auf den Mann vom Lande natürlich ebenso zu - gehorsam gegenüber einem rein *imaginären* Machthaber. Damit wären beide zu Angehörigen einer "Gesellschaft in mythischem Bann"[24] erklärt, in der Gewalt sich verflüssigt hat zum Ungreifbaren, Zwang und Selbstzwang ununterscheidbar geworden sind. Der Türhüter gehört jedenfalls sowohl der Außenwelt wie der Innenwelt an.

Wie der Leser in der Regel Partei nimmt für Josef K., so identifiziert sich dieser ausschließlich mit dem Mann vom Lande - "Der Türhüter hat also den Mann getäuscht" (295) - und nicht mit dem Türhüter, dem Beamten des Gesetzes, wie der Geistliche zu bemerken scheint (298); daß der Kaplan auf die Parteilichkeit K.s hinweist, erklärt die Parabel in der Tat zum 'Rorschach-Test', zur "Leerform" für Sinnprojektionen (Elm 1979, 424). Der Geistliche erläutert K., daß es unter den zahllosen "Meinungen" zur Legende auch eine gebe, nach welcher der *Türhüter* der "Getäuschte" sei (298 ff.): der Gebundene, Unterlegene, Dienende und Blinde. Kafka - Dichter ("Mann vom Lande") und im Versicherungs-Recht tätiger Beamter ("Türhüter") - nähert sich zuweilen seinen Helden und distanziert sich zuweilen von ihnen; er hat mit den zwei Figuren der Parabel nur zwei Seiten *einer* Medaille beschrieben bzw. die "Täuschung", die darin besteht, jeweils nur die *eine* Seite wahrzunehmen. Der Andere erscheint uns immer als anders und fremd und niemals als *alter ego*. Aber der "Türhüter" befindet sich doch ebenfalls nur *vor* dem Gesetz (vgl. Derrida 1992, 61 f.), nicht *in* ihm! Sind wir nicht alle - als Lesende, Interpretierende - "zugleich Wächter und [!] Männer vom Lande" (Derrida 1992, 79)? Für den Türhüter ist wahrscheinlich der Mann vom Lande der Türhüter.

6. Schluß

Nachdem der Geistliche darauf hingewiesen hat, daß auch der Türhüter selbst der Getäuschte sein kann, erklärt er, man müsse dessen Worte nicht unbedingt für "wahr", man müsse sie nur für "notwendig" hal-

---

24 Im Bann traditionaler und symbolcharismatischer Abhängigkeit (nach Begriffen von Max Weber), vgl. Keller, Karin: Gesellschaft in mythischem Bann. Studie zum Roman 'Das Schloß' und anderen Werken Franz Kafkas, Wiesbaden 1977.

ten; K. entgegnet: "Die Lüge wird zur Weltordnung gemacht"; sein "Endurteil" aber, so bemerkt der Erzähler (in auktorialer Weise), sei dies nicht gewesen (303). Im letzten Kapitel wird K. dann nämlich die von ihm erfahrene Welt als *factum brutum* - als Notwendigkeit - zu nehmen lernen und alle Wahrheits-, Rechts- und Rechtfertigungsansprüche aufgeben. Das *Nein*, das "jetzt nicht", der *Aufschub* sind Recht und Terror zugleich, aber sie liegen jenseits von Gut und Böse, sind schlicht "notwendig". Damit wird rückwirkend die Parabel vom Türhüter zu einem - an Tantalos und Sisyphos gemahnenden - Mythos, der - wie es im 'Prometheus' heißt - das Unerklärliche erklärend ins "Unerklärliche" zurückführt, in die "grundlos[e]" Notwendigkeit (Kafka 1969, 351 f.).

Josef K. scheint nach der 'Offenbarung' des Geistlichen mit einemmal alles Gehörte zu verdrängen und zu verleugnen, als wäre nichts gewesen: Verdrängung der Verdrängung, Aufschub des Aufschubs. Im Anschluß an die Frage des Geistlichen, ob K. schon weggehen wolle, heißt es:

"Obwohl K. gerade jetzt nicht daran gedacht hatte, sagte er sofort: 'Gewiß, ich muß fortgehen. Ich bin Prokurist einer Bank, man wartet auf mich, ich bin nur hergekommen, um einem ausländischen Geschäftsfreund den Dom zu zeigen.'" (304)

Die Sprache des Unbewußten wird zugedeckt durch die des Bewußten; und doch bewerkstelligt es der humoristische Erzähler, daß einzelne Zeichen - der Plötzlichkeit, der gewaltsamen Selbstsicherheit - das Unbewußte verraten, das sich unterhalb der Zeichenkette der bewußten Rede hält. Ein Verrat, der sich verrät. Im 'Ende' aber ist die gewaltsam aufrecht erhaltene Selbstsicherheit K.s endgültig verlorengegangen, wird die "Verschleppung" aufgegeben. Wozu Aufschub, wenn das Urteil schließlich unvermeidbar ist? Weshalb "als ein begriffsstütziger Mensch abgehn" (308)? K. ist ja immer schon "préjugé", "vorverurteilt, insofern er gerichtet werden muß" (Derrida 1990, 70). Ich schließe mit der vielleicht unabschließbaren Frage, ob K.s Vorverlegung des Todes, des Schlusses, dem - natürlichen (?) - Lebensende des Mannes vom Lande entspricht, dem der Türhüter abschließend, den Eingang endgültig, aber unnötigerweise versperrend, bedeutet: "Ich gehe jetzt und schließe ihn" (295).

Literatur

Schriften von Franz Kafka

Kafka, Franz, 1951: Tagebücher, 1910 - 1923, New York/Frankfurt a. M. (= Gesammelte Werke, hg. von Max Brod).

-, 1954: Beschreibung eines Kampfes. Novellen, Skizzen, Aphorismen aus dem Nachlaß, New York/Frankfurt a. M. (= Gesammelte Werke, hg. von Max Brod).

-, 1958: Briefe 1902 - 1924, New York/Frankfurt a. M. (= Gesammelte Werke, hg. von Max Brod, unter Mitarbeit von Klaus Wagenbach).

-, 1965: Der Prozeß, Roman, New York/Frankfurt a. M. (= Gesammelte Werke, hg. von Max Brod) (1. Auflage dieser Ausgabe 1950).

-, 1966: Hochzeitsvorbereitungen auf dem Lande und andere Prosa aus dem Nachlaß, New York/Frankfurt a. M. (= Gesammelte Werke, hg. von Max Brod) (1. Auflage dieser Ausgabe 1953).

-, 1967: Das Schloß. Roman. New York/Frankfurt a. M. (= Gesammelte Werke, hg. von Max Brod).

Janouch, Gustav, 1968: Gespräche mit Kafka. Aufzeichnungen und Erinnerungen. Erweiterte Ausgabe, Frankfurt a. M. (1. Aufl. Frankfurt a. M. 1951).

Kafka, Franz, 1969: Sämtliche Erzählungen. Hg. v. Paul Raabe. Frankfurt a. M.

Schriften zu Kafka

Benjamin, Walter, 1981: Benjamin über Kafka. Texte, Briefzeugnisse, Aufzeichnungen, hg. von Hermann Schweppenhäuser, Frankfurt a. M.

Brod, Max, 1966: Über Franz Kafka: Franz Kafka. Eine Biographie; Franz Kafkas Glauben und Lehre; Verzweiflung und Erlösung im Werk Franz Kafkas, Frankfurt a. M./Hamburg.

Deleuze, Gilles/Guattari, Félix, 1976: Kafka. Für eine kleine Literatur, Frankfurt a. M.

Derrida, Jacques, 1992: Préjugés. Vor dem Gesetz, Wien.

Elm, Theo, 1979: Der Prozeß. In: Binder, Hartmut (Hg.): Kafka-Handbuch in zwei Bänden. Bd. 2: Das Werk und seine Wirkung. Stuttgart, 420-441.

Hiebel, Hans H., 1983: Die Zeichen des Gesetzes. Recht und Macht bei Franz Kafka. München (2. Aufl. 1989).

-, 1984: Franz Kafka - 'Ein Landarzt', München. (= Text und Geschichte. Modellanalysen zur deutschen Literatur. Hg. v. Gert Sautermeister und Jochen Vogt, Bd 17; UTB 1289).

-, 1986: Parabelform und Rechtsthematik in Franz Kafkas Romanfragment 'Der Verschollene'. In: Elm, Theo/Hiebel, Hans H. (Hg.): Die Parabel. Parabolische Formen in der deutschen Dichtung des 20. Jahrhunderts. Frankfurt a. M. (= stm 206), 219-254.

Kaiser, Gerhard, 1958: Franz Kafkas 'Prozeß'. Versuch einer Interpretation. In: Euphorion 52 (1958), 23-49.

Barthes, Roland, 1976: S/Z, Frankfurt a. M.

Bogdal, Klaus-Michael (Hg.), 1990: Neue Literaturtheorien, Opladen.

Derrida, Jacques, 1967: Freud und der Schauplatz der Schrift. In: J. D.: Die Schrift und die Differenz, Frankfurt a. M., 302-350.

-, 1976: Randgänge der Philosophie: Die différance. Ousia und gramme. Fines hominis. Signatur-Ereignis-Kontext, Frankfurt a. M./Berlin/Wien.

Foucault, Michel, 1977: Überwachen und Strafen. Die Geburt des Gefängnisses, Frankfurt a. M.

Lacan, Jacques, 1966: Écrits, Paris.

-, 1973: Schriften I, hg. von N. Haas, Olten 1973 (und Frankfurt a. M. 1975).

-, 1975: Schriften II, hg. von N. Haas, Olten und Freiburg i. Br.

-, 1980: Schriften III, Olten u. Freiburg i. Br.

Lang, Hermann, 1973: Die Sprache und das Unbewußte. Jacques Lacans Grundlegung der Psychoanalyse, Frankfurt a. M.

Freud, Sigmund, 1974: Totem und Tabu (Einige Übereinstimmungen im Seelenleben der Wilden und Neurotiker) (1912-13). In: S. F.: Studienausgabe Bd IX. Frankfurt a. M.

Safouan, Moustafa, 1973: Die Struktur in der Psychoanalyse. Beitrag zu einer Theorie des Mangels. In: Wahl, François (Hg.): Einführung in den Strukturalismus, Frankfurt a. M., 259-320.

II.
"Das Urteil kommt nicht mit einemmal".
Symptomale Lektüre und historische Diskursanalyse von Kafkas 'Vor dem Gesetz'

Klaus-Michael Bogdal

> "Man müßte sein ganzes Leben erzählen,
> wenn man von allen Türen berichten wollte,
> die man geschlossen öffnen möchte."
>
> (Gaston Bachelard)

1.

Dome gelten bisweilen als Orte des Heiligen und der Verkündigung. In Kafkas 'Proceß' ist der "Dom" eine touristische "Sehenswürdigkeit" (276). Durch ihn soll, so der Auftrag des Bankdirektors, der Prokurist Josef K., "Mitglied des Vereins zur Erhaltung der städtischen Kunstdenkmäler" (272), einen "italienischen Geschäftsfreund" (270) führen. Die ursprüngliche sakrale Bestimmung des Doms erlebt der stadtkundige K. aus der Sicht des Flaneurs als Unbequemlichkeit. Um die "Finsternis" zu durchdringen, benötigt er das profane Licht einer "elektrische[n] Taschenlampe" (280), vor dem Altarbild schwebt "störend" "das ewige Licht" (281), das den Kunstbetrachter nicht mehr 'erleuchtet'. Wie selbstverständlich degradiert K., darin zweifellos modernen Geistes, die Kultstätten der Tradition zu Objekten subjektiven ästhetischen Interesses.

Obwohl K. nur 'sehen' will, bekommt er im Dom dennoch etwas 'zu hören'. Es ist seine touristische Neugierde, die ihn an den Ort der An-Rede führt, nicht irgendein religiöses 'höheres' Interesse. Der Ort, "eine kleine Nebenkanzel" (283), scheint für ihren eigentlichen Zweck eher ungeeignet: "Das Ganze war wie zur Qual des Predigers bestimmt" (ibid.). Dennoch phantasiert K.s Neugierde gewissermaßen eine Predigt herbei, indem er beliebig scheinende Einzelwahrnehmungen zusammenfügt, die in ihrer Summe die *diskursiven* Grundelemente der Predigt ergeben.

"Sollte jetzt etwa eine Predigt stattfinden? (...) Sollte wirklich eine Predigt beginnen? (...) Und wenn es schon eine Predigt sein sollte, warum wurde sie nicht von der Orgel eingeleitet. (...) Aber konnte denn wirklich gepredigt werden? (...) Es war unsinnig daran zu denken, daß gepredigt werden sollte (...)." (284 f.)

K. ist es "unverständlich wozu man diese Kanzel benötigte" (283 f.). Dennoch werden all jene Beobachtungen, die gegen eine Predigt sprechen, aufgrund von K.s Wissen über den Predigt-Diskurs verworfen und umgedeutet. Obwohl nun alles auf eine Predigt als *Ereignis* deutet, wird *nicht* gepredigt. Was sich statt dessen ereignet, ist ein *Diskurs-Bruch*: nicht die (ohnehin abwesende) Gemeinde wird angesprochen, sondern ein einzelner, "Josef K." (286), wird angerufen; nicht eine christliche Predigt beginnt, sondern eine jüdische Legende in der Talmud-Tradition wird von einem Gefängniskaplan erzählt, ausgelegt und debattiert.[1] Hier geschieht etwas, das den Ereignissen an den anderen Orten institutionalisierter Rede, dem Zimmer-*Verhör*, dem Dachboden-*Gericht*, der *anwaltlichen* Bett-*Beratung*, vergleichbar ist. Unsicher ist hier wie dort nicht die Rede, unsicher und 'gleitend' sind ihre *diskursiven Bedingungen*. Und nichts anderes wird in der Türhüter-Legende 'Vor dem Gesetz' erzählt, in der die 'Tür' wie die 'Nebenkanzel' wider alle Regeln und alles Wissen einzig für den 'Angerufenen' bestimmt ist. Aber hat nicht K. selbst den Dom wie selbstverständlich zu einer touristischen Sehenswürdigkeit degradiert?

'Im Dom' kreuzen sich heterogene Diskurse wie Fremdenverkehr, christlicher Kult, jüdische Exegese und Justiz und gehen ohne Friktionen ineinander über. Offenbarungen und Verkündigungen ereignen sich im Dom nicht mehr.

Erinnern wir uns daran, daß wir über einen *Text* sprechen. Es ist Kafkas Roman, der die divergierenden Diskurse an 'unmöglichen' Orten zusammenführt und auf diese Weise ihren Sinn 'verdunkelt'. Wie die "kleine Nebenkanzel", die "die andere, große und so kunstvoll geschmückte" (283 f.) Kanzel vom Zentrum an den Rand zurücknimmt, ist seine Version des *modernen* Romans "eine noch leere Nische" (ibid.), die zu besetzen ihm nach *seiner* Auffassung nicht gelungen ist.

2.

Allerdings scheint die Parabel vom Türhüter die Diskurs-Taktiken des Romans aufzuheben und als erzählerischer Höhepunkt des Ganzen das 'Gleiten' von Diskurs zu Diskurs zum Stillstand zu bringen. So zumindest

---

1 Vgl. Abraham 1983 und neuerdings auch Siegert 1990, 241 ff.

ist sie in der Kafka-Literatur immer wieder gedeutet worden: als Gleichnis, das einen Schlüssel zum Roman oder gar zu Kafkas Existenz liefert. Zwar wird das Beispiel eines vergeblichen Lebens erzählt und durch das Bild der Schwelle eine sakrale,[2] wenn man so will, transzendentale Dimension angedeutet, die eine religiöse bzw. existential-ontologische Lesart nahelegt.[3] Aber schon die erste 'Auslegung' des Geistlichen signalisiert, daß die bisherige Diskurs-Taktik des Romans fortgesetzt wird. Die Parabel erweist sich am Ende als 'leere Nische'. Daher ist es wenig aussichtsreich und verlockend, vor dem Text Kafkas zu warten wie der 'Mann vom Lande' vor dem Gesetz und sein langweiliges Leben zu wiederholen, um dann am Ende vielleicht etwas vom 'Glanz' aus dem 'Inneren' zu verspüren. Wir würden der gleichen Täuschung unterliegen wie der Mann vom Lande, wenn wir die Parabel auf einen für unsere Interpretation bestimmten Text mit verborgener Bedeutung reduzieren, anstatt sie als einen Kreuzungspunkt heterogener Diskurse, Diskurse der Literatur, der Macht, des Wissens, der Sexualität, anzuerkennen. Deshalb werde ich 'Vor dem Gesetz' nicht wie einen 'heiligen', bewachten Text lesen, der die Wahrheit des Ganzen offenbart, wenn man nur den richtigen Zugang findet, sondern versuchen, ihn positiv als historischen (einmaligen) Ort diskursiver Praktiken zu beschreiben.[4]

3.

K.s Suche nach dem Gericht und der Wahrheit endet im Dom.[5] Die Erzählung des Gefängniskaplans vom Türhüter und dem Mann vom Lande und die anschließenden Deutungen lassen die bisherige Wahrheitssuche in ein finales *Wahrheitsspiel* münden. Die Antagonisten in diesem Spiel unterscheiden und gleichen sich: Der Geistliche beherrscht zwar - anders als Josef K. - die *Regeln* des Wahrheitsspiels,[6] ohne jedoch die 'Wahrheit' zu beherrschen. K. bezieht im Gespräch eine Subjektposition, die die

---

2 So deutet Gaston Bachelard in seiner 'Poetik des Raums' allgemein Tür und Schwelle: "Muß man denn in eine ferne Vergangenheit hinabtauchen, in eine Vergangenheit, die gar nicht mehr die unsere ist, um der Schwelle eine sakrale Bedeutung zu geben? (...) 'Eine Schwelle ist etwas Heiliges.'" (Bachelard 1975, 254).

3 "Und alle Türen der bloßen Neugier, die das Wesen um eines Nichts willen in Versuchung geführt haben, um des Leeren willen, um eines unbekannten Etwas willen, das nicht einmal in der Einbildung existiert!" (Bachelard 1975, 254).

4 Vgl. Foucault 1992.

5 Im folgenden greife ich einen Gedankengang auf, den ich zum ersten Mal auf dem Augsburger Germanistentag 1991 vorgetragen habe.

6 Dieses Wissen privilegiert ihn. Zugleich weist es ihn als 'Träger' auch des juristischen Diskurses aus.

Grundbedingungen eines Wahrheitsdiskurses erfüllt ("Vertrauen"; "offen reden"). Dieser Diskurs wird durch den Geistlichen unterminiert, indem er dem Vertrauen die Täuschung und der offenen Rede die verrätselnde, bildhafte Erzählung sowie die Paraphrase der Deutungen der "Erklärer" entgegensetzt, hinter denen er selbst als Subjekt der Rede verschwindet ("Mißverstehe mich nicht, (...) ich zeige dir nur die Meinungen, die darüber bestehn." [298]). Damit nicht genug, gibt er als *Quelle* der Erzählung die Einleitung zum Gesetz an, eine Textsorte, die gemeinhin der Legitimierung und Orientierung dient, hier jedoch im Gegenteil nahelegt, daß der Hauptteil unzugänglich sei. K., der sich weiterhin als Subjekt der Wahrheitssuche wahrnimmt ("von der Geschichte sehr stark angezogen" [295]), kann sich in der Erzählung sofort wiedererkennen, weil er sie im Blick auf die *Realerfahrung* in autoritär-hierarchischen Gesellschaften als Täuschung des Untertanen durch die Macht deutet. Der Geistliche widerspricht dieser naheliegenden Erklärung durch einen *Imperativ*, der das Wahrheitsspiel in Gang hält: "[Ü]bernimm nicht fremde Meinung ungeprüft" (ibid.). Wessen fremde Meinung sollte K. in seinem spontanen Kommentar übernommen haben? Noch bevor der Geistliche K. überzeugt hat, geht er davon aus, daß *jede* Deutung schon existiert, bevor sie ausgesprochen wird, weil sie der *Schrift* inhärent ist. An dieser Stelle wird allerdings noch als mögliche Lösung des Meinungsstreits auf den "Wortlaut der Schrift" (ibid.) verwiesen. Das ist der Augenblick der Hermeneutik im Wahrheitsspiel. Der Geistliche fundiert die neue, gegensätzliche Deutung der Erzählung durch philologische Textarbeit: er zitiert, belegt, rekurriert auf die "Erklärer der Schrift" (296) und autorisiert sein methodisches Vorgehen durch die Ethik der "Achtung vor der Schrift" (295). Die neue Deutung widerspricht zwar *K.s* Lebenserfahrung, ist im Kontext einer wuchernden Bürokratie aus der Sicht von oben aber durchaus nachvollziehbar. So läßt er sich durch Textarbeit und Autorität ("Du kennst die Geschichte genauer als ich und längere Zeit" [298]) davon überzeugen, daß der Türhüter seine Pflicht vorbildlich erfüllt habe. Der Geistliche nimmt, das Wahrheitsspiel verschärfend, den Erfolg philologischer Deutung zurück: "Die Schrift ist unveränderlich und die Meinungen sind oft nur ein Ausdruck der Verzweiflung darüber."(298) Die Schrift erscheint durch ihre unzugängliche Materialität wie ein erratischer Block, der die Wahrheit einschließt. Da sie aber nichts kundtut als ihren unveränderlichen Wortlaut, ist sie möglicherweise ohne 'Wahrheit'.[7] Mit dieser Vermutung wäre das Spiel um eine substantielle, autori-

---

7 In platonischer Tradition allerdings wäre die Unveränderlichkeit ein Signum der Wahrheit. Adorno nimmt die distanzierte Buchstäblichkeit der Texte Kafkas zum

sierte Wahrheit an sein Ende gelangt. Die verzweifelten Deutungen wären immer schon ein vergebliches Nach-Spiel, sinnlose Nach-Rede. Dennoch läßt das Spiel eine letzte Variante offen. Diese, sprachlogisch zu nennenden Deutung, die nach dem Wahrheitswert der *Aussagen* der Antagonisten der Erzählung fragt, ergibt, daß der Türhüter der Getäuschte sein könnte. Aber auch die Wahrheitsprüfung von Aussagen führt nur in neue Aporien. Der Geistliche: "Nein, (...) man muß nicht alles für wahr halten, man muß es nur für notwendig halten." (303) K. zieht daraus die (sprach-)logische Folgerung, "[d]ie Lüge wird zur Weltordnung gemacht" (ibid.), ein Schluß, der jede Wahrheitssuche zur Vergeblichkeit verurteilt. "K. sagte das abschließend, aber sein Endurteil war es nicht." (ibid.) In dieser Passage des Romans wird jeder Aussage und auch jeder meta-kommunikativen Klärung konsequent widersprochen. K.s Suche nach Klarheit und Wahrheit führt, auf die 'Schrift' verwiesen, zur verwirrenden Vielfalt widersprechender Meinungen: "Die einfache Geschichte war unförmlich geworden". (303) So endet das Gespräch schließlich im Schweigen und in der Dunkelheit des Raums.

4.

Zumindest ist es, so hoffe ich, gelungen, die Erzählpassage als Schauplatz diskursiver Praktiken abzustecken. Diese erste positive Beschreibung ist unter dem Postulat einer sinnerschließenden Interpretation eingestandenermaßen vorläufig, da sie "Wortlaut", Bilder und narrative Sequenzen, Signifikanten und Signifikate in gleicher Weise als diskursive Elemente nimmt und sich weder zu einer symbolischen noch zu einer allegorischen Lesart[8] drängen läßt, sondern an der historischen Singularität des Kafkaschen Textes interessiert bleibt. Diese Offenheit, die sie auch gegen Sinn-Evokationen des Textes zu bewahren sucht, mag als Schwäche bemängelt werden. Immerhin ist es auf diese Weise möglich, jene Stellen im Text zu *markieren*, an denen sich Interpretationen konstituieren: die des Alltagsverstandes, eine kritisch-hermeneutische, eine sprachlogische und schließliche eine dekonstruktivistisch zu nennende. Von diesen Markierungen aus ließe sich jeweils eine ganz unterschiedliche Topographie der Texte Kafkas entwerfen, noch bevor über sogenannte Sinnfragen gestritten würde. In der Geschichte der wissenschaftlichen Kafka-Rezeption zeichnen sich zwei Grundmodelle ab:

Ausgangspunkt seiner ästhetischen Negativitäts- und Verdinglichungskonzeption. Vgl. Adorno 1977, 274 ff.
8 Vgl. De Man, Paul: Allegorien des Lesens, Frankfurt/M. 1988.

(I) Im ersten Modell werden die 'Orte', die ihren Sinn und ihre Funktion nicht unmittelbar offenbaren, von einer dominant gesetzten Ebene kulturell gesicherten Wissens der Biographie, der Geschichte, der Epoche, der literarischen Gattung usw. so geordnet, daß die nun sichtbaren Isomorphien eine Bedeutung stiften. Auf diese Weise entstehen (um im geographischen Bild zu bleiben) bei komplexeren Interpretationen unterschiedliche 'Legenden', systematische Nebentexte, mit deren Hilfe die Markierungen entziffert werden können. Zu den anthropologischen Grundannahmen dieser in ihren Ergebnissen sehr unterschiedlichen, konkurrierenden Interpretationsmethoden von der Psychoanalyse bis zur Sozialgeschichte gehört die Vorstellung, daß der literarische Text Teil einer *homogenen* Kultur ist, die in ihrer Totalität als *sinnhafter* Prozeß verläuft. Für die literarische Moderne kommt als weitere Grundannahme hinzu, daß ein autonomes, selbstreferentielles, von einem ingeniösen Subjekt geschaffenes Werk einen im Unbewußten, im Sein der Sprache, in der Invention, der Innovation, ja selbst in der Destruktion zu findenden Sinn haben *muß*.

Kafka, der nicht nur in 'Vor dem Gesetz' an dieser Grundannahme zweifelt, wird wie andere 'Nihilisten' von Kierkegaard bis Benn zur kulturellen Herausforderung und zum Prüfstein jeder sich *humanwissenschaftlich* fundierenden Literaturinterpretation. Für diese bedeutet jede Aufklärung der Rätselhaftigkeit die Rettung eines universalen Erkenntnis-Fortschritts und die Bestätigung der Sinnhaftigkeit von *Kultur* auch in der krisenhaften, sich selbst negierenden Moderne. Wissenschaft erhofft auf diese Weise, wie es der Historiker Jürgen Kocka folgerichtig 1989 auf dem Symposium 'Geschichte als Literatur' formuliert hat, "eine auf rationale Verständigung, Kritik und Orientierung in der Gegenwart gerichtete Unternehmung"[9] bleiben zu können.

(II) Wer, wie die postmodernen Theorieansätze, radikal eine substantiierbare Sinnhaftigkeit und die Homogenität der Kultur bestreitet, wird seine Textmarkierungen, insofern der einzelne Text (das 'Werk') überhaupt noch wahrgenommen wird,[10] Isomorphien, ja sogar referentielle Beziehungen zu anderen Realitätsbereichen allenfalls als Subjektillusion in Rechnung stellen und kommentierende 'Legenden' ins Reich humanwissenschaftlicher Legendenbildung verweisen. Diese bezeichnen in einer ironischen Wendung Kittlers das "Jenseits der Literatur" (Kittler 1985, 25), das den Text allenfalls verdoppelt, ohne ihm näher zu kom-

---

9 Kocka 1990, 27.
10 "Die Diskursanalyse ist kein Verfahren zur Beschreibung einzelner literarischer Texte." (Kittler 1985, 24).

men. Die postmoderne Vorgehensweise läßt eine Topographie entstehen, die man mit einem ihrer strategischen Begriffe als "Vernetzung" bezeichnen kann. Sie durchzieht den Text mit einer Serie unterschiedlicher Linien, die Oppositionen, Brüche, Differenzen, Verkettungen, Similaritäten, Dominanzen usw. sichtbar werden lassen. Auf diese Weise entstehen "Verschaltungen" der 'Orte', die ein sich ständig transformierender Sinn durchläuft. Die Einzeichnungen führen jedoch nicht zu einer festen Struktur. Sie sind endlose Bewegungen, die schließlich den Text immer unkenntlicher machen. So verschwindet Kafkas Text z.B. in Derridas Vortrag 'Devant la loi' hinter Vermutungen, Analogien und Wortspielen mit dem Titel. Kafka stelle, so Derrida zusammenfassend, elliptisch "das Vor-dem-Gesetz-Sein eines jeden Textes" (Derrida 1984, 187) und seiner Leser (Derrida ibid. 179) dar. 'Vor dem Gesetz' sei die Erzählung der Unerreichbarkeit, Unnahbarkeit und Undeutbarkeit von Literatur und ihres 'Gesetzes', zu dem kein Weg und keine Methode führe, es sei denn ein dunkles Fühlen (sentir obscurément) über das, was sie zu einem unaustauschbaren und unberührbaren (intangible) "Werk" mache.

5.

Eine historische Diskursanalyse könnte einen Ausweg aus den Aporien der beiden Erkenntnismodelle weisen,[11] wenn es ihr gelänge, den Begriff der *Interpretation*[12] von jenen *hermeneutischen* Prämissen zu lösen, die zu einer Verdopplung und Wiederholung der Texte führen. Bevor sich die Literaturwissenschaft für einen der beiden Wege entscheidet, der entweder auf die lichten Höhen des Verstehens oder in die 'Neue Dunkelheit' führt, könnte man sich durch einen Blick in die Geschichte von Interpretationen davon überzeugen, daß sich selbst 'gewöhnliche' Texte auf lange Sicht als erstaunlich resistent auch gegenüber 'ungewöhnlichen' Deutungen erwiesen haben. Diese Tatsache weist auf die kontinuierliche Wirkung eines intentionalen, referentiellen Bedeutungsbegriffs, der sowohl gesellschaftlichen bzw. individuellen Sinnstiftungen und Repräsentationen im 'Werk' als auch Verstehensprozessen zugrunde liegt. In diesem Kontext hat sich die Literatur seit dem 18. Jahrhundert als besondere, ja privilegierte Form der Repräsentation des 'Subjektiven' und der Subjektkonstituierung durchgesetzt. Die Erfahrung von 'Sinnhaftigkeit' ist auch in der 'verstörten' und gestörten Moderne immer noch die wich-

---

11 Vgl. die Überlegungen von Jürgen Fohrmann zum Kommentar (Fohrmann 1988, 244 ff.).

12 Vgl. dazu die kritische Foucault-Lektüre Kammlers zum Begriff der Genealogie (Kammler 1990, 44-52).

tigste Voraussetzung für die Teilnahme an kulturellen Kommunikations-
prozessen. Dies ist nicht zuletzt auch die Erfahrung und ein immer wieder reflektiertes Problem des Schriftstellers Kafka.

Die Aufgaben der *Wissenschaft* von der Literatur reichen jedoch über
die Repräsentation kulturellen Alltagswissens hinaus. Sie kann sich nicht
mit der Überlieferung historisch gewordenen Sinns und seiner Repräsen-
tationsformen begnügen. Als "eine Kunst, die", so noch Gadamer, "den
Götterwillen erklärt", hat sich Literaturwissenschaft überlebt. Was sie
leisten kann, ist die Analyse der *historischen Konstituierungsbedingun-*
gen von Sinn und Repräsentation. Und weil sie niemals ein historisches
Jenseits einzunehmen vermag, es sei denn, sie deute die Gegenwart als
Ende der Kultur und Geschichte, wird sie sich auf das Wechselspiel zwischen der *Rekonstruktion* und dem *Verstehen* kulturell 'gelebten' Sinns
und seiner *Destruktion* einstellen müssen.

Jede Literaturwissenschaft, die sich nicht gegenüber dem kulturellen
Alltag verschließen und sich zugleich nicht gegenüber der Differenz zu
ihrem Gegenstand blind verhalten will, wird sich zwischen der Offenheit
und Unabschließbarkeit interpretierenden Sinn-Verstehens und der End-
lichkeit und Begrenztheit ihrer Gegenstände bewegen, sich mit anderen
Worten ästhetisch *und* wissenschaftlich verhalten.

Wenn, wie Adorno in seiner 'Ästhetischen Theorie' sibyllinisch bemerkt, ästhetische Verhaltensweise die Fähigkeit ist, "mehr an den Dingen wahrzunehmen, als sie sind" (Adorno 1973, 488), ist die Interpretation das Zur-Sprache-bringen dieser Wahrnehmung.

Bei aller Neigung zum Ästhetischen hat es die Literaturwissenschaft
jedoch aus epistemologischer Sicht mit einer "endlichen Menge von historischen diskursiven Ereignissen" (Kolkenbrock-Netz 1988, 273) zu
tun. Vieles kann gesagt, kommentiert, interpretiert werden, es bleibt die
Tatsache, daß der literarische Diskurs "durch die historische Begrenztheit
und Bedingtheit seiner jeweiligen Sinneffekte" (Kolkenbrock-Netz ibid.)
existiert, die die Literaturwissenschaft einschließlich der institutionellen
Funktionsweise zu benennen hätte. Genau hier gewinnt 'Interpretation'
jenseits hermeneutischer Illusionen eine präzisere Bedeutung.

Ich plädiere deshalb für eine *symptomale Lektüre*, die Literatur im
Blick auf ihre Sinneffekte und Repräsentationsfunktionen für kollektive
bzw. individuelle Subjekte im kulturellen Feld erschließt (siehe Abschnitt 3). Hier finden die Analysen von Kollektivsymbolen und Interdis-
kursen[13] genauso ihren Platz wie eine neu zu fassende Ideologiekritik.
Daran soll sich in einer gegenläufigen, widerständigen Bewegung eine

---

13 Vgl. den Beitrag von Rolf Parr und Jürgen Link in diesem Band.

historische Diskursanalyse anschließen, die dem positiven Befund der symptomalen Lektüre - nämlich der bewußten und unbewußten, intendierten und verschwiegenen, automatisierten und singulären usw. Bedeutungen der Texte und dem Verhältnis der 'Subjekte' zu ihnen - die Aufdeckung jener (materiellen, strukturellen) Prozesse entgegenhält, die grundlegender sind als das Schreiben und die Herstellung von 'Bedeutung'.

6.

Ein derartiges methodisches Vorgehen läßt sich überzeugender in einem historischen Vergleich von Texten unterschiedlichen kulturellen Prestiges darstellen, die trotz eines differenten *Dispositivs*[14] eine analoge Grundsituation wie Kafkas Roman zur Sprache bringen.

Friedrich Schillers Gedicht 'Das verschleierte Bild zu Sais' (Schiller 1943, 254-256) aus dem Jahre 1795 ist ein solcher Text, in dem die Ordnung des Wissens als Regelsystem des Sichtbaren und Verborgenen, des Benennbaren und Unaussprechlichen, des Ausschlusses und der Verknappung dargestellt wird. Hier ist es ein "Jüngling, den des Wissens heißer Durst / Nach Sais in Egypten" treibt, um "der Priester / Geheime Weißheit" zu erlernen. Auch er stößt auf "ein Gesetz", "ein Bild von Riesengröße" - die "Wahrheit", wie er vom Oberpriester erfährt -, das durch einen Schleier verhüllt wird. Der Jüngling, dessen "freche Hand das Heilige" gegen das priesterliche Verbot heimlich bei Nacht zu berühren wagt, verfällt dem Wahn ("Auf ewig / war seines Lebens Heiterkeit dahin") und stirbt, ohne das 'Erschaute' benennen zu können. Seine Warnung: "Weh dem, der zu der Wahrheit geht durch Schuld", könnte auch aus dem 'Proceß' stammen.[15]

Die Grundkonstellation ist, bei allen noch zu bestimmenden Differenzen, ähnlich: ein sakralisierter und tabuisierter Ort, eine diesem Ort zugeordnete Autorität und ein 'suchender' Ankömmling. Beide Texte allegorisieren den Raum und mythisieren die Zeit, wenn auch vor dem Hintergrund unterschiedlicher kultureller Traditionen. Schiller neigt im 'Verschleierten Bild zu Sais' wie in anderen Gedichten seiner 'klassischen' Phase zu

---

14 Zum Begriff des Dispositivs in der Literaturanalyse vgl. Kammler 1990 und Bogdal 1991, 22 ff.
15 Dies ist eine Assoziation, nicht der philologische Versuch, eine intertextuelle Beziehung nachzuweisen.

parabelhafter Verdichtung[16] und Paradoxien.[17]

Während jedoch die Paradoxie bei Schiller auf eine verborgene Wahrheit weisen soll (auf die Wahrheit des Verborgenen), die sich erst zur 'Wirklichkeit' hin entwickeln muß, und den Schlüssel zur Parabel liefert, ist sie bei Kafka nur der Beginn einer unendlichen Serie neuer Paradoxien. Die entscheidende Differenz finden wir eben nicht in den Werken selbst, sondern in ihrem jeweiligen diskursiven Status. Schiller begreift sein Gedicht als *Repräsentation* der 'geheimen Weißheit' und damit seinen Verfasser als 'Wissenden' innerhalb eines Wahrheitsdiskurses. Kafkas Texte verwerfen eine solche Autorposition radikal als Subjektillusion.

Der Türhüterlegende Kafkas fehlt die *tragische Kollision,*[18] die in Schillers Gedicht zur Lösung und Auflösung der Situation führt und eine bestimmte Deutung nahelegt. Bei Schiller findet eine Tabuverletzung ('Entweihung') des 'Heiligen' statt, das im Augenblick der Grenzüberschreitung und Enthüllung gewaltsam seine Macht erweist, während der 'Mann vom Lande' mit dem Eindringen in das 'Gesetz' während eines Moments der Unachtsamkeit des Türhüters nicht einmal das erreicht. Der 'Jüngling' muß scheitern, weil er in prometheischer Überschätzung seines Ego den Zugang zur Wahrheit durch einen subjektiven Willensakt erzwingen will. Das Individuum zerstört sich durch die Einseitigkeit seines Wollens.[19] Die 'Entschleierung' ist eine mißglückte Handlung auf dem vorgegebenen Weg der Bewußtwerdung und des Erkennens. Zugleich nimmt Schiller sein frühes voluntaristische Modell (wie es in 'Die Räuber' vorliegt) zurück, nach dem die Aneignung von Herrschaftswissen vermittels moralischer Integrität noch möglich war. Nicht mehr um *auctoritas* geht es im 'Bild zu Sais', sondern um *veritas* in einem umfassenden Sinn.[20] Dies verkennt der 'Jüngling'.

Kafka hingegen unterscheidet 'vor dem Gesetz' nicht mehr zwischen Wahrheit und Herrschaft. "Die Kunst fliegt um die Wahrheit, aber mit der entschiedenen Absicht, sich nicht zu verbrennen" (H 77), heißt es in seinen Aufzeichnungen. Der 'Jüngling' läßt sich bei seiner Wahrheitssuche von seinen Affekten und Leidenschaften leiten, er ist gewissermaßen

---

16 So Koopmann 1977 II, 30.
17 Dies im Kontext der begrifflichen Bestimmung der Idee des Schönen. Nach R.A.Schröder stellt Schiller hier die "Nichtwirklichkeit des Wirklichen und die Wirklichkeit des Nichtwirklichen" (zit.n. Koopmann ibid. 33) gegenüber.
18 Die folgenden Überlegungen verdanken dem Schiller-Buch Jürgen Boltens (Bolten 1985) wichtige Anregungen.
19 Vgl. ibid. 24.
20 Vgl. ibid. 28.

noch nicht idealistisch geläutert.[21] Der Schleier "bedeckt" die sinnlichen Reize, die ästhetische Wahrheit zweifelsohne auszeichnet. So spielt sich "zu Sais" nicht allein eine "Tragödie im Sittlichen" (Hegel), sondern auch 'im Ästhetischen' ab: der Versuch, dessen Aura zu zerstören. Die um ihre Anziehungskraft wissende Wahrheit verhüllt sich mit einem "Schleier" und verschafft der Kunst auf diese Weise ihre 'Zeit': "biß ich selbst ihn hebe" (Schiller 1943, 254). Dieser Aufschub im Gang zur Wahrheit legitimiert Kunst, die Schiller als "Verhüllung der Wahrheit und Sittlichkeit in die Schönheit" definiert.[22] So entsteht nach Schillers geschichtsphilosophischer Spekulation Kunst ebenfalls 'vor dem Gesetz': "eh noch ein Solon das Gesetz geschrieben"[23] - und als verbergender Schleier.

Ein kluger 'Jüngling' hätte vor der "einsamen Rotonde" zu warten wie der 'Mann vom Lande' vor dem Gesetz, allerdings in der Erwartung, im geheimnisvollen Schleier (der erotischer ist als Kafkas Türhüter) einen Vor-Schein des Sinns und der Wahrheit zu finden, die sich ihm in ungewisser Zukunft offenbaren wird.[24] Was sich im Verbergen selbst enthüllt, wird zu einem Geheimnis und zu einem Versprechen, das den Betrachter in seinen Bann zieht und zugleich auf Distanz hält. Der auf diese Weise zum Symbol[25] geläuterte Körper wird durch die "Verdichtung und Vertiefung der Oberfläche (...) zu einem ästhetischen wie erotischen Gegenstand und nicht zuletzt zu einem Paradigma des Schönen" (Vogl 1990, 32).[26] Der 'Jüngling' verliert den Verstand, weil er den "diszipli-

---

21 Vgl. ibid. 36.
22 Schiller zit.n. Bolten 1985, 176.
23 'Die Künstler', in: Schiller 1943, 202.
24 Folgerichtig heißt es im Gedicht 'Das Glück': "Nicht der Sehende wird von ihrer [der Götter - Vf.] Erscheinung beseligt,/Ihrer Herrlichkeit Glanz hat nur der Blinde geschaut". (Schiller 1943, 409) Bei Kafka heißt es: "Unsere Kunst ist ein von der Wahrheit Geblendet-Sein" (H 69). Der 'Mann vom Lande' erkennt erst als "sein Augenlicht schwach" wird "im Dunkel einen Glanz" (294).
25 Es kann nur angedeutet werden, daß bei Goethe das Schleier-Symbol in einem noch umfassenderen ästhetischen und poetologischen Sinn entwickelt wird und nicht allein auf den "Schein" der Wahrheit verweist. Der Schleier ist in 'Faust II' das in den Händen der Menscheit zurückgelassene Symbol der Kunst und zugleich Symbol des Symbolischen (als bildlicher, sinnlich-geistiger Wahrheit) überhaupt. Vgl. dazu Wilhelm Emrich, Die Symbolik von Faust II, Königstein/Ts. [5]1981.
26 Der englische Literaturwissenschaftler und Romancier David Lodge hat in einem Text, den ich nicht vorenthalten möchte, dieses Ästhetikkonzept und seine Folgen ironisch verfremdet: "Die klassische Tradition des Striptease, (...) die auf Salomés Tanz der sieben Schleier zurückgeht und noch dahinter (...), liefert eine triftige Metapher für die Lesetätigkeit. Die Tänzerin reizt, wie der Text seine Leser, mit dem Versprechen einer letztendlichen Enthüllung, die aber unendlich hinausgezögert wird. Schleier nach Schleier, Kleidungsstück nach Kleidungsstück, fällt, aber es ist

nierten Blick" des aufgeklärten Wissenden nicht besitzt, "einen Blick, der in die Falten des Gewebes eindringt und zugleich der Entblößung widersteht, sich in einer mittleren Distanz entwickelt, in Bann schlagen läßt und an der Unberührbarkeit erregt: ein Modell des Schönen ebenso wie ein Modell für das erotische Verlangen." (Vogl 1990, 34). Das 'zivilisierte' Körper-Bild wird, der Natur entfremdet, zu einem 'kulturellen Phantasma" (Vogl). In Schillers Gedicht sind folgerichtig Wahnsinn und Tod Folge einer kulturellen Tabuverletzung. Das Ende der Sublimierung bedeutet das Ende eines 'vernünftigen' Lebens. Während sich jedoch bei Kafka 'im Dom' mit der Dunkelheit[27] sofort die "schreckliche Enthüllung von Absenz" (Vogl 1990, 38) einstellt, suggeriert die Blendung bei Schiller eine nicht zu ertragende *Über-Präsenz* des Sinns bzw. der Wahrheit.

'Das verschleierte Bild zu Sais' erweist sich als Parabel zu Beglaubigung und Aufrechterhaltung des klassischen Kunst- und Wahrheitsdiskurses der Autonomieepoche, indem es dessen Topographie symbolisch entwirft und dessen Verknappungsregeln und Kontrollmechanismen tragisch durchspielt. Wie im 15. Brief 'Über die ästhetische Erziehung des Menschen' finden wir im Gedicht ein sakralisiertes Zentrum jenseits des endlichen Raums und der Zeit, von sinnlicher Attraktion und dennoch in der Ferne, begriffslos und unbenennbar:

"In sich selbst ruhet und wohnt die ganze Gestalt, eine völlig geschlossene Schöpfung, und als wenn sie jenseits des Raumes wäre, ohne Nachgeben, ohne Widerstand; da ist keine Kraft, die mit Kräften kämpfte, keine Blöße, wo die Zeitlichkeit einbrechen könnte. Durch jenes unwiderstehlich ergriffen und angezogen, durch dieses in der Ferne gehalten, befinden wir uns zugleich in dem Zustand der höchsten Ruhe und der höchsten Bewegung, und es entsteht jene wunderbare Rührung, für welche der Verstand keinen Begriff und die Sprache keinen Namen hat." (Schiller 1984, 183)

Zugleich ist das Wissen um die richtige Distanz durchdrungen von einer unsichtbaren Mikrophysik der Macht, einer Macht, die auch ohne 'Türhüter' überwacht und straft. Auf diese Weise wird die Kunst als attraktiver und begehrter Lebensbereich in den Prozeß der Selbstdisziplinierung der bürgerlichen Gesellschaft eingeschrieben.

---

der *Aufschub* im Strippen, der es so aufregend macht, nicht das Strippen selbst. (...) Lesen heißt, sich selbst einer endlosen Verschleppung von Neugier und Begehren, von einem Satz zum anderen, zu unterwerfen. Der Text entschleiert sich vor unseren Augen, aber er erlaubt nie, ihn selbst zu besitzen; und anstatt danach zu streben, ihn zu besitzen, sollten wir uns an seinen Reizen vergnügen." (zit. nach der Übersetzung von E.Schütz, Die Romane der Weimarer Republik, München 1988, S.11). Auch heute hätte demnach der 'Jüngling' mit Oberpriestern der Kunst zu rechnen.
27 "Die Lampe in seiner Hand war längst erloschen." (303)

7.

Die von Schiller tragisch in Szene gesetzte Selbstdisziplinierung funktioniert in unserer Gegenwart auch dann, wenn der 'Schleier' gefallen und der 'Glanz' erloschen ist. Loriots 'Fernsehabend' spielt eine solche Grundsituation parabelhaft durch. Falls dieser bedeutende Text der Gegenwartsliteratur nicht bekannt ist, genügt zur Orientierung die knappe Szenenanweisung:

"Ein Ehepaar sitzt vor dem Fernsehgerät. Obwohl die Bildröhre ausgefallen ist und die Mattscheibe dunkel bleibt, starrt das Ehepaar zur gewohnten Stunde in die gewohnte Richtung." (Loriot 1989, 35)

Eine alltägliche, zum Klischee gewordenen familiäre Situation ohne die von Schiller ausgestaltete und von Kafka noch angedeutete Sakralisierung und Mythisierung. Dennoch erweist sie sich bei näherer Betrachtung als Szene kafkaesken Zuschnitts. Wie der 'Mann vom Lande' vor dem Gesetz, so verharren die Eheleute vor dem Fernsehgerät. Ihre Quelle des 'Sinns', ihr Ort des 'Gesetzes' ist ein modernes Massenmedium, vor dessen 'Ausgang', 'ihrem' Ausgang, sie sich eingefunden haben. Aber ihr 'Ausgang' funktioniert nicht mehr als Produzent von Sinn oder Mittler einer Botschaft. Er signalisiert im Gegenteil deren Abwesenheit. Darüber hinaus zerstört das Gerät die Kommunikation der Individuen. Doch obwohl "kaputt", funktioniert der "Apparat", indem er zum *unsichtbaren Gesetz* des raum-zeitlich disziplinierten familiären Alltags wird.

"SIE Wir können doch einfach mal woandershin gucken?...ER Woanders?...Wohin denn? SIE Zur Seite...oder nach hinten..." (ibid. 36)

Die Subjekte vermögen sich nur noch in bezug auf ein anderes übermächtiges Zentrum definieren, auf dessen reale Macht und Präsenz es nicht mehr ankommt. Seine wirkliche Macht liegt in seiner Unsichtbarkeit, ja Abwesenheit. Sie ist symbolischer Natur. Im Spiel zeigt sie sich als Effekt, der auf nichts mehr zurückweist. Die Macht ist in der Illusion der Subjekte begründet, der eigentliche Mittelpunkt eines von ihnen selbstbestimmten Lebens zu sein:

"ER ... ich sehe nur ganz allgemein in diese Richtung..." (ibid. 35) "SIE ... ich gucke *absichtlich* vorbei ..." (ibid. 36)

Zur Unterwerfung unter das 'Gesetz' und zur Selbstdisziplinierung gehören die Verkennung der wirklichen Situation. So vermag der Ehemann nicht den Blick vom kaputten Fernseher zu wenden und kann gleichzeitig empört sagen: "Ich laß mir doch von einem kaputten Fernsehgerät nicht vorschreiben, wo ich hinsehen soll!" (ibid. 36) und schließlich verkünden:

"ER Ich gehe nach den Spätnachrichten der Tagesschau ins Bett...SIE Aber der Fernseher ich doch kaputt!...ER (*energisch*) Ich lasse mir von einem kaputten Fernseher nicht vorschreiben, wann ich ins Bett zu gehen habe!" (ibid. 37)

Loriots Kurzszene kann man als satirisches Seitenstück zu Kafkas Parabel lesen. In beiden Texten schlägt ein unsichtbares Gesetz die Individuen, die sich von ihm angezogen fühlen, in seinen Bann, 'verurteilt' sie zur Bewegungslosigkeit und einem sinnlosen Leben. Loriot radikalisiert die Grundsituation noch, da er das Objekt des Begehrens im Unterschied zu Kafka, der das Gesetz mit einer Aura des Erhabenen und Heiligen umgibt, zum 'kaputten', erloschenen, nichts mehr versprechenden, nutzlos gewordenen Gebrauchsgegenstand degradiert. Loriots Text verkehrt, als sei er von Lacan, Bedeutung in Un-Sinn und führt vor, daß auch im familiären Alltag die 'Herrschaft des Signifikanten' angebrochen ist.

8.

Die parabelhafte Verdopplung des Erzählten im Kapitel 'Im Dom' (Josef K. und das Gericht; Begegnung mit dem Geistlichen - Mann vom Lande und das Gesetz; Begegnung mit dem Türhüter) wird in polaren Bildern gestaltet; hier der Innenraum (im Dom), dort das Draußen (vor der Tür), hier die Dunkelheit, dort das Licht; K. wird hinausgeführt, die Tür des Gesetzes wird geschlossen usw. Und dennoch führen beide Situationen zum gleichen Ergebnis, dem *Tod* des jeweiligen Protagonisten. Das deutet darauf hin, daß die imaginierten Räume und die jeweils generierten Metaphernketten (d.h. die 'Zeichen') sekundär gegenüber einer dominanten Grundstruktur sind, die - blendend oder verdunkelt - unsichtbar bleibt und dennoch das Erzählte in allen Dimensionen anordnet. Wir könnten uns wie Josef K. oder der Mann vom Lande auf die Suche nach diesem 'Gesetz' der Erzählung begeben, obwohl Kafka deren Vergeblichkeit zweifach demonstriert hat. Wir könnten allerdings auch, anders als Kafka, akzeptieren, daß dieses 'Gesetz' nicht empirisch-dinglich-substantiell existiert, sondern nur in seinen *Wirkungen*, und nach der Anordnung fragen, die es auf seine spezifische Weise funktionieren läßt. Neben der schon angedeuteten Auslöschung eines *Raums des Realen* (vielleicht sogar des Symbolischen, wie der Vergleich mit Schiller nahelegt) gehört zur spezifischen Anordnung eine eigenartige *Zeitstruktur*. Die Machtwirkung des verborgenen 'Gesetzes', die die Erzählungen und ihre Protagonisten in Bewegung hält, resultiert aus dem ständigen Aufschub seiner je präsenten (angekündigten), aber letztlich schon prä-präsenten (oder omnipräsenten) Gegenwart.[28] Die Zeit des 'Gesetzes' ähnelt der *Traumzeit*, d.h. einer unbewußten Wunscherfüllungs- bzw. -versagungszeit.

Kafka hätte (im Sinne seiner monolinearen Interpreten seit Max Brod) diese Struktur sichtbar machen können, indem er sie selbst deutet. Statt dessen wählt er die umgekehrte Strategie und läßt sie in den Transformationen des Raums und der Zeit (des Realen und Symbolischen) und in ihren Einzeichnungen in den Körpern der Figuren aufgehen. Nicht nur, daß er die *referentiellen Beziehungen* seiner Aussagen in der beschriebenen Weise verwischt, auch die *Positionen der Aussagenden* wechseln genau wie der *Status ihrer Aussagen* ständig. So erscheint z.b. die doppelte Wahrheitssuche im 'Proceß' zunächst als ein gesellschaftlich verortbarer Machtkampf (oben vs. unten). Sein Verlauf legt jedoch offen, daß die entscheidende Prämisse, die Existenz zweier autonomer, selbstgewisser Instanzen (bzw. Subjekte) fehlt, so daß nur ein sinnloses *Ritual* (und ein Leben ohne Spuren) übrigbleibt.

Was Kafka 'Gesetz' nennt, regiert demnach nicht nur den Text, sondern auch das *Schreiben* Kafkas selbst, der sich seines Ortes im Realen, seiner Aussageposition und seines Status' nicht mehr gewiß ist. Selbst der 'Dichter' vermag sich kulturell nicht positiv zu repräsentieren. Darauf zu insistieren und in einer dekonstruktiven[29], aber nicht destruktiven[30] Bewegung Literatur als 'gesetzlose' Gegenwelt und Rückzugsort zur Selbstverwirklichung eines emphatischen Ich angezweifelt zu haben, kennzeichnet Kafkas Sonderstellung in der europäischen Moderne. Nicht zuletzt 'vor dem Gesetz' wird unabweisbar, daß *Wissen* nur dort ist, wo *Macht* wirkt, daß auch das erkennende und schreibende Subjekt sich nicht außerhalb prä-determinierter Macht-Wissen-Beziehungen bewegen

---

28 Auch die Double-Bind-Situation des Mannes vom Lande (Verbot einzutreten - "dieser Eingang war nur für dich bestimmt") wird von dieser Zeitstruktur überdeterminiert.

29 "Einer Beweisführung kann man in die Zauberwelt ausweichen, einer Bezauberung in die Logik, aber beide gleichzeitig erdrücken, zumal sie etwas Drittes sind, lebender Zauber oder nicht zerstörende, sondern aufbauende Zerstörung der Welt." (H 92)

30 "Zerstören dieser Welt wäre nur dann die Aufgabe, wenn sie erstens böse wäre, das heißt widersprechend unserem Sinn, und zweitens, wenn wir imstande wären, sie zu zerstören. Das erste erscheint uns so, des zweiten sind wir nicht fähig. Zerstören können wir diese Welt nicht, denn wir haben sie nicht als etwas Selbständiges aufgebaut, sondern haben uns in sie verirrt, noch mehr: diese Welt ist unsere Verirrung, als solche sie aber selbst ein Unzerstörbares, oder vielmehr etwas, das nur durch seine Zu-Ende-Führung, nicht durch Verzicht zerstört werden kann (...)." (H 80)

kann.[31] Gewiß ist nur die institutionelle Materialität des Schreibens wie z.B. der *Autorname* Franz Kafka auf dem Buchdeckel in einem Leipziger Avantgardeverlag. Aber nicht einmal das kann garantieren, wirklich ein Dichter zu sein.

An dieser Stelle ließe sich die Frage ableiten, welches Macht-Wissen Kafka daran hindert, das 'Gesetz' zu übertreten, und welches Macht-Wissen er mit seinem Schreiben verbindet. Ein Gegenbild zum 'Mann vom Lande', das die Selbstbestimmung restituiert, wird im 'Proceß'-Fragment zumindest angedeutet: ("Unbeirrt durch das Gericht fuhr er dorthin wohin er wollte." (338). Foucault hat es mehr als ein halbes Jahrhundert später entworfen:

"Ich träume von einem Intellektuellen als dem Zerstörer von Evidenzen und Universalien, der in den Trägheitsmomenten und Zwängen der Gegenwart die Schwachstellen, Öffnungen und Kraftlinien kenntlich macht, der fortwährend seinen Ort wechselt, nicht sicher weiß, wo er morgen sein, noch was er denken wird, weil seine Aufmerksamkeit allein der Gegenwart gilt." (Foucault 1978, 198)

Aber das ist wohl Kafkas Bild nicht. "Sich ruhig ertragen, ohne voreilig zu sein, so leben, wie man muß, nicht sich hündisch umlaufen", notiert er 1913 in sein Tagebuch (T 248). Den Beschleunigungen der Moderne und ihrem Zwang zur Innovation und Originalität scheint er ein anderes, uns fremdes Modell der Marginalisierung und Kontemplation entgegenhalten zu wollen: "Nicht-Narrheit ist, vor der Schwelle, zur Seite des Einganges bettlerhaft stehn, verwesen und umstürzen." (T 247)[32] Eine ihrer 'Zeit' gemäße Autorposition ist das nicht.

---

31 Aus diesem Grunde ist Kafkas Parabel in der frühen Moderne so einmalig nicht. Bei Herman Bang z.B. heißt es in seinem Roman 'Das graue Haus': "Man sollte nie sehen, nie sich selbst und nie die andern...Das ist ein dummer Spruch, daß der, der Jehovah sieht (...), sterben muß. Aber ich sage Dir, wenn ein einziger Mensch einem anderen tief in die Seele sehen könnte, dann würde er sterben. Und wenn man denken könnte - aber das kann man nicht, denn sich selbst belügt man zu heftig - daß man sich selbst tief in die Seele sähe, dann würde man es als eine geringe und notwendige Strafe betrachten, (...) von sich aus und ohne einen Mucks sein Haupt auf den Block zu legen." (Herman Bang: Das graue Haus, Frankfurt/M. 1978, 16 f.) Bei Kafka finden wir in den 'acht Oktavheften' folgende Notiz: "Der Beobachter der Seele kann in die Seele nicht eindringen, wohl aber gibt es einen Randstrich, an dem er sich mit ihr berührt. Die Erkenntnis dieser Berührung ist, daß auch die Seele von sich selbst nicht weiß." (H 69)

32 Doch auch die Kontemplation ist alles andere als eine positive Erfahrung. Im 'Schloß' räsoniert der Beamte Bürgel: "'Sie müssen sich nicht durch Enttäuschungen abschrecken lassen. (...) es ergeben sich dann doch wieder manchmal Gelegenheiten, die mit der Gesamtlage fast nicht überstimmen, Gelegenheiten, bei welchen durch ein Wort, durch einen Blick, durch ein Zeichen des Vertrauens mehr erreicht werden kann als durch lebenslange, auszehrende Bemühungen. Gewiß, so ist es. Freilich stimmen dann diese Gelegenheiten doch wieder insofern mit der Gesamtlage

9.

In seinem Essay 'La pensée du dehors' unternimmt Foucault den Versuch, die Literatur der klassischen Moderne als ein "Sprechen, aus dem das Subjekt ausgeschlossen ist" (Foucault 1974, 133) zu beschreiben, ein Sprechen, das weder auf die Wahrheit noch die Selbstgewißheit des Ich zustrebe.[33] Ähnlich wie bei Kafka wird die *Existenz* des 'Gesetzes' (was das auch immer sei) mit seiner *Abwesenheit* gleichgesetzt. Seine Präsenz in einem entzifferbaren Text, seine Erreichbarkeit oder Greifbarkeit würden es nach Foucault seiner genuinen "Macht" berauben. Diese Macht, die "Städte, Institutionen, Verhaltensweisen, Gesten" (ibid. 142) zu durchdringen, sei in "seiner Verheimlichung" (ibid.) begründet. Die Beschreibung des 'Gesetzes' als anwesende Abwesenheit erinnert an Althussers Definition gesellschaftlicher Strukturen, nach der "die Wirkungen in bezug auf die Struktur nichts Äußerliches sind, daß sie kein vorher gegebenes Objekt oder Element, kein präexistenter Raum sind, denen die Struktur dann ihre Prägung verleihen würde. Im Gegenteil: Die Struktur ist ihren Wirkungen immanent, (...) *ihre ganze Existenz besteht in ihren Wirkungen* (...)." (Althusser 1972, 254)

Foucaults Frage, wo das Gesetz ist, das das Gesetz macht, führt genau wie Althussers Analyse nicht in die 'Tiefe' oder auf eine andere empirische Ebene, sondern zurück auf die Oberfläche sichtbarer bzw. gegenwärtiger Ereignisse. Sie deutet eine (in der Literatur von Kafka bis Blanchot zu findende) Machttheorie der Moderne an und weist auf eine ihr angemessene Methode der Entzifferung der Machteinschreibungen, die "*in einem einzigen Prozeß* das Verborgene (...) enthüllt und auf einen anderen Text bezieht, der - in notwendiger Abwesenheit - in dem ersten Text präsent ist". (Althusser 1972, 32) Kafka hätte, so könnte man fortsetzen, in seinen Texten die Präsenz des 'Abwesenden' zur Sprache gebracht oder das 'Verborgene' sichtbar werden lassen. Damit hätte er allerdings das 'Gesetz', dessen Macht in seiner Verborgenheit begründet ist, *übertreten*. Foucault spielt, wiederum ohne Kafka zu nennen, auch dieses markante Moment der Moderne durch, um es schließlich als inhärente

---

überein, als sie niemals ausgenützt werden. Aber warum werden sie denn nicht ausgenützt, frage ich immer wieder.' K. wußte es nicht" (S 217).

33 Obwohl der Gegenstand des Essays unzweifelhaft das Werk Blanchots ist, glaube ich entdeckt zu haben, daß Foucault einen Teil seiner Argumentation Kafkas Erzählungen 'Vor dem Gesetz' und 'Das Schweigen der Sirenen' verdankt, ohne beide im Text zu erwähnen.

Bewegung des 'Gesetzes' aufzudecken: Die Übertretung "bedrängt (...)
etwas Unsichtbares, über das sie nie Herr wird." (Foucault 1974, 143)

In einem überraschenden, wiederum auf Kafka weisenden Assoziationssprung verbindet Foucault das Bild des 'Gesetzes' mit dem Mythos der Sirenen (und der Orpheus-und-Eurydike-Sage). Der Gesang der Sirenen sei in seiner ambivalenten Form des Versprechens die Sprache des 'Gesetzes': "reines Rufen" (ibid. 146), das in der Leere seine Abwesenheit bekundet. Ihm dürfe man nicht zuhören, wenn man es in einer "zweiten Sprache" (ibid.) *wiedergeben* wolle. Die Literatur der Moderne wäre demnach weder durch referentielle Beziehungen noch durch autonome Innerlichkeit konstituiert, sie sei "ein Sprechen ohne zuweisbares Subjekt". (ibid. 149)

10.

Die Ordnung der Diskurse als unsichtbares und unerreichbares 'Gesetz', wie sie Foucault entwirft, weist nach meiner Auffassung auf ein umfassenderes Dispositiv der Moderne nach 1900. Hierzu gehört die das Autonomiepostulat zuspitzende Vorstellung von der 'Selbsterschaffung' des 'Einzigen' in der Literatur durch eine 'reine' Sprache, deren Gelingen ein letztes Mal eine - euphorische oder melancholische - Individualität hervorbringt. In bemerkenswerter Schärfe hat diese Vorstellung der Rilke-Entdecker Wilhelm Arent formuliert:

"Kunstausübung im höchsten Sinne ist ewige Selbstkasteiung, ist das völlige Aufgehen der Individualität in irgendeiner Kunst, das Einsetzen aller geistigen und persönlichen Werte, um eines künstlerischen Ideals, eines aesthetischen Religionsprinzips willen. Ein solches Leben athmet und webt dann völlig im Reich der Phantasie, athmet darin um jeden, auch den kostbarsten Preis, den des persönlichen Glücks. Der echte Künstler verblutet an seiner Individualität." (Arent 1896, 77)

Dieses Selbstbild des modernen Künstlers ist Kafka (nicht zuletzt biographisch) erstaunlich nahe, wenn dieser wiederholt vom "Sinnbild der Wunde"[34] spricht. "Eigentümlichkeit" (H 165) wird zu einem Stigma innerhalb einer paradoxen Subjektwerdung zwischen Individualisierungszwang und Normalitätsdruck.[35] Singularität und epochale Repräsentativität, diese Grundbedingungen moderner Autorschaft, sind vom Indivi-

---

34 Dazu ausführlich Hiebel 1984, 88 ff.

35 "Jeder Mensch ist eigentümlich und kraft seiner Eigentümlichkeit berufen zu wirken, er muß aber an seiner Eigentümlichkeit Geschmack finden. Soweit ich es erfahren habe, arbeitete man sowohl in der Schule als auch zu Hause darauf hin, die Eigentümlichkeit zu verwischen." (H 165) St. Mosès hat darauf aufmerksam gemacht, daß dieses Paradox auch die Erneuerung der jüdischen Mystik (Scholem) durchzieht. (Mosès 1987, 17 f.)

duum nicht mehr zu realisieren. Kafka weicht diesem Paradox mit einer Doppelstrategie der Über- und Unterbietung aus. Einmal radikalisiert er die für die moderne Literatur konstitutive metaphorische und metonymische Vieldeutigkeit bis zur Grenze des Verstehbaren, zum anderen unterläuft er mit seinem Konzept der "kleinen Literatur"[36] das Repräsentativitätspostulat.[37] Er überschreitet bei aller Identifikation die Moderne, wenn er nach dem Modell des im 'Proceß' vorgeführten Wahrheitsspiels auch für das 'Sinnbild' der Wunde keinen endgültigen Sinn mehr zu finden weiß. "Das Urteil kommt nicht mit einemmal" (289): weder das 'Urteil' seiner Autorschaft noch das seines Schreibens.

Als Kafka von "der Unmöglichkeit, nicht zu schreiben, der Unmöglichkeit, deutsch zu schreiben, der Unmöglichkeit, anders zu schreiben" (Br 337 f.), spricht, ist ihm die Andersartigkeit seiner Literatur, ihre 'Eigentümlichkeit' längst bewußt. Ihm will es nicht gelingen, sie mit der vergangenen und gegenwärtigen Literatur zu identifizieren. Eine Differenz bleibt, die spätere Kommentatoren zu schließen suchen. Kafka hat schon zu diesem Zeitpunkt jene Literatur geschrieben, für die Carl Einstein später in der 'Fabrikation der Fiktion' analytisch den Weg ebnen möchte: eine Literatur, die die 'Metapher' zerstört und sich von kulturellen Assoziationszwängen befreit. Sie negiert die Tendenz der Moderne, 'Tiefe' zu simulieren und so eine 'Bedeutung' zurückzugewinnen, die sie in den gesellschaftlichen Modernitätsschüben seit Ende des 19. Jahrhunderts längst verloren hat. Sicherlich gibt es auch bei Kafka Andeutungen einer Tiefendimension (in der Türhüterlegende sind es religiöse Motive), die er jedoch stets, wie die Geschichte wenigstens hier unzweideutig erzählt, nicht 'dahinter' verbirgt, sondern 'davor' bloßlegt: Vor dem Gesetz.

---

36 Vgl. Deleuze/Guattari 1975, 24-39.
37 Aus diesem Grunde konnte Georg Lukács, bei aller Sympathie für den sozialen Hintergrund, die Literatur Kafkas nicht in sein Konzept des sozialistischen Realismus integrieren.

Literatur

Zitierte Schriften Kafkas

B   Franz Kafka: Beschreibung eines Kampfes, Frankfurt/M. 1983.
Br Franz Kafka: Briefe 1902-1924, Frankfurt/M. 1975.
H   Franz Kafka: Hochzeitsvorbereitungen auf dem Lande, Frankfurt/M. 1983.
S   Franz Kafka: Das Schloß. Roman, Frankfurt/M. 1968.
T   Franz Kafka: Tagebücher 1920-1923, Frankfurt/M. 1983.

Literatur zu Kafka und zur Diskursanalyse

Abraham, Ulf, 1983: Mose "Vor dem Gesetz". Eine unbekannte Vorlage zu Kafkas
    "Türhüterlegende", in: DVjs 57, S.636 ff.
-, 1985: Der verhörte Held. Recht und Schuld bei Franz Kafka, München.
-, 1990: Rechtsanspruch und Machtwort. Zum Verhältnis von Rechtsordnung und Ord-
    nungsmacht bei Kafka, in: W.Kittler/G.Neumann (Hg.), Franz Kafka: Schriftver-
    kehr, Freiburg, S.248 ff.
Adorno, Theodor W., 1973: Ästhetische Theorie, Frankfurt/M.
-, 1977: Aufzeichnungen zu Kafka (1953), in: Gesammelte Schriften Bd.10.1, Frank-
    furt/M., S.254 ff.
Althusser, Louis, 1972: Der Gegenstand des 'Kapital', in: Althusser/Balibar, Das Kapital
    lesen, Bd. I u.II, Reinbek bei Hamburg.
Arent, Wilhelm, 1896: Fliegendes Blatt, in: Die Musen H.5, S. 77.
Bachelard, Gaston, 1975: Poetik des Raums, Frankfurt/M. - Berlin - Wien.
Bogdal, Klaus-Michael, 1991: Zwischen Utopie und Alltag. Arbeiterliteratur als Dis-
    kurs des 19. Jahrhunderts, Opladen.
Bolten, Jürgen, 1985: Friedrich Schiller. Poesie, Reflexion und gesellschaftliche Selbst-
    deutung, München.
Deleuze,G./Guattari,F., 1976: Kafka. Für eine kleine Literatur, Frankfurt/M.
Derrida, Jacques, 1984: Devant la loi, in: Ph.Griffiths (Hg.), Philosophy and Literature,
    Cambridge, S.173 ff.
Fohrmann, Jürgen, 1988: Der Kommentar als diskursive Einheit der Wissenschaft, in:
    J.Fohrmann/H.Müller (Hg.), Diskurstheorien und Literaturwissenschaft, Frank-
    furt/M. S.244 ff.
Foucault, Michel, 1974: Schriften zur Literatur, München.
-, 1990: Andere Räume, in: Aisthesis, hrsg. v. K.Barck u.a., Leipzig, S.34ff.
-, 1992: Mein Körper, dies Papier, dies Feuer, in: kultuRRevolution Nr.21, S.31ff.
Hiebel, Hans H., 1978: Antihermeneutik und Exegese. Kafkas ästhetische Figur der Un-
    bestimmtheit, in: DVjs 52, S.90 ff.
-, 1984: Franz Kafka. "Ein Landarzt", München.
Kammler, Clemens, 1990: Historische Diskursanalyse (Michel Foucault), in: K.-M.
    Bogdal (Hg.), Neue Literaturtheorien, Opladen, S.31 ff.
Kittler, Friedrich A., 1985: Ein Erdbeben in Chili und Preußen, in: Positionen der Lite-
    raturwissenschaft, hrsg. v. D.E.Welberry, München, S.24 ff.
Kocka, Jürgen, 1990: Bemerkungen im Anschluß an das Referat von Dietrich Harth, in:
    Eggert/Profitlich/Scherpe (Hg.), Geschichte als Literatur, Stuttgart, S. 24 ff.
Kolkenbrock-Netz, Jutta, 1988: Diskursanalyse und Narrativik, in: Jürgen Fohrmann/
    Harro Müller (Hg.), Diskurstheorien und Literaturwissenschaft, Frankfurt/M.,
    S.261 ff.
Koopmann, Helmut, [2]1977: Friedrich Schiller II, Stuttgart.

Kremer, Detlef, 1989: Kafka. Die Erotik des Schreibens, Frankfurt/M.

Kurz, Gerhard, 1987: Meinungen zur Schrift. Zur Exegese der Legende "Vor dem Gesetz" im Roman "Der Prozeß", in: K.E.Grözinger/St.Mosès/H.D.Zimmermann (Hg.), Franz Kafka und das Judentum, Frankfurt/M., S.209 ff.

Loriot, 1989: Szenen einer Ehe in Wort und Bild, Zürich.

Lubkoll, Christine, 1990: "Man muß nicht alles für wahr halten, man muß es nur für notwendig halten." Die Theorie der Macht in Franz Kafkas Roman "Der Proceß", in: W.Kittler/G.Neumann (Hg.), Franz Kafka: Schriftverkehr, Freiburg, S.279 ff.

Mosès, St., 1987: Zur Frage des Gesetzes. Gershom Scholems Kafka Bild, in: K.E. Grözinger/St.Mosès/H.D.Zimmermann (Hg.), Franz Kafka und das Judentum, Frankfurt/M., S.13 ff.

Neumann, Gerhard, 1989: Franz Kafka, in: Deutsche Dichter Bd.7, hrsg. v. G.E. Grimm/F.R.Max, Stuttgart, S.227 ff.

Schiller, Friedrich, 1943: Schillers Werke. Nationalausgabe, Bd.1, Gedichte, erste Gestalt, hrsg. v. Julius Petersen u. Friedrich Beißner, Weimar.

-, 1984: Über das Schöne und die Kunst. Schriften zur Ästhetik, hrsg. v. Gerhard Fricke u. Herbert G. Göpfert, München.

Schirrmacher, Frank (Hg.), 1987: Verteidigung der Schrift. Kafkas 'Der Prozeß', Frankfurt/M.

Siegert, Bernhard, 1990: Kartographien der Zerstreuung. *Jargon* und die Schrift der jüdischen Tradierungsbewegung bei Kafka, in: W.Kittler/G.Neumann (Hg.), Franz Kafka: Schriftverkehr, Freiburg, S.222 ff.

Sokel, Walter H., 1985: Kafkas "Der Prozeß": Ironie, Deutungszwang, Scham und Spiel, in: Was bleibt von Franz Kafka? hrsg. v. W.Schmidt-Dengler, Wien, S.43 ff.

Turk, Horst, 1977: Betrügen...ohne Betrug. Das Problem der literarischen Legitimation am Beispiel Kafkas, in, F.A.Kittler/H.Turk (Hg.), Urszenen. Literaturwissenschaft als Diskursanalyse und Diskurskritik, Frankfurt/M., S.381 ff.

Vogl, Joseph, 1990: Orte der Gewalt. Kafkas literarische Ethik, München.

III.
"Unförmliche" Symbolik.
Franz Kafkas 'Vor dem Gesetz'

Jürgen Link/Rolf Parr

1. Theoriestichwort "Interdiskursanalyse"

Interdiskursanalyse (vgl. Link 1988) ist zugleich *historische* wie auch *semiotische Diskursanalyse*: als *historische* rekonstruiert sie das Feld der Spezialdiskurse einer Kultur/Epoche, um literarische Texte und Elemente in Beziehung zu umfassenderen diskursiven Formationen zu setzen (vgl. Link/Link-Heer 1990, 94); als *semiotische* nimmt sie in erster Linie die Struktur literarischer Zeichenkomplexe in den Blick. Aus dieser semiotischen Perspektive hatten wir die Spezifik des literarischen Diskurses in den 'Neuen Literaturtheorien' (Link/Parr 1990, 121 f.) als mehrstimmige, polyisotope Rede gekennzeichnet.

Historischer und *semiotischer* Aspekt werden nun spätestens mit der Frage nach der Herkunft der konstatierten Mehrdeutigkeit literarischer Zeichenkomplexe aufeinander bezogen, denn die *Interdiskursanalyse* beantwortet diese Frage mit dem Verweis auf das historisch je differierende kulturelle Spiel der Integration von Spezialbereichen gesellschaftlichen Wissens und ihrer Diskurse. Literarische Diskursintegration - und damit wiederum die Mehrstimmigkeit literarischer Texte - kann nun zum einen *extensiv*, durch enzyklopädische Akkumulation von 'Wissen' hergestellt werden (bei Kafka u.a. durch die Kopplung von philosophisch-theologischem und juristischem Wissen[1] mit Parzellen von Alltagsdiskursen und -praktiken, vor allem Erotik); sie kann aber auch *intensiv*, durch polysemische Konzentration erfolgen. Typisch dafür ist das gesamte Ensemble der vielfach bereits vor-literarisch gebildeten, interdiskursiven For-

---

1 Für Anz (1989, 118) ist Kafkas Prosa durch die "Ordnung juristischer Diskurse, mit der Kafka täglich umging, präformiert"; vgl. auch Hermsdorf (1984).

men, z.B. solcher Symbole, die gleichzeitig mehrere Spezialdiskurse konnotieren (vgl. Link/Link-Heer 1990, 96). Da die Literatur wiederum mit Vorliebe gerade dieses Material verarbeitet, und zwar auf eine Weise, die seine Mehrstimmigkeit "wahrt und häufig künstlich steigert" (Link 1988, 301), können die interdiskursiven Formen "als wesentliche Bedingung (und zwar sowohl in materialer wie in formaler Hinsicht) für die Produktion von Literatur" (Link/Link-Heer 1990, 97) verstanden werden.

Weiter fragt die *Interdiskursanalyse* nach den Möglichkeiten der Literatur, mittels dieses Integrationsspiels innovative, unerwartete, 'spannende' Kopplungen herzustellen und auf diese Weise innerhalb einer Kultur neue *diskursive Positionen* zu begründen. Einzelne literarische Zeichenkomplexe - wie auch die aus ihrer kohärenten Verwendung resultierenden diskursiven Positionen insgesamt - können dann wieder die Grundlage für Applikationen literarischer Diskursparzellen (etwa wenn außerliterarische Bereiche in Alltagsdiskursen als "kafkaesk" gekennzeichnet werden) und für die Herausbildung von Subjektivitäten bilden.

2. Vor dem Symbol

Kafkas 'Vor dem Gesetz' ist immer wieder als ein 'symbolischer' bzw. 'allegorischer' Text charakterisiert worden. Dies geschah von den verschiedensten literaturtheoretischen Orten aus und ging in mindestens zwei grundverschiedene Richtungen: Zum einen galt der Text als 'symbolisch' im Sinne seiner vermeintlichen Auslegbarkeit durch eindimensionale Allegoresen, von Politzer (1965) ironisch als "Symbolübersetzungen" (vgl. Beicken 1979, 795) bezeichnet. Wie bei Emrich (1958) bildete Goethes 'klassische' Symbolkonzeption vielfach den theoretischen Bezugsrahmen.[2] Umgekehrt war vom 'symbolischen' Charakter der Texte Franz Kafkas aber auch als Ursache ihrer immer wieder konstatierten 'Vieldeutigkeit'[3] die Rede. In beiden Fällen kamen die Befunde häufig

---

[2] Emrich (1958) selbst gelangt - worauf Beicken (1979, 794) hingewiesen hat - mal zu sozialkritischen ('Amerika'), mal zu seinstheoretischen ('Proceß'), mal zu religiösen ('Das Schloß') Allegoresen. - Vgl. jedoch Emrich (1986, 211-218): 'Franz Kafka: Jenseits von Allegorie, Parabel und Symbol'.

[3] Witte (1982, 292) weist darauf hin, daß "allgemein als Gegenstand des Romans" die '"Deutungsoffenheit'" angenommen werde. - Citati spricht von Kafkas Schreiben als einem "Würfelwurf ins Leere", bei dem "verschiedene Hypothesen" "gleichzeitig ausgespielt" werden (1987, 135), was ihn jedoch nicht daran hindert, gerade die Vieldeutigkeit, verknüpft mit der 'Licht'-Symbolik, eindeutig mit der Subscriptio 'Gott' zu verbinden (138, 163).

auf dem Weg des 'Erlebnisses' (gelegentlich auch als solches thematisiert) zustande. Eingrenzbare und präzise beschreibbare Symbolstrukturen wurden vermischt mit unklaren Aussagen über 'Symbolik' und ihre 'Tiefe'; Rezeptionseffekte also mit den sie steuernden Strukturen (vgl. Drews/Gerhard/Link 1985, 276 f.).[4]

Wir wollen demgegenüber versuchen, die Materialität der Zeichen ernst zu nehmen und sie zunächst einmal ganz 'cool' zu analysieren. Die dazu "notwendige radikale Distanznahme" "gegenüber der Objektsprache des literarischen Materials" (Drews/Gerhard/Link 1985, 258) vollziehen wir dadurch, daß wir das 'Deutungs-Problem' zeitweilig von der 'Struktur-Frage' abkoppeln und in einem ersten Schritt (Kap. 3) zeigen, wie sich die Kafkasche Symbolik und ihre sogenannte 'Tiefe' als eine zwischen Goethe-Symbol bzw. Benjamin-Allegorie auf der einen und Chiffren-Symbol auf der anderen Seite liegende Struktur beschreiben läßt. Erst in einem zweiten Schritt (Kap. 4) lassen wir uns dann auf das Spiel des Kafkaschen Diskurses am Beispiel der 'Gesetz'-Symbolik ein, um die analytische Kapazität des diskurstheoretischen Ansatzes zu erproben. Lautete das Fazit der Auslegungsdebatte zu 'Vor dem Gesetz': "Die einfache Geschichte war unförmlich geworden" (303), so geht es hier um die generativen Regeln solcher "Unförmlichkeit". Der diskurstheoretische Zugriff erlaubt es dabei zugleich (Kap. 5), einen großen Teil der selektiven hermeneutischen Deutungen gleichsam von einem theoretischen Ort aus methodisch kontrolliert als Teilaspekte bzw. vielfach bereits Funktionen des Kafkaschen Diskurses aufzufassen.

3. Symbolstrukturen

In Link (1978, 1983) sowie in Drews/Gerhard/Link (1985) wurde vorgeschlagen, als "Symbole" ikonische bzw. quasi-ikonische (i.S. von quasi-visuell) Zeichenkomplexe vom Umfang einer rudimentären Isotopie (*Pictura*) und mit Isomorphierelationen gegenüber einem bzw. in der Regel mehreren komplexen Signifikaten (*Subscriptiones*) zu definieren. Demnach lassen sich Symbole als die Vereinigung einer zumindest in Ansätzen expandierten 'Bild'-Seite mit der des eigentlich Gemeinten ('Sinn') verstehen.

Nehmen wir als einfaches Beispiel aus Kafkas 'Tagebüchern' jene Stelle vom 23.7.1914, in der er das zum Zweck der Auflösung der Verlo-

---

4 Politzer bringt dies auf die plakative Formulierung, daß Kafkas Parabeln "'Rorschach-Tests' der Literatur" seien "und ihre Deutung" "mehr über den Charakter ihrer Deuter als über das Wesen ihres Schöpfers" sage (Politzer 1965, 43; vgl. Anz 1989, 7).

bung mit Felice Bauer in einem Berliner Hotel veranstaltete Treffen als "Gerichtshof" (Kafka 1990, 658) bezeichnet. Text und Kontextwissen (anwesend waren auch der Vater und die Schwester von Felice sowie die gemeinsamen Bekannten Grete Bloch und Ernst Weiß) liefern hier sowohl die Pictura-Elemente (P_1 - P_n) wie auch die entsprechenden Subscriptiones (S_1 - S_n), so daß ihre wechselseitige Zuordnung in einem einfachen Zwei-Kolonnen-Schema möglich wird:

Pictura	Subscriptio
P_1 Gerichtshof (Ort)	S_1 Hotel Askanischer Hof
P_2 Gerichtshof (abhalten)	S_2 Aussprache
P_3 Richterin	S_3 Grete Bloch
P_4 Angeklagter	S_4 Kafka
P_5 Klägerin	S_5 Felice Bauer
P_6 Zeugen	S_6 die anwesenden Freunde und Verwandten
P_n ...	S_n ...

Schema 1

Daß beide Reihen durch wechselseitiges Ergänzen - teils aus dem Kontext anderer Brief- und Tagebuchstellen (vgl. Anz 1989, 110) - vollständig gefüllt werden können und die Symbolik von beiden Seiten her aufgeht, ist ein Sonderfall und kommt in Kafkas Romanen und Erzählungen so gut wie nicht vor. Die weitgehend ausdeterminierte Pictura/Subscriptio-Struktur rückt diese Form des Symbols als Typus in die Nähe des *Emblems* (vgl. Link 1978, 28; Link 1979, 174 f.), doch fehlt hier jede Form expliziter Gleichsetzung. Eine solche findet man, wenn man einen Brief Kafkas an Grete Bloch vom 15.10.1914 hinzuzieht, in dem die getroffenen Zuordnungen der Pictura- und Subscriptio-Elemente zugleich neu verteilt werden:

"Sie sind zwar im Askanischen Hof als Richterin über mir gesessen, es war abscheulich für Sie, für mich, für alle - aber es sah nur so aus, in Wirklichkeit bin ich auf Ihrem Platz gewesen und bin noch bis heute dort" (Kafka 1990, 679; vgl. auch 1988, 615).

Das Verschieben des einen Subscriptio-Elements (im Schema: S_4 nach S_3) zieht zwangsläufig auch neue Pictura/Subscriptio-Zuordnungen für einige der anderen Elemente nach sich. Da diese Zuordnungen - mit Ausnahme der Relation P_3/S_3 - aber nicht explizit getroffen werden, sind verschiedene Auflösungen denkbar: Bei einer Art Rochade zwischen 'Kafka' und 'Grete Bloch' würde sie zur 'Angeklagten' (etwa weil sie im "Askanischen Hof" aus Kafkas Briefen an Felice zitiert hatte, was Kafka ihr dann wiederum vorhielt) und 'Felice' zur 'Zeugin' (Schema 2a). Die Konfiguration wäre aber auch denkbar als 'Gericht' über eine (unausgesprochen bleibende, aber gelegentlich vermutete) Dreiecksbeziehung (vgl. Anz 1989, 109f f.), was 'Grete Bloch' und 'Felice' als zwei 'Parteien' erscheinen lassen könnte (Schema 2b).

Pictura I	Subscriptio I
P_3 Richter	S_3 Kafka
P_4 Angeklagte	S_4 Grete Bloch
P_5 Zeugin	S_5 Felice Bauer

Schema 2a

Pictura II	Subscriptio II
P_3 Richter	S_3 Kafka
P_4 Partei 1	S_4 Grete Bloch
P_5 Partei 2	S_5 Felice Bauer

Schema 2b

Da diese zweite, mehrdeutige Lesart des Treffens im "Askanischen Hof" nicht aufgrund semantischer Ambivalenzen der Symbolelemente selbst erfolgt, sondern durch Verschieben zweier Subscriptio-Elemente im narrativen Syntagma (vgl. Link/Parr 1990, 117-121), entsteht insgesamt eine neue Version des Symbols und somit ein zweiter, den ersten kommentierender Text. Mit solcher Ausdifferenzierung der Pictura/Subscriptio-Struktur wird der Symboltyp *Emblem* in Richtung des *Goethe-Symbols* erweitert. In den 'Literaturtheorien' hatten wir gezeigt, daß sich dieses Goethe-Symbol (zur Definition vgl. Link 1979, 177 ff; Drews/Gerhard/Link 1985, 268) dadurch auszeichnet, sowohl Subscriptio- als auch Pictura-Elemente zu realisieren, aber mit 'Lücken' auf beiden Seiten, die mal von der einen (Ergänzung nicht vorhandener Bild-Elemente zu vorhandenen Subscriptiones), mal von der anderen Seite her (Ergänzung nicht vorhandener Subscriptiones zu vorhandenen Pictura-Elementen) erschlossen werden müssen. Da dies auf Konnotationsbasis erfolgt, gibt das Goethe-Symbol insofern Rätsel auf, als es mehrere Subscriptiones zuläßt, allerdings stets so, daß sowohl die Isotopien immanent als auch die Gesamtstruktur des Symbols 'geschlossen' und 'stimmig' erscheinen. Ein Goethe-Beispiel wäre 'Mahomets Gesang', wo die drei Isotopien 'Religionsstifter', 'Staatsgründer' und 'Poet' ohne Friktionen parallel zueinander gebildet werden können.

Ein weiterer Symboltyp ist der des *Chiffren-Symbols* (zur Definition vgl. Link 1979, 177 ff.; Drews/Gerhard/Link 1985, 268), bei dem es keine denotierten Subscriptio-Elemente gibt. Chiffren-Symbole, wie sie vor allem die expressionistische Lyrik kennt, sind daher nahezu gänzlich offen und höchstens der Kontext signalisiert vage, in welche Richtung eine Auflösung zu denken wäre. Unter dem 5.12.1914 findet sich für diesen Symboltyp in den 'Tagebüchern' Kafkas ein Beispiel:

"Mein Verhältnis zu der Familie bekommt für mich nur dann einen einheitlichen Sinn, wenn ich mich als das Verderben der Familie auffasse. Es ist die einzige organische, alles Erstaunliche glatt überwindende Erklärung, die es gibt. Es ist auch die einzige tätige Verbindung, die augenblicklich von mir aus mit der Familie besteht, denn im übrigen bin ich gefühlsmäßig gänzlich von ihr abgetrennt, allerdings nicht durchgreifender, als vielleicht von der ganzen Welt. (Ein Bild meiner Existenz in dieser Hinsicht gibt eine nutzlose, mit Schnee und Reif überdeckte, schief in den Erdboden leicht eingebohrte Stange auf einem bis in die Tiefe aufgewühlten Feld am Rande einer großen Ebene in einer dunklen Winternacht.)" (Kafka, 1990, 704 f.).

Das hier von Kafka entworfene "Bild" seiner "Existenz" ist trotz der vorhergehenden Explikation des Verhältnisses zur Familie kaum aufzulösen und bekommt den Charakter eines Ideolekts.

3.1 Kafkas Symbolpraxis

Die Symbolstruktur von kunstliterarischen Texten Kafkas wie 'Vor dem Gesetz' liegt als Typus nun - grob gesagt - zwischen Goethe- und Chiffren-Symbol. Auch in der Parabel sind zunächst keine Subscriptiones zu den Pictura-Elementen 'Gesetz', 'Mann vom Lande', 'Tür', 'Türhüter', 'Eingang', 'Inneres', 'Einlaß verlangen', 'Erlaubnis zum Eintritt' usw. denotiert (Fingerhut [1979, 164] spricht im Anschluß an Hillmann [1964, 142-146] von "einflügeligen Metaphern"; Elm [1979, 423] mit Bezug auf Allemann [1964] von "Nur-Gleichnis ohne Sachhälfte"), doch signalisiert hier der Kontext im Gegensatz zum Chiffren-Symbol deutlich mehrere mögliche Subscriptiones; er ruft geradezu auf, die Leerstellen zu füllen.

Das geschieht zunächst dadurch, daß konnotativ die Regeln solcher Genres wachgerufen werden, für die per se eine symbolische oder allegorische Lesart konstitutiv ist: Legende, Gleichnis, Parabel, gelehrt-hermeneutische Abhandlung, Talmud-Erzählung. Hinzu kommt als 'Textdatum', daß der "Mann vom Lande" sein ganzes Leben bis zum Tode vor der 'Tür des Gesetzes' verbringt, was 'größte Wichtigkeit' konnotiert. Ein weiteres starkes Moment der Motivation zur Subscriptio-Bildung bieten die in der Parabel konkretisierten, verdinglichten Abstrakta, wie z.B. das als 'Gebäude' mit einer Reihe von 'Sälen' imaginierte 'Gesetz' (vgl. Elm

1979, 429), da sie dem - direkt oder indirekt - an der Goetheschen Symbolkonzeption geschulten Leser Allegoresen nahelegen. Dann sind Pictura-Elemente wie 'Licht'/'Dunkelheit'/'Glanz' zu nennen, die ebenfalls förmlich auf De-Codierung drängen, und schließlich solche Zeichenkomplexe, die sich durch semantische Ambivalenz auszeichnen und - in der Terminologie von Greimas - als "konnektierende Terme" [vgl. Oblau 1979, 219 ff.]) fungieren. Dies können beispielsweise solche kaum noch zu verkleinernden Zeichenkomplexe wie der abgekürzte Nachname "K." sein, der biographischen Deutungen als Hinweis auf Kafka selbst steht, theologischen als hebräische Abkürzung für 'Schuld', textinternen für den Verweis auf die anderen "K."-Figuren in Kafkas Werk.[5] Hier fungiert bereits ein einzelnes Zeichen als Stimulus für verschiedenste 'Sinn'-Bildungen (vgl. Neumann 1992, 127).[6]

Dennoch ergibt sich bei der Suche nach möglichen Subscriptiones insgesamt eine Art 'Sackgassenstruktur' (vgl. Deleuze/Guattari [1976, 7] und Kremer [1989, 153], der von "semantischen Löchern"[7] spricht): Denn wird der Leser auch zunächst regelrecht dazu gedrängt, Subscriptiones zu finden,[8] so geht doch keine friktionslos auf; stets fehlt etwas, keine ist ganz plausibel.[9] Das rückt Kafkas Symbolik von der eher 'offenen Beliebigkeit' des expressionistischen Chiffren-Symbols ab. Walter

5 In seinem Roman 'Der weiße Berg' hat Jorge Semprun (1990) dieses Verfahren parodiert. Nachdem sein Text zunächst von einem Theaterstück "Das Tribunal im Askanischen Hof" (37f.) berichtet, wird die Protagonistin Nadine Feierabend als "liebes Fräulein F." angeredet, "wobei das Initial hier natürlich für Feierabend steht" (43); ein später auftretender Literaturwissenschaftler trägt den Namen "Josef Klims" (110).

6 Sind es hier verschiedene Signifikate, die unter einem Signifikanten 'fließen', so sind umgekehrt die Signifikanten einem ständigen Wandel unterworfen, als K. beim Maler Titorelli das Porträt eines Richters betrachtet (195ff.), das nacheinander als "Gerechtigkeit", "Siegesgöttin" und "Göttin der Jagd" erscheint.

7 "Um sich aus ihrem Grab wieder zu erheben, muß die Schrift ihre äußere Fixierung ablegen und ihrer festen Linienführung semantische Löcher einarbeiten, die jede Aussage sofort wieder dementieren und in Fluß bringen. Zwischen der minimalen Variation und der offenen Paradoxie simuliert Kafkas poetischer Diskurs eine Bewegung, die immer wieder mit Unbestimmtheiten und perspektivischen Brechungen arbeitet" (Kremer 1989, 153).

8 Den struktur-funktionalen Befund 'gewollte Mehrstimmigkeit' bestätigen auch editionsphilologische Untersuchungen der 'Proceß'-Handschrift, denn "Kafka hat gerade da gestrichen, wo ihm der Text zu eindeutig zu werden drohte" (Zimmermann 1992, 7). "Die handschriftlichen Befunde zeigen, wie Kafka jeweils eindeutige sprachliche oder gestische Botschaften destruiert und an ihre Stelle doppeldeutige setzt" (Fingerhut 1992a, 51).

9 Für Pfaff (1987, 10) hat "bislang keine Interpretation vollständig überzeugt", da "gegen jede" vorzubringen sei, "daß eine Mannigfaltigkeit von Details im Roman übergangen wurde. Das einzelne schien nicht im Sinne der These aufzuschließen. Auf dem einzelnen aber möchte man gegen eine allzu hurtige Kritik beharren."

Benjamin hat diesen Widerspruch zwischen Drängen auf Subscriptio-Bildung bei gleichzeitiger 'Sackgassenstruktur' als "Antinomie (...) im Verhältnis von Gleichnis und Symbol" (1986, 158) bezeichnet. Danach stekke in der Kafkaschen Parabel - die vom Türhüter zeige es klar - "die wolkige Stelle", "die dem Gleichnis seinen Gleichnischarakter nimmt, um es zum Symbol zu erheben" (1986, 150). Von Benjamins eigener Schreibpraxis ausgehend läßt sich ein Symboltypus mit Widersprüchen auf der Ebene der Pictura und zugleich widersprüchlichen Subscriptiones beschreiben (vgl. Drews/Gerhard/Link 1985, 268 u. 292). Während in dieser *Benjamin-Allegorie* einzelne Pictura/Subscriptio-Gleichungen explizit hergestellt werden, wodurch die Widersprüchlichkeit der Symbolik insgesamt noch einmal gesteigert wird, bleibt bei Kafka demgegenüber die gesamte P/S-Struktur in 'lockerer Schwebe', und zwar mit einem häufig leicht humorvollen bzw. ironischen Ton. Das ist es, was Benjamin als "wolkig" empfand.

Welche semiotischen Verfahren sind es nun, die zur 'schwebenden Sackgassenstruktur' von Kafkas Symbolik führen? Zunächst wird solches 'Nicht-Aufgehen' durch minimale Verschiebungen in der semantischen Extension einzelner Pictura-Elemente erreicht, was zu Umdeutungen bereits innerhalb des Textes und dann in der Folge zu diametral entgegengesetzten 'Deutungen' führt (vgl. Bürger 1992, 308 ff.). So ist das aufmerksam gehütete "Tor zum Gesetz" (292) des Parabelbeginns als unüberwindliche Schwelle konnotiert, während der "nur für Dich bestimmte" "Eingang" (294 f.) am Ende als passierbar gelten muß. Zugespitzt formuliert: semantisch besehen hat man es am Ende der Parabel gar nicht mehr mit derselben "Tür" zu tun.

Zudem präsentiert sich das - man könnte sagen - *Kafka-Symbol* nicht direkt als polyisotope Pictura/Subscriptio-Struktur, sondern tritt gleichsam nüchtern, in Berichtform (eben der des gelehrt-hermeneutischen Talmud-Kommentars[10]), also in einem Kontext auf. Der Sinnbildungsprozeß, d.h. das Entwickeln verschiedener Subscriptiones, wird dabei - wie im Falle der Auslegungsdebatte zu 'Vor dem Gesetz' - narrativ inszeniert (295-304). Das Exegesegespräch expandiert die in der Parabel 'Vor dem Gesetz' nur ganz rudimentär denotierte, aber mit starken Appellmomenten zu ihrer Ergänzung verbundene Symbolstruktur syntagmatisch.[11] Diese Inszenierung der Deutung füllt die Subscriptio-Seite der Pictura von 'Gericht', 'Tür', 'Türhüter', 'Erlaubnis zum Eintritt', 'dunkler werden-

---

10 Vgl. dazu Kurz (1987, bes. 212f.).
11 Benjamin (1986, 150) nannte den 'Proceß'-Roman insgesamt "eine entfaltete Parabel".

dem Licht', 'auftauchendem Glanz' usw. zunächst mit zwei komplexen, einander diametral entgegenstehenden Subscriptiones auf: 'Täuschung des Mannes vom Lande durch den Türhüter' und umgekehrt 'Täuschung des Türhüters durch den Mann vom Lande'. Systematisch, d.h. von der Symbolstruktur her gesehen, nehmen beide Auslegungen den Platz von Subscriptio-Varianten ein. Ihre mediale Gestalt ist aber nun wiederum die von 'Bildern', neuen Pictura-Elementen also, die eine erneute Suche nach Subscriptiones ('Was bedeutet die Täuschung?') herausfordern, und zwar vorzüglich von solchen, die zugleich einen Rückbezug auf die Situation des Josef K. in seinem 'Proceß' und damit auf den gesamten Roman ermöglichen. Die engere Parabel 'Vor dem Gesetz' und die anschließende Auslegungsdebatte stehen damit zueinander ebenso im Verhältnis von Pictura und Subscriptiones wie das "Dom"-Kapitel zum gesamten Roman.[12] Diese zumindest zweifach ineinandergeschachtelte Symbolstruktur vervielfacht damit die Möglichkeiten zur Subscriptio-Bildung. Sie vervielfacht aber zugleich auch die Widerstände und 'Sackgassen', wie sie in den paradox anmutenden, zusammenfassenden Kommentaren thematisiert werden: "Dadurch bin ich aber von meiner frühern Meinung nicht abgekommen, denn beide decken sich teilweise" (301 f.); "Es ist unentscheidend, ob der Türhüter klar sieht oder getäuscht wird" (302); "K. sagte das abschließend, aber sein Endurteil war es nicht" (303).

Kafka potenziert diese 'Sackgassenstruktur' schließlich ein weiteres Mal dadurch, daß er am Endpunkt von Auslegungsvarianten, also an den Stellen, wo die 'Sackgassen' offensichtlich werden, solche Sentenzen einfügt, die den sich seines 'Sinns' zunehmend selbst entleerenden Auslegungsprozeß erneut entfachen, so daß sich insgesamt eine alternierende Abfolge der "Konstitution und Destruktion von Bedeutung" (Neumann 1992, 136) ergibt. Es sind dies im übrigen die Stellen, die Literaturwissenschaftler mit Vorliebe beanspruchen, um ihre eigenen Bemühungen darunter zu subsumieren: "Richtiges Auffassen einer Sache und Mißverstehn der gleichen Sache schließen einander nicht vollständig aus" (297); "man muß nicht alles für wahr halten, man muß es nur für notwendig halten"; "die Lüge wird zur Weltordnung gemacht" (303).

---

12 Neumann (1992, 125) charakterisiert "die beiden kurzen Geschichten *Vor dem Gesetz* und *Ein Traum*" als "gleichsam emblematische Intarsien für den *Prozeß*-Roman".

4. Analytische Einlassung: Das 'Gesetz'-Symbol

Wenn es zutrifft, daß der Kafkasche Text Symbolstrukturen wie auch die hermeneutische Arbeit an Symbolen narrativ inszeniert und durchspielt, dann liefert die Feststellung der 'Sackgassen'-Struktur allerdings lediglich eine notwendige, nicht aber eine hinreichende Bedingung für die Analyse. Um bestimmte Regeln des Spiels formulieren zu können, muß es mitgespielt werden. Versuchen wir also in heuristischer Absicht, eine bestimmte Subscriptio-Hypothese durchzuspielen.

Wir gewinnen diese Hypothese direkt aus der (inter)diskurstheoretischen Orientierung: Betrachtet man die Elemente der Pictura, so fällt zunächst das dominierende Element 'Gesetz' durch seinen zwischen Pictura und Subscriptio schillernden Status auf. Als Pictura im strengen Sinne muß 'Gesetz' eigentlich als ein 'Gebäude' gelesen werden (mit einem - oder mehreren - 'Toren', und eventuell einer hierarchischen Serie von 'Sälen'). Allenfalls läßt sich unter 'Gesetz' auf Pictura-Ebene darüber hinaus noch eine (vielleicht bürokratische) Institution, also so etwas wie ein 'Gericht', begreifen. Gleichzeitig läßt sich das Element 'Gesetz' als zur Subscriptio gehörig lesen - genauer gesagt als zu mehreren möglichen Subscriptiones gehörig. 'Gesetz' ist nämlich ein typisches interdiskursives Element: Als 'Gesetz Gottes' würde es eine religiöse Subscriptio generieren, als 'Gesetz des Vaters' eine sexuelle (vgl. Schema 4), als 'Gesetz des Staates' eine politische (vgl. Grass 1978, bes. 6). Da der Text, wie bereits dargestellt, keine dieser konkreten Subscriptio-Hypothesen hinreichend zu favorisieren scheint, ergäbe sich als Tugend aus dieser Not eine explizit interdiskursive Subscriptio-Hypothese: 'Gesetz des Textes'. Eine solche Subscriptio würde alle grundlegenden hermeneutischen Praktiken (Spezialdiskurse), bei denen es ja sämtlich um Text-Lektüre geht, gleichsam unter einen Hut zusammenbringen: Theologie, Psychoanalyse, Jurisprudenz. Für eine solche Hypothese spräche ferner natürlich der Umstand, daß der Text sich auf diese Weise zusätzlich als autoreflexiv begreifen ließe, da auch die 'schöne Literatur' selbst eine Text-Praxis, besonders eine Symbol-Praxis ist.[13] Es würde sich dann das folgende hypothetische Symbol-Schema ergeben:

---

13 Hiebel (1983) thematisiert sowohl die verschiedenen hermeneutischen Praxen wie auch ihre Verbindung in der Subscriptio-Hypothese 'Gesetz des Textes', wenn er von den "Zeichen des Gesetzes" spricht.

Pictura	Subscriptio
P_1 Gebäudekomplex des Gesetzes	S_1 Text-Praxis/Symbol-Praxis
P_2 Tor (oder Serie von Toren	S_2 Zugang zum Text/Symbol
Tor 1, Tor 2,..., Tor n)	(eventuell nur individuell)
P_3 Saal 1, Saal 2, ..., Saal n	S_3 Subscriptio 1, S. 2,..., S. n
P_4 Türhüter 1, T. 2,..., T. n	S_4 Hermeneut 1, H. 2,..., H. n
P_5 innerster Saal mit Licht (?)	S_5 'tiefster Sinn', 'Wahrheit'
P_6 Mann vom Lande	S_6 Text-Initiand/Symbol-Initiand/ Leser

Schema 3

So glatt diese Subscriptio-Hypothese aufzugehen scheint, so wenig entgeht jedoch auch sie bei weiterer und genauerer Reflexion der 'Sackgassen'-Struktur. Zunächst gelten für die Pictura-Elemente P_2 bis P_5 jeweils zwei ganz verschiedene Versionen. Wenn es für jeden Text-Initianden einen eigenen, strikt individuellen Zugang zum Text gibt, und wenn es ferner die vielen Säle nicht gibt, dann wäre der Textsinn sozusagen direkt 'im Tor', d.h. auf der Textoberfläche zu lesen. Es wäre dann allerdings ein 'Gebäude' vorzustellen, das nur aus einem 'Tor' bestände.

Nun mutet Kafka seinen Lesern zwar häufig solche unvorstellbaren ("unförmlichen") Picturae zu, dabei kollabiert aber die Isomorphie-Relation zwischen Pictura und Subscriptio, und das Symbol verschwindet als Symbol wie eine abstürzende Datei im Computer. Für diesen Absturz spricht nun ein weiteres Argument: Wenn es einen 'letzten Saal' gibt, aus dem der "Glanz" des 'tiefsten Sinns' und der 'Wahrheit' leuchtet, wenn es ferner die Hierarchie von hermeneutischen Türhütern gibt, dann stellt sich nicht nur die Frage nach einem 'obersten Richter' oder einem 'Gericht der letzten Instanz', sondern darüber hinaus die nach einem 'Gesetzgeber', d.h. auf der Basis unserer Hypothese die nach dem Autor. Wer gibt dem Text den Sinn? Etwa ein Autor? Oder der "Mann vom Lande" selbst, d.h. der Leser? Wäre ein Autor-Sinn mit einem 'tiefen' Sinn identisch und umgekehrt ein Leser-Sinn mit einem 'auf einer Oberfläche ohne Tiefe generierten Sinn'? All diese Fragen sind textimmanent, auf der Basis einer 'abstürzenden' und sich entziehenden Symbolstruktur, strikt unentscheidbar.

Zweifellos hängen die gerade gestellten, unentscheidbaren Fragen mit der für Kafka so charakteristischen Narrativierung der Symbolik zusammen. Diese Narrativierung ist nun von ihrem Wesen her Inszenierung von Applikations-Simulakren. Das beste Beispiel dafür liefert K.s Begegnung mit dem Gefängniskaplan selber. Dieser Geistliche liefert K. das Symbol ja sozusagen auf dem Präsentierteller, um es eventuell direkt auf ihn selbst zu applizieren (Türhüter = Gefängniskaplan). Eigentlich spielt Kafkas Symbolspiel also auf irritierende Weise mit zwei verschiedenen Sachverhalten: Zum einen geht es um die Symbolstruktur als Sinnstruktur auf der Textebene, d.h. um mögliche Bezüge zwischen Picturae und Subscriptiones. Diese Struktur kollabiert regelmäßig im Vollzug des Kafkaschen Textes. Zum anderen geht es um die Applikation, d.h. um die Transformation des Textes (des Symbols) in Handlung. Diese Transformation wird vielfältig als narratives Simulakrum inszeniert, kann aber als reine Textpraxis per definitionem niemals real vollzogen werden. Es gibt keinen Ausweg aus dem Text, der noch bloßer Text wäre. So viel auch über Figuren erzählt wird, die auf der Basis von Texten handeln müssen und zu handeln versuchen, so sehr erweisen sich all diese Erzählungen als Text (und nicht als reale Handlung). Es scheint diese Unmöglichkeit zu sein, schreibend aus dem Text herauszukommen, die wohl die originelle 'Energie' des Kafkaschen Schreibens bildet. Die Struktur der endlos proliferierenden Narrativierung kollabierender Symbole weist allerdings deutlich, indem sie in syntagmatischer Bewegung auf die Textoberfläche orientiert, die Richtung 'aus dem Text hinaus'. Kafkas Symbolpraxis ist das Gegenteil eines Schreibens 'in die innere Tiefe des Textes hinein', d.h. das Gegenteil einer paradigmatischen Akkumulation von Sinn (von Subscriptiones) 'unter' einer als Textoberfläche präsenten Pictura. Insofern scheint die Deutung des 'Gebäudes' als 'bloßen Tores ohne Tiefe' der Kafkaschen Schreibweise adäquater - wenn nicht die Festlegung auf eine solche Subscriptio sich selbst widerlegte, weil sie das kollabierte Symbol 'retten' und damit zur gerade abgelehnten paradigmatischen Schreib-Praxis überlaufen würde!

Wäre der Sinn demnach also eine ironische Verspottung des Lesers als eines 'Manns vom Lande', der weder in eine (wahrscheinlich gar nicht vorhandene) tiefenhermeneutische Dimension des Textes vorzudringen noch sich (solange er Leser bleibt) aus dem Text in Handlung (praktische Applikation) hinüberzuretten vermöchte? Diese Ironie würde den Autor mittreffen, der sich ja als pures Phantasma von 'Tiefe' hinter dem Text erwiese, der sich immer schon selbst geschrieben hätte, als reine Materialität diskursiver 'Oberfläche'. Am meisten jedoch würde sie den 'Türhüter'-Hermeneuten treffen, der eine leere 'Tiefe' des Textes mit Verboten zu 'erschließen' vorgibt.[14] Sollen wir selbst, die wir uns um Kafkas Text be-

---

14 "Kafka hat der Legende vom Landmann vor dem Gesetz gewissermaßen das drohende Schicksal seiner hermeneutischen (Forschungs-) Geschichte eingeschrieben.

mühen, in unserer Ausweglosigkeit also ironisiert werden? Denn auch 'aufs Land' können wir ja nicht mehr zurück, weil unser Leben längst ganz und gar hochkulturelle Textpraxis, Textapplikation geworden ist - würden wir sonst diesen Text lesen? Quod erat demonstrandum! Daß unsere ausweglose Situation aber außer ausweglos auch noch ein wenig komisch ist, daß wir über sie äußerstenfalls sogar lachen können, mindestens dieses Resultat unserer Bemühungen würde uns über eine endlose Exegese von religiösem Ernst hinausführen.

5. Typologischer Rückblick

Viele der hermeneutischen Deutungsversuche haben - so läßt sich jetzt sagen - diese höchst komplexe Symbolstruktur durch allegorisierende '1:1 Zuordnungen' einzelner Subscriptiones zu Pictura-Elementen (Beispiel: "Die Türhüter sind die Prüfsteine des Lebens" [Eschweiler 1991, 58]) nur punktuell erfaßt und damit K.s Bemerkung, er sei durch die eine Deutung von seiner "früheren Meinung nicht abgekommen", da sich beide "teilweise" deckten (301 f.), ausgeblendet. Sie beziehen "sich jeweils auf nur einen Aspekt des in sich widersprüchlichen Textes" (Lubkoll 1990, 292),[15] was zu den bekannten Applikationen vorzüglich auf die Felder der Biographie, von Religion, Jura, Philosophie, Literatur, Psychoanalyse und zu Kopplungen (wie der von Religion und Literatur bei Brod [1948]) geführt hat. Ein großer Teil der Kafka-Interpretationen läßt sich dementsprechend auf das jeweils favorisierte Subscriptio-Paradigma hin verorten, wobei sich ungefähr die folgende Typologie ergibt:[16]

a) *Hermeneutische Allegoresen*, deren semiotisches Kennzeichen eine selektive, alle Irritationen ausblendende, innerhalb dieser Beschränkung aber durchgehend ausformulierte Subscriptio ist. Hierzu gehören etwa solche psychoanalytischen Deutungen, die 'Vor dem Gesetz' als Inzest-Situation attribuieren:[17]

Jede Auslegung läuft Gefahr, daß unter ihren Händen die Erzählung *Vor dem Gesetz*, die mit gleichem Recht auch 'Vor dem Text' heißen könnte, eben *unförmlich* wird" (Kremer 1989, 84).

15 Vgl. Fingerhut (1979, 161): "Die prinzipiell unabschließbare exegetische Bildreflexion" habe "immer die Tendenz, das auslösende Bild zu reduzieren, so lange hin und her zu wenden, bis es eigentlich nicht mehr paßt und ausgelöscht wird". - Ebenfalls kritisch zu Allegoresen äußert sich Deppisch (1991, 181ff.).

16 Vgl. den Beitrag von Bogdal in diesem Band und die Typologie bei Neumann (1981, 196-219).

17 Vgl. dazu: Binder (1979b, 168f.), der auf White (1967) verweist.

Pictura	Subscriptio
P_1 Gesetz	S_1 Inzestverbot
P_2 Türhüter	S_2 Vater
P_3 Tor des Gesetzes	S_3 Mutter oder jeder andere weibliche Sexualkörper
usw.	usw.

Schema 4

Führt man sich noch einmal vor Augen, daß Kafkas Symbolik zunächst viele Möglichkeiten der Subscriptio-Bildung öffnet, um dann eine nach der anderen im Nacheinander des narrativen Syntagmas zu verwerfen, so lassen sich zwei Interpretationsweisen, die als Gegensätze erscheinen mögen, jetzt auf dieser Zeitachse verorten: die selektiven hermeneutischen Zugriffe setzen 'zu früh' an, bevor die Verfahren semantischer Verschiebung und Ambivalenz zu Ende geführt sind; die Vertreter der These von der 'Undeutbarkeit' Kafkas dagegen 'zu spät', denn sie gehen noch einen Schritt weiter als Kafkas Textverfahren selbst.

b) Einen Sonderfall dieses Typs bilden einige der *auf 'Vieldeutigkeit' verweisenden Arbeiten*; dann nämlich, wenn diese 'Vieldeutigkeit' nicht als Struktur herausgearbeitet, sondern bereits als ihr 'Sinn' verstanden wird (vgl. dazu Kittler/Neumann 1990, 7). Semiotisch betrachtet werden hier verschiedenste und sich widersprechende Subscriptiones zur friktionsfreien Meta-Subscriptio 'Vieldeutigkeit' vereinheitlicht.

c) Ein anderer Sonderfall verbindet die Modelle a) und b) miteinander, wenn - wie bei Citati (vgl. Anm. 3) - *die 'Vieldeutigkeit' ihrerseits wiederum zur Pictura gemacht* und zur eindeutigen Subscriptio 'Gott' hin aufgelöst wird.

d) Ein weiteres Verfahren ist dasjenige *hermeneutischer Beleg-Akkumulation*, bei dem alle erreichbaren Parallelstellen zu einer Pictura nicht nur kommentierend herangezogen, sondern zu einer "Global-Version" des Symbols (vgl. Drews/Gerhard/Link 1985, 268, 277) vereint werden. Diese "Global-Version" dient dann häufig wieder selektiv nach Modell a) für z.B. biographische Einzel-, aber auch für aktualisierende Applikationen in nicht mehr nur 'textnahe' Bereiche. Die Texte Kafkas werden dabei "an andere, meist zeittypische Diskurse angeschlossen", so daß "ständig neue 'Verweise' der Texte auf die außertextliche Wirklichkeit, die Lesern als 'Aussagen' Kafkas zu einem Problem erscheinen können" (Fingerhut 1992b, 21; als Beispiel vgl. Grass 1978), entstehen.

Indem die skizzierten Interpretationsverfahren versuchen, die "Unförmlichkeit" der Kafkaschen Symbolik ebenso "abzuschütteln" wie K. die Türhüter-Geschichte (303), negieren sie zugleich das Innovative des Kafkaschen Diskurses und reformulieren es im Sinne eines Konzepts, das Kafka mit der 'Unförmlichkeit' seines Schreibens gerade in Frage stellt. Denn wenn er "jede Sinnstiftung oder Wahrheitserkenntnis" beharrlich verweigert, "subvertiert" er damit nicht nur "den herkömmlichen Erwartungshorizont der Literaturkonsumenten" (Lubkoll 1990, 292 f.), sondern liefert mit der irritierenden Position seines literarischen Diskurses zugleich auch "die Vorgaben einer Subjektivität, die den bestehenden Rahmen von Diskursen und Interdiskursivitäten utopisch überschreitet" (Link/Link-Heer 1990, 97).

Häufig läßt sich "beobachten, daß literarische Diskurse sich gegenüber entgegengesetzten sozial dominanten diskursiven Positionen ambivalent verhalten, daß sie sie verfremden, mit ihnen spielen, ja sich ihnen gänzlich zu entziehen suchen" (Link/Link-Heer 1990, 97). Auch Kafkas Diskursposition, die sich ebenso wie an 'Vor dem Gesetz' etwa auch an Hand der Erzählungen 'Der Bau'[18] (Kafka 1970, 359-388) und 'Beim Bau der chinesischen Mauer'[19] (Kafka 1970, 289-299) exemplifizieren ließe, nimmt eine solch ambivalente Stellung ein. In 'Der Bau' spielt sie mit "den zwei diskursiven Positionen von Ordnung vs Unterwühlen" (Link/Link-Heer 1990, 97), im "Dom"-Kapitel des 'Proceß' mit 'Eingang suchen' (Mann vom Lande vor dem 'Gesetz') vs. 'Ausgang suchen' (K. am Ende des Kapitels); in der Auslegungsdebatte zu 'Vor dem Gesetz' mit gültiger Exegese, dem Festlegen auf 'Sinn' auf der einen und der Verhinderung gültiger Sinnbildung auf der anderen Seite. Das gilt auch für eine ganze Reihe weiterer Oppositionen, etwa der von 'Täuschung des Türhüters durch den Mann vom Lande' vs. 'Täuschung des Mannes vom Lande durch den Türhüter', darin eingebettet der von 'frei-' vs. 'gebunden-sein', wie sie zwischen "Türhüter" und "Mann vom Lande" mit chiastischem Wechsel der Zuschreibungen durchgespielt wird (300 u. 302).

Deleuze/Guattari (1976) haben diese Position Kafkas als Spiel von De- und Re-Territorialisierung zu fassen gesucht; Neumann (1992) hat

---

18 "In der späten Erzählung 'Der Bau' (...) entspricht der bewachten Tür vor dem Gesetz (als Grenze zwischen drinnen und draußen) der getarnte Eingang in den unterirdischen Bau oder auch das offen sichtbare Loch, das nur einen Eingang vortäuscht und in Wirklichkeit in eine Sackgasse führt" (Anz 1989, 11).

19 Auch in 'Beim Bau der Chinesischen Mauer' spricht ein Gelehrter, der im Ton eines hermeneutischen Kommentars die Funktion des Mauerbaus zu erschließen sucht. Dabei stößt er auf lauter Widersprüche; auch er gerät immer wieder in Paradoxien (vgl. Link 1983, 35).

sie als eine Formation von Diskursen beschrieben, die an ihren 'Eckpunkten' durch juristische ("Gesetz") und erotische Praxis ("Anarchie"), durch hermeneutisches "Subsumptionsverfahren des Verhörs" und semiotisches "Delegitimationsverfahren der Erotik" (137) gebildet wird (133 f.), wobei "das Thema der Kunst" zwischen beiden Bereichen "sichtbar" werde (134, 137); und auch Jeziorkowski (1992, 98 ff.) hat auf das permanente wechselseitige "Dis-Lozieren" der Territorien des öffentlich-juridischen und privat-erotischen Bereichs im 'Proceß'-Roman hingewiesen:

"Die Sphären von privat und offiziell, von publik und intim und von wichtig und marginal beginnen zu schwanken und verlieren ihre Stabilität auch im Bewußtsein des Lesenden. Das Resultat ist eine Art Seekrankheit, eine an Schwindel grenzende Desorientiertheit beim Lesenden, resultierend aus der Deplazierung der Lebenssphären aus ihren angestammten und 'normalen' Territorien" (98).

Als eine Art 'Zusammenfassung' eines ganzen Sets subjektbildender Applikationen aus den Texten Kafkas kann das zeitweise inflationär verwendete "kafkaesk" (vgl. Neff 1979, 881 ff.; Stromsfk 1992) angesehen werden.[20] Als 'kafkaesk' gelten beispielsweise 'bedrohliche lange Gänge oder Flure', die als Pictura-Elemente in Kafkas Texten selbst gar nicht so häufig vorkommen, vielleicht aber als so etwas wie ihrerseits wieder in Bildern codifizierte, weitergeführte Subjekt-Applikationen der Kafkaschen Symbolik insgesamt gelten können. Ein eindrucksvolles Beispiel applizierender Reproduktion der Kafkaschen Diskursposition insgesamt stellt Steven Soderberghs Film 'Kafka' (1992) dar, der quer durch das gesamte Korpus seiner biographischen und kunstliterarischen Texte gerade solche Symbole wie das hier analysierte des 'Gesetzes' selektiert. Den dabei sichtbar werdenden Produktionskreislauf zwischen interdiskursiven Symbolen, literarischem Text und applizierender Weiterverwendung hat Kafka selbst ironisch in 'Josefine, die Sängerin oder Das Volk der Mäuse' (Kafka 1970, 172-185; dazu Link 1983, 22) thematisiert.

---

20 Ein interessantes Beispiel für eine subjektiv akzentuierte, der Materialität der Texte diametral entgegenstehende Form der Applikation bietet Eschweiler (1991, 214), der die 'zünftige' Germanistik wegen des von ihr praktizierten Nebeneinanders verschiedenster 'Deutungen' als "kafkaesk" bezeichnet und diesem Befund dann den "klaren, poetischen Kosmos des Dichters" Kafka entgegenhält.

Literatur

Primärliteratur

Kafka, Franz, 1970: Sämtliche Erzählungen. Hg. v. Paul Raabe, Frankfurt a. M.
-, 1988: Briefe an Felice und andere Korrespondenz aus der Verlobungszeit. Hg. v. Erich Heller und Jürgen Born, Frankfurt a. M.
-, 1990: Tagebücher. Textband. Hg. von Hans-Gerd Koch, Michael Müller und Malcolm Pasley, Frankfurt a. M.
-, 1990a: Tagebücher. Kommentarband. Hg. von Hans-Gerd Koch, Michael Müller und Malcolm Pasley, Frankfurt a. M.

Sekundärliteratur

Allemann, Beda, 1963: Kafka. Der Prozeß, in: Wiese, Benno von (Hg.), 1963: Der Deutsche Roman. Vom Barock bis zur Gegenwart. Struktur und Geschichte. II, Düsseldorf, 234-290.
Anz, Thomas, 1989: Franz Kafka, München.
Beicken, Peter U., 1979: Typologie der Kafka-Forschung, in: Binder, 1979a, Bd. 2, 787-824.
Benjamin, Walter, 1986: Zur Parabel, in: Elm/Hiebel, 1986, 145-159.
Binder, Hartmut (Hg.), 1979a: Kafka-Handbuch in zwei Bänden. Unter Mitarbeit zahlreicher Fachwissenschaftler hg. v. H. B. Bd. 1: Der Mensch und seine Zeit, Stuttgart; Bd. 2: Das Werk und seine Wirkung, Stuttgart.
-, 1979b: Der Mensch, in: Binder, 1979a, Bd. 1, 101-584.
Bogdal, Klaus-Michael (Hg.), 1990: Neue Literaturtheorien, Opladen.
Brod, Max, 1948: Franz Kafkas Glauben und Lehre, Winterthur.
Bürger, Peter, 1992: Prosa der Moderne. Unter Mitarbeit von Christa Bürger, Frankfurt a. M., bes. 301-311 ("Kafkas Verfahren") u. 397.
Citati, Pietro, 1987: Kafka. Verwandlungen eines Dichters, München, Zürich.
Deleuze, Gilles/Guattari, Félix, 1976: Kafka. Für eine kleine Literatur, Frankfurt a. M. (französische Originalausgabe 1975).
Deppisch, Hans-Joachim, 1991: Hypothese und Appell, Franz Kafka und seine Romane 'Der Prozeß' und 'Das Schloß'. Analyse der Aussage im weiteren Rahmen der Abklärung verständnisleitender Fragen, Frankfurt a. M., Bern, New York, Paris.
Drews, Axel/Gerhard, Ute/Link, Jürgen, 1985: Moderne Kollektivsymbolik. Eine diskurstheoretisch orientierte Einführung mit Auswahlbibliographie, in: Internationales Archiv für Sozialgeschichte der Literatur, 1. Sonderheft Forschungsreferate, 256-375.
Elm, Theo, 1979: Der Prozeß, in: Binder, 1979a, Bd. 2, 1979, 420-441.
-,/Hiebel, Hans H., 1986: Die Parabel. Parabolische Formen in der deutschen Dichtung des 20. Jahrhunderts, Frankfurt a. M.
Emrich, Wilhelm, 1958: Franz Kafka, Bonn.
-, 1986: Franz Kafka: Jenseits von Allegorie, Parabel und Symbol, in: Elm/Hiebel, 211-218.
Eschweiler, Christian, 1991: Kafkas Erzählungen und ihr verborgener Hintergrund, Bonn, Berlin.
Fingerhut, Karlheinz, 1979: Bildlichkeit, in: Binder, 1979a, Bd. 2, 138-177.

-, 1992a: Annäherung an Kafkas Roman 'Der Prozeß' über die Handschrift und über Schreibexperimente, in: Zimmermann, 1992, 34-65.

-, 1992b: Die Strafmaschine ist eigentlich die Schreibmaschine. Die unendliche Deutbarkeit Kafkas als Problem des Deutschunterrichts. Vortrag beim Germanistentag 1992 in Berlin. Ankündigung in: Mitteilungen des Deutschen Germanistenverbandes, 39. Jg., H. 2, Juni 1992, 20 f.

Grass, Günter, 1978: Kafka und seine Vollstrecker, in: L'76. Demokratie und Sozialismus, H. 9, 5-20.

Heintz, Günter (Hg.), 1979: Zu Franz Kafka. Interpretationen, Stuttgart.

Hermsdorf, Klaus, 1984: Franz Kafka. Amtliche Schriften. Mit einem Essay von Klaus Hermsdorf, Berlin.

Hiebel, Hans Helmut, 1983: Die Zeichen des Gesetzes. Recht und Macht bei Franz Kafka, München.

Hillmann, Heinz, 1964: Franz Kafka. Dichtungstheorie und Dichtungsgestalt, Bonn.

Jeziorkowski, Klaus, 1992: Das Bett, in: Zimmermann, 1992, 95-107.

Kittler, Wolf/Neumann, Gerhard (Hg.), 1990: Franz Kafka: Schriftverkehr, Freiburg.

Kremer, Detlef, 1989: Kafka. Die Erotik des Schreibens. Schreiben als Lebensentzug, Frankfurt a. M.

Kurz, Gerhard, 1987: Meinungen zur Schrift. Zur Exegese der Legende 'Vor dem Gesetz' im Roman 'Der Prozeß', in: Grözinger, Karl Erich/Mosès, Stéphane/Zimmermann, Hans Dieter (Hg.), 1987: Franz Kafka und das Judentum, Frankfurt a. M., 209-223.

Link, Jürgen, 1978: Die Struktur des Symbols in der Sprache des Journalismus. Zum Verhältnis literarischer und pragmatischer Symbole, München.

-, ^{2}1979: Literaturwissenschaftliche Grundbegriffe. Eine programmierte Einführung auf strukturalistischer Basis, München.

-, 1983: Elementare Literatur und generative Diskursanalyse (mit einem Beitrag von Jochen Hörisch und Hans-Georg Pott), München.

-, 1988: Literaturanalyse als Interdiskursanalyse. Am Beispiel des Ursprungs literarischer Symbolik in der Kollektivsymbolik, in: Fohrmann, Jürgen/Müller, Harro (Hg.), 1988: Diskurstheorien und Literaturwissenschaft, Frankfurt a. M., 284-307.

-,/Link-Heer, Ursula, 1990: Diskurs/Interdiskurs und Literaturanalyse, in: LiLi. Zeitschrift für Literaturwissenschaft und Linguistik, Jg. 20, 1990, H. 77, 88-99.

-,/Parr, 1990: Semiotische Diskursanalyse, in: Bogdal, 1990, 107-130.

Lubkoll, Christine, 1990: "Man muß nicht alles für wahr halten, man muß es nur für notwendig halten." Die Theorie der Macht in Franz Kafkas Roman 'Der Proceß', in: Kittler/Neumann, 1990, 279-294.

Neff, Kurt, 1979: Kafkas Schatten. Eine Dokumentation zur Breitenwirkung, in: Binder, 1979a, Bd. 2, 872-909.

Neumann, Gerhard, 1981: Franz Kafka. 'Das Urteil'. Text, Materialien, Kommentar, München.

-, 1992: Der Zauber des Anfangs und das "Zögern vor der Geburt". Kafkas Poetologie des "riskantesten Augenblicks", in: Zimmermann, 1992, 121-142.

Oblau, Gotthard, 1979: Erkenntnis- und Kommunikationsfunktion der Sprache in Franz Kafkas 'Der Prozeß', in: Heintz, 1979, 209-229.

Pfaff, Peter, 1987: Die Erfindung des Prozesses, in: Schirrmacher, Frank (Hg.), 1987: Verteidigung der Schrift. Kafkas *Prozeß*, Frankfurt a. M., 10-35.

Politzer, Heinz, 1965: Franz Kafka, der Künstler, Frankfurt a. M.

Semprun, Jorge, 1990: Der weiße Berg. Roman, Frankfurt a. M. (französische Erstausgabe 1986).

Stromsík, Jirí, 1992: "Kafkárny" - kafkaeske Situationen im totalitären Alltag, in: Zimmermann, 1992, 269-284.

White, J. S., 1967: Psyche and Tuberculosis. The Libido Organization of Franz Kafka, in: The Psychoanalytic Study of Society, 4, 1967, 185-251.

Witte, Bernd, 1982: Portrait Kafkas, in: Glaser, Horst Albert (Hg.), 1982: Deutsche Literatur. Eine Sozialgeschichte. Bd. 8: Trommler, Frank (Hg.): Jahrhundertwende: Vom Naturalismus zum Expressionismus, Reinbek, 282-296.

Zimmermann, Hans Dieter (Hg.), 1992: Nach erneuter Lektüre: Franz Kafkas *Der Proceß*, Würzburg.

IV.

Land und Stadt.
Soziotopographische Aspekte in Franz Kafkas 'Vor dem Gesetz'.

Klaus Hermsdorf

1.

In Kafkas 'Proceß' treten beiläufig ein Dutzend Figuren auf, in der Legende 'Vor dem Gesetz' zwei. Obgleich der Reduktion der vielfältigen Personage des Romans auf die einfache Bipolarität des legendarischen Textes ganze Gruppen zum Opfer fallen (z.B. "die Frauen"), ist die strukturelle Konvergenz zwischen den Figuren des Romans und der Legende offenkundig. Als selbständige, aber aufeinander bezogene und in wichtigen Teilen übereinstimmende Texte kommentieren sie sich gegenseitig - ein in Kafkas Werk kaum vergleichbarer Fall: ein abgeschlossener und vom Autor durch den Druck legitimierter Text ergänzt und deutet den fragmentarisch liegengelassenen, in dem sich - in Gestalt der "Exegese" der Legende - ein Kommentar zu beidem findet: Dichtung als hermeneutisches Fugato.

Die poetische Verdichtung des romanhaft Vielfältigen zum legendarisch Vereinfachten geschieht gattungsgerecht und in Anlehnung an Muster volkstümlicher Lehrdichtung (Binder 1986, 21 f.) - was heißt: Aus den individuellen Figuren des Romans werden typologische, aus ihrem Handeln in einer bestimmbaren Zeit wird zeitloses Geschehen. Trotzdem sagt die Legende mehr, als im Roman sagbar wäre: Daß da ein Glanz ist, "der unverlöschlich aus der Türe des Gesetzes bricht"(294), ist Gewisseres, als Josef K. je erfahren hat. Schon dadurch verflüchtigen sich die Figuren der Legende nicht gänzlich in der oft berufenen Vieldeutigkeit Kafkas. So ist z.B. ihre Stellung in der Welt oder sogar in einer sozialen Topographie der Welt ebenso erkennbar wie die Grundmuster ihres Verhaltens.

Wie Josef K. - seine Mutter lebt in einer ländlichen Kleinstadt, er hat einen "kleine[n] Grundbesitzer vom Lande"(118) zum Onkel, der spöttisch das "Gespenst vom Lande"(119) genannt wird - ist auch der Held der Legende "vom Lande", was in geläufigem Gebrauch ein "durch die Landwirtschaft geprägtes Gebiet im Gegensatz zur Stadt"[1] meint. Aber er lebt eben nicht mehr in der dörflichen Gemeinde; der Mann *vom Lande* ist eine Figur topographisch fixierbarer Bewegung, nämlich sozusagen gewesener "Landmann", der dort zu Hause war, aber - einem unerklärten Drang folgend - aufgebrochen ist zum Gesetz und vor ihm endet, zwischen seiner verlorenen Vergangenheit und einer nicht erreichten Zukunft. In sein Verhalten vor dem Tor geht indes seine Herkunft vom Lande ein - als die Unwissenheit des Fremden, als Ratlosigkeit in einer unbekannten Örtlichkeit der großen Paläste, als Unfähigkeit zu situationsgerechtem Handeln im Hinblick auf sein Ziel. In alledem ist er das Gegenteil des Türhüters. Dessen Platz ist in einer "städtischen Welt", um mit dem Titel eines frühen Roman-Projekts Kafkas ein Generalthema seines Werks zu benennen. Hier verfügt der Türhüter über Wissen, wenngleich nur begrenztes: auch im Gebäude des Gesetzes reicht seine Kenntnis nicht weiter als bis zum Saal des nächsten Türhüters. Doch dieses teilweise oder nur vermeintliche Wissen gibt seinem Verhalten Sicherheit, die Selbstgewißheit einer "Amtsperson"(297) , die ihr Amt mit dem Pflichtbewußtsein eines "pedantischen Charakters"(296) ausfüllt. Er weiß nichts vom Gesetz, aber er gehört zum Gesetz; er hat kein Ziel, aber in der Gemeinschaft der Türhüter eine Funktion in einem offenbar hochhierarchisierten ("Von Saal zu Saal stehn aber Türhüter, einer mächtiger als der andere."[293]) Instanzenzug, der Macht hat und sie ausübt.

Treffen diese Aussagen zu, so mögen sie die sinnhaltige Konvergenz zwischen den Antagonisten der Legende und den personalen Strukturen des Romans bestätigen: Daß der Mann vom Lande in einer gleichnis- und vergleichsweisen und dadurch interpretierenden Beziehung zu Josef K. steht, der Türhüter vor dem Gesetz in einer ebensolchen zu den Romanfiguren, die im Dienst des Gerichts stehen, gehört sicher zu den heuristischen Festpunkten des 'Proceß': Die Legende enthält die weiter nicht mehr rückführbare Grundstruktur dieses Romans, aber auch thematisch verwandter Arbeiten Kafkas wie 'Das Schloß'.

---

1 Handwörterbuch der deutschen Gegenwartssprache, hg. von G. Kempeke, Berlin 1984, S. 710.

2.

Über die Genesis der Figuren und Interieurs, der Metaphern und Motive Kafkascher Texte hat die Forschung eine inzwischen fast unermeßliche Menge von teils sinnerhellendem, teils sinnverwirrendem Material gesammelt. Überzeugend ist es, wenn es die stets deutlichen Spuren belegt, die von der Biographie des Autors zu den Geschöpfen seiner Phantasie weisen. Von besonderem Aufschluß scheint es, wenn der Text Kafkas als Schreiben nicht nur über sich selbst, sondern zugleich und außerdem als Absicht des Autors interpretiert werden kann, sich mit seinem Schreiben in ein gegenwärtiges intellektuelles oder literarisches Diskussionsfeld, einen "Diskurs", einzumischen - und zwar nicht derart, daß er Anregungen, Vorbilder, Quellen aufnimmt und transformiert, sondern dies mit dem nachweisbaren Bewußtsein tut, mit seinen Mitteln der Dichtung von der Grundrichtung des Diskurses abweichende Meinungen vorzubringen. Selbst an barer Realität so enthobenen Figuren wie die der Legende 'Vor dem Gesetz' können diskursive Intentionen solcher Art erkannt werden.

So ist neuerdings mehrfach auf den jüdischen Hintergrund des "Mannes vom Lande" hingewiesen worden. (Vgl. u.a. Zimmermann 1988; Voigts 1989/90). Dem nicht widersprechend wäre daran zu erinnern, daß der "Mann vom Lande" in Kafkas Prag ein Topos von nicht weniger naheliegendem Realitätsgehalt war: Die Stadt erlebte seit dem Ausgang des 19. Jahrhunderts einen mitteleuropäischen Modernisierungs-, Urbanisations- und Migrationsschub in einer keineswegs einmaligen, aber doch besonderen Form: das explosionsartige Wachstum eines großstädtischen Ballungszentrums durch die Einwanderung freigesetzter Bevölkerung aus näheren oder ferneren agrarischen Regionen - in Prag durch den massenhaften Zuzug von Menschen überwiegend tschechischer Nationalität. In dieser Doppeleigenschaft war der "Mann vom Lande" die reale Alltagsfigur einer Stadt im Wandel, deren "Lebensstil noch Bestandteile agrarischer Sozialformen untermischt" waren (Binder 1979, 61). Hier hatte er aber längst auch den Rang eines literarischen Stereotyps erreicht, vor allem in Gestalt einer viel attraktiveren und poesiefreundlicheren Varietät des ja nicht geschlechtsspezifischen Typus - als *Mädchen vom Lande*. Im "Prager Kreis" ist spätestens seit Rilkes 'Larenopfer' das "Tschechenmädchen", das ihr wehmütiges "Kde domov muje" singt, eine melancholische Grundfigur, die von der jüngeren Generation (Werfel, E. E. Kisch) vielfach modifiziert und vor allem kräftig erotisiert worden ist. (Robertson 1989, 116 f.)

So auch in Max Brods kleinem Roman 'Ein tschechisches Dienstmädchen' von 1909: Das Mädchen bringt für den Helden der Geschichte

- wie für den Autor selbst - die große Bekehrung vom frühen "Indifferentismus" zu einer "positiven" Weltanschauung zuwege - aber nicht allein, weil sie (was doch bei Brod für gewöhnlich schon ausreichte) ein attraktives Mädchen ist, auch nicht allein weil sie Tschechin ist, sondern eben auch vom Lande und ein Wesen, das in der "abstrakten" städtischen Welt, in der der Ich-Erzähler alle Lebendigkeit verliert, ländliche Ursprünglichkeit und Sinnlichkeit, den Duft von Natur verbreitet. Dies buchstäblich: Was ihr anhaftet und die "Umwandlung" (Brod 1909, 39) des Helden in Gang setzt, ist "sanfterregender Fichtennadelduft"(ibid. 29). Auf den letzten Seiten seiner Erzählung wird Max Brod beinahe zum Soziologen des böhmischen Nationalitätenkonflikts; er begreift mit seinem Helden endlich das "tschechische Volk", freilich romantisierend wie Rilke:

"Ich verstehe es nun, ich verstehe seine ängstliche kindische Seele in meiner Geliebten, ich sehe, wie es bedrängt von einer agrarischen Krisis in die Städte flüchtet, und ringsum die deutschen Lande stürmt... Und ich sehe die heißen Städte Böhmens vor mir, die Bauernschaft kommt durch die Tore, ein gehetztes melancholisches Volk von Arbeitern, Dienstboten, Huren. Sie bringen ihre ländlichen Lieder mit, wie einen Luftzug vom Dorfteich her, und ganz Prag erklingt einmal von dem Lockrufe eines Bauernjungen an eine Andulka, Schafferstochter." (Brod 1909, 115)

Kafka kannte Brods Erzählung gut - beide waren zusammen, als sie geschrieben wurde. Das geschah 1908 während eines gemeinsamen Wochenendausflugs nach Dobrichowice, bei dem Kafka den hochgestimmten Freund von der Tatsache seines eigenen "immer rascheren Untergangs" überzeugen wollte, weil er sich "nach und nach aus der menschlichen Gemeinschaft" löse (Kafka 1967, 275 f.). Stimmungen dieser Art waren auch Max Brod nicht fremd. Sie gehören zur Motivik seiner Erzählung 'Notwehr', der Geschichte eines anderen "Mannes vom Lande" aus dem "Prager Kreis", die in noch näherem zeitlichen Zusammenhang mit der Legende 'Vor dem Gesetz' steht. Sie erschien 1913 in Max Brods 'Jahrbuch für Dichtkunst' 'Arkadia', in dem auch Franz Kafkas 'Das Urteil' gedruckt worden war. Die - jedenfalls in Prag - der Stadt-Land-Antinomie stets verschwisterte Nationalitätenfrage bestimmt die alles Lokale nachgerade dokumentarisch genau berichtende Handlung: Viktor Kanturek, ein frischer Junge aus dem Örtchen Wlaschin bei Beneschau, hat es gewagt, dem "hartnäckig fortgeerbten Gerücht, der Schloßherr habe streng verboten, den in der Mitte des Parkes stehenden chinesischen Pavillon jemals zu betreten" (Brod 1913, 150) zu trotzen und wird deshalb vom Obergärtner des Schlosses "vor seinen Vater als den obersten Richter"(ibid., 154) gestellt. Der Vater möchte ihn indes "der harten Landarbeit überhoben und etwas Besseres werden"(ibid., 151) sehen und verschafft ihm eine Anstellung bei der "Tschechischen Gewerbebank" in Prag. Auch er muß erfahren, daß ihn das Leben in der Stadt, in der Bank, im Büro niederdrückt und seiner besten Eigenschaften beraubt. In seiner Verzweiflung wird er zum Mörder - und flieht zurück in sein Dorf:

"nach Hause, nach Wlaschim. Ja, dorthin gehörte er, und plötzlich war es ihm, als dürfe er nun auch dorthin zurückkehren, als habe man ihn gegen seinen Willen, wenn auch mit einer gewissen Berechtigung, in der Fremde zurückgehalten, nun aber habe er gewisse Hindernisse besiegt, die Erlaubnis zur Rückkehr mutig erkämpft, alle würden sein Kommen billigen, alle ihn gut aufnehmen";

ein für allemal beginne nun "die gute Arbeit, das gute Leben".(ibid., 169) Im Prozeß jedoch wird sein Mord als Notwehr beurteilt, der Junge vom Lande kehrt in die Bank zurück und avanciert zu einem mustergültigen Beamten:

"Seine restlichen Jahre - es waren noch viele, fünfzig und darüber - verbrachte Viktor Kanturek fleißig im Alltag, ameisenhaft, kläglich zufrieden, allmählich eintrocknend, ohne Freund und ohne Frau, mit einer etwas sonderlich anmutenden Scheu vor Zugluft und frischem Wind, die besonders zur Zeit des Vorfrühlings den kümmerlichen Pinsel regelmäßig heimsuchte." (ibid.,174)

Hier interessieren weniger die überall hörbaren Anklänge der Brodschen Erzählung an die Motivik des 'Proceß'- und des 'Schloß'-Romans. Wichtig ist in unserem Zusammenhang die handlungsbeherrschende Mutation des Landmanns über den Mann vom Lande zu seinem vollkommenen Gegenbild - für Brod: dem Beamten. Seine Verkümmerungen haben ihre Wurzel in der Arbeitswelt, in den abstrakten Arbeitstätigkeiten des Büros und der Verwaltung, die als Inbegriff städtischer Lebensweise erscheinen:

"Zu Hause auf dem Lande war er gewohnt gewesen, daß jede Tätigkeit, mit der er sich befaßte, in sich rund und abgeschlossen, mit dem deutlichen Siegel ihres Nutzens versehen war. Hier reichten ihm unsichtbare Hände aus unsichtbaren Etagen des großen Gebäudes herauf Schriftstücke, deren Bedeutung er nicht faßte, und die er, nachdem er einen gleichgültigen und, wie ihn dünkte, unwesentlichen Handgriff mit ihnen vorgenommen hatte, wieder weitergab, an andere, die sie in wiederum unsichtbare Zimmer entgleiten ließen. Konnte es einen Menschen unterhalten, durch ein Hantieren, das man nicht verstand, Geld zu verdienen, noch dazu für fremde Leute, die man nicht kannte?" (ibid., 156)

Dasselbe könnte Kafka über die Beamten im 'Proceß' und im 'Schloß' sagen. Und dies gilt wohl auch für den Türhüter der Legende, den Hartmut Binder beiläufig, aber mit Recht einen "teilnahmslosen Beamten" genannt hat, "der, obzwar durch die Bitten des Ankömmlings ermüdet, gleichwohl in seinem Pflichteifer nicht nachläßt". (Binder 1986, 9)

3.

Mit dem Typus des Beamten treten Max Brod und Franz Kafka in einen
Diskurs ihrer Zeit ein, allerdings keinen pragerischen, auch keinen ursprünglich literarischen. Er ist in der Kafka-Forschung hinreichend
dokumentiert (Lange-Kirchheim 1977, 202 f.; Dornemann 1984), so daß
hier nur die zeitliche Nähe und der sehr dichte Zusammenhang zwischen
der öffentlich-wissenschaftlichen Debatte zu den Dichtungen Brods und
Kafkas zu verdeutlichen ist. Joseph Olszewskis Buch über "Bureaukra-
tie" aus dem Jahr 1904 ist vielleicht das erste deutsche Zeugnis für die
Entdeckung des Beamten als Phänotyp der Zeit; eine 'Geschichte des
deutschen Beamtentums' (von Lotz) erschien in mehreren Bänden zwischen 1906 und 1909. Die Arbeiten über den "Idealtypus" des Beamten
von Max Weber, von denen gesagt worden ist, daß "alle bedeutenden
wissenschaftlichen Bürokratiestudien des letzten halben Jahrhunderts (...)
entweder von ihm ausgehen oder (...) schließlich zu ihm hin" führen
(Dornemann 1984, 21), gehören nur scheinbar einer späteren Zeit an. Sie
kamen erst nach dem 1. Weltkrieg, zwischen 1921 und 1926, an die Öf-
fentlichkeit, doch ist der wichtige Abschnitt über "Wesen, Voraussetzungen und Entfaltungen der bürokratischen Herrschaft" im 2. Teil von Max
Webers Hauptwerk 'Wirtschaft und Gesellschaft' viel früher entstanden,
nämlich zwischen 1911 und 1913. Er hat eine noch weiter zurückreichen-
de Vorgeschichte. 1909 begann Max Weber die Planung des Gemein-
schaftswerks 'Grundriß der Sozialökonomik', für den 'Wirtschaft und
Gesellschaft' gedacht war. Im gleichen Jahr entspann sich auf der in
Wien veranstalteten Jahrestagung des angesehenen (1872 begründeten
und von Gustav Schmoller geleiteten) "Vereins für Sozialpolitik" eine
lebhafte Debatte unter den namhaftesten Soziologen jener Zeit zur Frage,
ob der allseits für notwendig gehaltene soziale Ausgleich in der modernen Gesellschaft besser durch "Verstärkung der Staatsgewalt" oder durch
"Demokratisierung aller Institutionen" erreicht werden könne. Max Weber und sein ihm in wissenschaftlichen und politischen Fragen eng ver-
bundener Bruder Alfred wandten sich gegen die stark vertretene "Richtung eines Staatssozialismus", weil sie darin nur "eine neue Art der Ver-
knechtung des Einzelnen an 'Apparate'" sahen. Marianne Weber erzählt
in der Biographie ihres Mannes, Alfred Weber habe "in geistvoller Art"
den Gedanken herausgearbeitet,

"daß zunehmende wirtschaftliche Betätigung des Staats Wachstum der bürokratischen
Apparate bewirkt und eine zunehmende Menschenzahl zu Beamten und Dienern macht,
die zugunsten ihres Pöstchens auf selbständiges politisches Urteil verzichten müssen."

Der bürokratische Apparat sei notwendig zur technischen Bewältigung bestimmter Aufgaben, "aber seine staatsmetaphysische Verherrlichung schafft Knechtsseelen." (Weber 1926, 420)

Was Max und Alfred Weber damals in Wien sagten, war wenig später in Prag zu lesen - in Alfred Webers Aufsatz 'Der Beamte', den die von Kafka geschätzte 'Neue Rundschau' im Oktober 1910 (21. Heft) publizierte. Am Ende ihrer mit demokratischem Eifer verfochtenen kritischen Theorie der bürokratischen Herrschaft stand das politische Plädoyer für "eine neu geschaffene Wertung der lebendigen Kraft im Menschen" (Weber 1927, 98), für einen "Kampf mit dem bureaukratischen Zeitalter" (ibid., 90) und dem "Götzenbild" einer bürokratischen Theokratie, "das sonst nur eine demokratische Revolution beseitigen könnte" (ibid., 98). Kafka und Brod, die Beamten im "Prager Kreis", müssen diesen Text mit persönlicher Betroffenheit gelesen haben. Alfred Weber, von 1904 bis 1907 Professor der juristischen Fakultät der deutschen Universität, war im intellektuellen Prag in guter, Kafka allerdings - so ist zu vermuten - nicht in bester Erinnerung: Er war sein Promotor zum Doktor und ein ungnädiger Prüfer beim juristischen Rigorosum. Astrid Lange-Kirchheim hat in der Erzählung 'In der Strafkolonie' "Übereinstimmungen auf der Wort- und Bildebene" und "Entsprechungen in Problemstellung und Gedankenführung" nachgewiesen. (Lange-Kirchheim 1977, 209) Die Problemstellung ist natürlich bereits im 'Proceß' voll entfaltet.

4.

Wenn man die Figur des Mannes vom Lande und die des Türhüters im Zusammenhang öffentlicher und literarischer Diskurse der Zeit sehen darf, so wird dies neben dem sachlichen Interesse zugleich von methodischen Absichten geleitet - Kafkas Eigenart wird erkennbar oder besser: sein Eigensinn und seine nicht nur künstlerische Souveränität im "Prager Kreis". Der intertextuelle Vergleich ergibt vielleicht nicht unbedingt Neues, erhärtet aber wenigstens die folgenden Feststellungen.

Die in der Prager Literatur verbreitete Verquickung sozialer und ethnisch-nationaler Problematik: die Thematisierung des Verhältnisses von Stadt und Land in Verbindung mit den Beziehungen zwischen Deutschen und Tschechen wird von Kafka literarisch nicht mitvollzogen. Aus der Stadt-Land-Thematik werden die in Prag so empfindlich gespürten ethnisch-nationalen oder auch rassischen Implikationen in einer Form aus der Gestaltung extrahiert, die man als bewußte Verweigerung gegenüber jener Vergegenständlichung von Themen verstehen kann, die Max Brod mit Recht zum konstituierenden Merkmal des "Prager Kreises" erklärte, als er Rilkes Verdienst unterstrich, "zum erstenmal Angelegenheiten, die dem tschechischen Volk Herzenssache waren, mit tiefstem Anteil, sozusagen ganz aus der Nähe, durchgefühlt zu haben". Brod fügt, übrigens nicht ganz zutreffend, an: "Nur noch die Kenntnis der tschechischen Sprache fehlte. Sie wurde erst in meiner Generation erworben."(Brod 1979, 95)

Wenn der Gegensatz zwischen Stadt und Land zu den großen durchgehenden Themen der künstlerischen Moderne wie der Antimoderne gehört, hat daran Kafka seinen Anteil - aber mit einem für den "Prager Kreis" ungewöhnlich strengen Verzicht auf Wertsetzung, Ideologisierung und ästhetische Emotionalisierung. Er entzieht sich nicht nur wie selbstverständlich den literarischen Stereotypen der "Heimatkunst"-Bewegung und der "Grenzlandliteratur" der deutsch-böhmischen Provinz, sondern auch denen der allernächsten und befreundeten Nachbarschaft in Prag: Sein "Mann vom Lande" wie auch Josef K. haben keine Vorerinnerungen an das Land und das Dorf - Arkadien, die bukolische Idylle sind abwesend. Kafkas Sicht auf das Land ist antiidyllisch und unsentimental, obwohl er doch vom Lande und der Landarbeit noch kindlicher als seine Freunde Rettung erhoffte und auf dem Dorf ungefährdete Menschen wahrnahm. In Zürau notierte er 1917 im 'Tagebuch' über den "allgemeinen Eindruck der Bauern":

"Edelmänner, die sich in die Landwirtschaft gerettet haben, wo sie ihre Arbeit so weise und demütig eingerichtet haben, daß sie sich lückenlos ins Ganze fügt und sie vor jeder Schwankung und Seekrankheit bewahrt werden, bis zu ihrem seligen Sterben. Wirkliche Erdenbürger." (Kafka 1954, 535)

Aber im 'Schloß' stellen das Dorf und seine Menschen einen illusionslos gezeichneten Lebensbereich dar, dem alle Züge eines Gegenbilds zur "städtischen Welt" fehlen. Es gerät Kafka vielmehr gerade zum Modell der "bürokratischen Herrschaft", der verwalteten Welt als dem Weltzustand. Wenigstens hierin liegt für ihn die Zukunft nicht in der Vergangenheit.

Dieselbe Versachlichung hat eine umgekehrte Entsprechung in Kafkas Blick auf den "Beamten". Daß er irgendeine Figur aus dieser Reihe wie Max Brod seinen Viktor Kanturek einen "Pinsel" nennen könnte, scheint undenkbar - und zwar nicht nur aus Gründen des ästhetischen Geschmacks. Seine Beamten tragen dieselben Merkmale der Verkümmerung, die Brods Erzählung 'Notwehr' grell herausstreicht; sie befinden sich in demselben von Alfred Weber denunzierten "Apparat", der das "'Funktionieren', die Berufshingabe, das Aufgehen in der wesensfremden objektiven Arbeit, das Verschwinden der Persönlichkeit als solcher" (Weber 1927, 94) erzeugt. Sie repräsentieren jedoch bei Kafka keinen verächtlichen, sondern einen eher tragischen Seinszustand. Auf die Ernsthaftigkeit ihrer Rolle im undurchschaubaren Getriebe wird Josef K. in der Exegese der Legende ausdrücklich hingewiesen, und eben diese Ernsthaftigkeit bedeutet im zeitgenössischen Bürokratismus-Diskurs einen starken Vorbehalt des Autors gegenüber der Suggestion, der einzelne könne dem Schicksal der beamtenhaften Existenz durch einen Akt des freien Willensentschlusses entgehen oder die Wucherung der Bürokratien (wie in Webers Vorstellung) durch demokratischen Fortschritt aufgehalten werden.

Überhaupt sind die gesellschaftspolitischen Ambitionen und Kontexte, aus denen heraus Max und Alfred Weber die Kritik der bürokratischen Herrschaft als Forderung nach der demokratischen Persönlichkeit entwickelten, für Kafka wie für Brod ganz offensichtlich irrelevant oder schwer nachvollziehbar - eine sozialpsychologische Lage mit durchaus regionaler Dimension: Der "Prager Kreis" wurde zu derselben Zeit programmatisch unpolitisch, als in den Anfängen der expressionistischen Bewegung die junge Literatur in Berlin sich programmatisch politisierte - etwa die intellektuellen Kreise um Kurt Hiller, der 1911 unter Berufung auf Karl Kraus, Alfred Kerr und Heinrich Mann vom Schriftsteller "Literaturpolitik" forderte - nämlich "in den Kontroversen des gesteigertsten geistigen Lebens Partei ergreifen, Gruppierungen visieren, Parteien bilden" (Hiller 1964, 23) und Politik betreiben

"im Sinne einer bestimmten Funktionsart oder Form des Geistes, gegensätzlich zum bloßen Begreifen und bloßen Genießen der Welt, gegensätzlich zu jener Passivität, kraft deren der Mensch sich zum Objekt der Erscheinungen, zum Opfer der Ordnungen, zu einem nur noch der Impression offenen und dem Reagieren sich hingebenden Wesen macht." (ibid.,24)

An solchen Zielen zerbrach die von Hiller inaugurierte literarische "Achse" Berlin - Prag bald. Brods 'Arkadia' wollte sich "von dieser gehässigen Stellung gegen die Welt abgrenzen" und - anders als die "jetzt erscheinenden großen Revuen", in denen "politische und sozialökonomische Erörterungen den ersten Rang einnehmen" - eine "unsichtbare Kirche der beteiligten Autoren" schaffen, die "ausschließlich und in Reinheit die dichterisch-gestaltenden Kräfte der Zeit" vereinigen solle.[2] Prager und Berliner "Expressionismus" schieden sich.

Kafkas eigensinniger Standort in den Diskursen seiner Zeit ist freilich nicht vordergründig durch diese bestimmt. Was er aufnehmend, zustimmend oder widersprechend zu sagen hat, ist die Wahrheit seines Befin-

---

2 Arkadia. Ein Jahrbuch für Dichtkunst, Leipzig 1913, Vorbemerkung, S. 3 f.

dens in den wirklichen, in seinen, den Prager Verhältnissen. Er ist eben nicht gelehrter Soziologe und Universitätsprofessor, der die moderne Gesellschaft und ihre Verkrustungen von oben kritisch anschaut und liberale Rezepte weiß. Kafka verfügt auch nicht über die Behendigkeit Max Brods, der seinerzeit und jederzeit in neuen Gemeinschaften Halt fand. Hingegen sind Kafkas Gestalten das Produkt eines Identitätsverlusts, in dessen Psychogramm jene radikale Ich-Spaltung gehört, die zugleich die Quelle seines künstlerischen Genies darstellt. Ich-Spaltung: Er, Kafka, ist ja der Mann vom Lande, der sich zwischen den Gemeinschaften verliert und den Einlaß nicht zu erzwingen vermag; Kafka ist auch Joseph K., der sich staunend im Mann vom Lande selbst anschaut und gespiegelt findet. Kafka ist aber im gleichen Maße auch im Türhüter, dem Mann des "Apparats", dem Beamten, dem Büromenschen, der er im Tagleben des Berufs nicht weniger selbst war. Er, Kafka, ist im 'Schloß' K. und der Sekretär Bürgel, die sich gegenseitig mißverstehen oder verstehen.

Vielleicht kommen von diesen Ich-Spaltungen und Spiegelungen die Ambivalenzen Kafkascher Texte, denen immer auch ein Beharren auf Objektivität zugrunde liegt: ein Beharren auf poetischer Gerechtigkeit, darauf, daß jedes sein eigenes Recht und Gesetz hat, obgleich die Rechte und Gesetze sich so gegenüberstehen und unauflöslich widersprechen wie der Türhüter und der Mann vom Lande. Diese Ästhetik der gespiegelten Ich-Spaltung hat zuletzt ihren Ursprung in einem Zeitalter, das mit der fortschreitenden Verflechtung alles mit allem den Fall des Dichters und Versicherungsbeamten Franz Kafka zum alltäglichen macht: das gespaltene Ich findet seine verborgene Identität in der Vertauschbarkeit der Gegensätze, in der Identität von Opfer und Täter. In dieser Lage sind Gut und Böse, Schön und Häßlich nicht länger brauchbare Kategorien einer wenn nicht gleich "wahren", so doch Wahrhaftigkeit beanspruchenden Kunst.

Literatur

Binder, Hartmut, 1986: Parabel als Problem: Eine Formbetrachtung zu Kafkas "Vor dem Gesetz", in: Journal of The Kafka-Society of America, Jg. 10, Nr. 1/2, Philadelphia, S. 21 f.

-(Hg.), 1979: Kafka-Handbuch, Stuttgart, Bd. 1.

Brod, Max, 1909: Ein tschechisches Dienstmädchen, Berlin, Stuttgart, Leipzig.

-, 1913: Notwehr, in: Arkadia. Ein Jahrbuch für Dichtkunst, Leipzig, S. 150.

-, 1979: Der Prager Kreis, Frankfurt a. M.

Dornemann, Axel, 1984: Im Labyrinth der Bürokratie. Tolstojs "Auferstehung" und Kafkas "Schloß", Heidelberg.

Kafka, Franz, 1954: Tagebücher 1910 - 1923, Frankfurt a. M.

-, 1967: Briefe an Felice, Frankfurt a. M.

Lange-Kirchheim, Astrid, 1977: Franz Kafka: "In der Strafkolonie", in: Germanisch-Romanische Monatsschrift, Bd. XXVII, S. 202 ff.

Raabe, P., 1964: Ich schneide die Zeit aus. Expressionismus und Politik in Franz Pfempferts "Aktion", München.

Robertson, Rietchie, 1989: National Stereotypes in Prague German Fiction, in: Colloquia Germanica, Bd. 22, 2, S. 116 ff.

Voigt, Manfred, 1989/90: Von Türhütern und Männern vom Lande, in: Neue Deutsche Hefte, Jg. 36,4, S. 590 ff.

Weber, Alfred, 1927: Der Beamte, in: Ideen zur Staats- und Kultursoziologie, Karlsruhe.

-, 1977: "Der Beamte", in: Germanisch-Romanische Monatsschrift, Bd. XXVII.

Weber, Marianne, 1926: Max Weber. Ein Lebensbild, Tübingen 1926.

Zimmermann, Hans Dieter (Hg.), 1988: Kafka, Judentum, Gesellschaft, Stuttgart.

V.
Das Gericht, das Gesetz, die Schrift.
Über die Grenzen der Hermeneutik am Beispiel von Kafkas Türhüter - Legende

Bernd Witte

1.

Ausgehend von den Verfahren der christlichen Bibelexegese, stellt die von den Geisteswissenschaften geübte Textauslegung, von ihren neuzeitlichen Erfindern Friedrich Schlegel und Friedrich Schleiermacher Hermeneutik genannt, den Versuch dar, einen Text auf Grund einer wiederholbaren und damit auch nachprüfbaren Methode auf seine Bedeutung hin zu befragen. Sie bestimmt die Bedeutung der einzelnen Worte aus dem Kontext, in dem sie stehen, und die des Gesamttextes durch die der einzelnen Worte, aus denen er gebildet ist. So zwischen dem Ganzen und seinen Teilen hin- und hergehend, sucht sie einen Sinn zu etablieren, der durchaus einen gewissen Eindeutigkeits- und Wahrheitsanspruch stellt. Weit davon entfernt, Geschichten zu erzählen, durch deren "Vielfältigkeit und Vieldeutigkeit" eine Kompensation der rationalitätsbedingten lebensweltlichen Verluste in der Neuzeit bewirkt würde - so hat bekanntlich Odo Marquard die Funktion der Geisteswissenschaften bestimmt[1] -, ist die Hermeneutik selber eine Erscheinungsform der fortschreitenden Aufklärung in der Moderne.

An ihrem Ursprung, etwa in Schleiermachers theoretischen Überlegungen zu seinen Platoninterpretationen, geht die Hermeneutik von dem Grundsatz aus, daß die Person des Autors im Sinne eines formalen Prinzips die Einheit des Werks konstituiert und dadurch Verstehen erst ermöglicht.[2] Angesichts der klassischen Kunstwerke und des von ihnen be-

---

1 Odo Marquard: Über die Unvermeidlichkeit der Geisteswissenschaften. In: Apologie des Zufälligen, Stuttgart 1986, S. 98 - 116.
2 Friedrich Schleiermacher: Hermeneutik. Hg. von H. Kimmerle, Heidelberg 1959, S. 107: "Aber die Einheit des Werkes, das Thema wird hier angesehen als das den

haupteten Autonomiestatus hat sich dieses Prinzip auf das Werk selbst verschoben. Seine "Totalität", das heißt, seine in sich gegliederte Ganzheit, wird zur formalen Prämisse der Möglichkeit von Verstehen und ist es bis heute geblieben. Ob die hermeneutische Anstrengung an ihr Ziel gelangt, mißt sich, nach Hans-Georg Gadamers Formulierung, am Gelingen der Rekonstruktion dieser Einheit.

"Solange das Ganze eines gegebenen Textes noch nicht voll durch Kohärenz gedeckt ist, kann (...) noch alles verkehrt sein. Doch sowie die Einheit der Rede als ganze vollziehbar wird, ist ein gewisses Kriterium für die Richtigkeit gewonnen."[3]

Wenn Geschlossenheit und Selbständigkeit des Textes unabdingbare Voraussetzungen des Verstehens sind, so dürfte sich unter den Erzählungen Franz Kafkas vor allem die von ihm so genannte "Legende" 'Vor dem Gesetz' für eine hermeneutische Auslegung eignen. Der Autor hat sie selbst aus dem Textkomplex des Romans 'Der Proceß' ausgegliedert und zu seinen Lebzeiten mehrfach als Einzeltext veröffentlicht. Im Tagebuch notiert er unter dem Datum des 13. Dezember 1914, also kurze Zeit, nachdem der Text niedergeschrieben wurde, ein "Zufriedenheits- und Glücksgefühl, wie ich es zum Beispiel besonders der Legende gegenüber habe".[4] Ein ähnlich enthusiastisches Urteil über die eigene Arbeit findet sich bei dem notorisch selbstkritischen Kafka sonst nur noch in bezug auf seinen erzählerischen Durchbruch mit der Erzählung 'Das Urteil', von deren "Zweifellosigkeit" er sich im Tagebuch ebenfalls überzeugt zeigt.[5]

Schon der einleitende Satz des kurzen Textes: "Vor dem Gesetz steht ein Türhüter" weist auf ein doppeltes Paradox hin, das aufzulösen es hermeneutischer Anstrengung bedarf: Offensichtlich wird das Gesetz mit einem Haus oder einer Stadt verglichen, in das einzutreten, Geborgenheit oder Erfüllung bedeuten würde, vor dessen Tor aber ein Beauftragter darüber wacht, daß nicht jedermann Zugang erhält. Dem "Mann vom Lande", der um "Eintritt in das Gesetz" bittet, wird dieser Zugang vom Türhüter für "jetzt" verwehrt, für "später" aber als möglich in Aussicht gestellt. Die aus dieser Ausgangssituation sich entwickelnde Auseinandersetzung zwischen den beiden, die die ganze Lebenszeit des Mannes andauert, dieses soziale Drama, macht den eigentlichen Erzählgegenstand

---

Schreiber bewegende Prinzip, und die Grundzüge der Composition als seine in jeder Bewegung sich offenbarende eigenthümliche Natur." Vgl. dazu Hans-Georg Gadamer: Wahrheit und Methode, Tübingen 1960, S. 172 ff.

3 Hans-Georg Gadamer: Wer bin Ich und wer bist Du? Kommentar zu Celans 'Atemkristall', Frankfurt 1973, S. 131.

4 Franz Kafka: Tagebücher. Hg. von Hans Gerd Koch, Michael Müller und Malcolm Pasley, Frankfurt 1990, S. 707.

5 Tagebücher, S. 463.

der Legende aus. Das doppelte Paradox besteht nun darin, daß, obwohl der Türhüter dem Mann den Eintritt verwehrt, "das Tor zum Gesetz offensteht wie immer", und daß, obwohl das Tor offensteht und "der Türhüter beiseite tritt", wie ausdrücklich gesagt wird, der Mann nicht hineingeht.

Statt dessen "bückt sich der Mann, um durch das Tor in das Innere zu sehn", eine Geste der Erniedrigung, die andeutet, daß er den Kampf mit dem Türhüter schon verloren hat. Jetzt kann dieser von sich behaupten: "Ich bin mächtig" und von den vielen Türhütern erzählen, die nach ihm kommen werden, "einer mächtiger als der andere". Und in der Tat ist der Türhüter jetzt, als der Mann ihn betrachtet, zu einer Machtfigur geworden mit "Pelzmantel", "große[r] Spitznase" und "tartarische[m] Bart", bei deren Anblick der Mann sich "entschließt", doch lieber zu warten.

Mit dieser ursprünglichen Niederlage ist das Drama zunächst entschieden. Indiz hierfür ist die Tatsache, daß die Handlungsinitiative ganz auf den Türhüter übergeht, was auch dadurch zum Ausdruck kommt, daß von dem Mann, der zunächst aktiv um "Eintritt" nachgesucht hatte, nunmehr gesagt wird, er mache "Versuche eingelassen zu werden". Obwohl er doch zunächst um des Gesetzes willen gekommen war, konzentriert er für den Rest seines Lebens Energie und Aufmerksamkeit ausschließlich auf den Türhüter, zunächst indem er ihn zu bestechen sucht, dann aber, als diese falschen Mittelchen nicht anschlagen, indem er ihn beobachtet. Statt sich auf die allgemeingültige Welt der Gesetze zu konzentrieren, betreibt er nun also das "Studium des Türhüters". In diesem Ausdruck ist die völlige Vergeblichkeit seines Lebens eingefangen: Nicht das Gesetz, das der legitime Gegenstand des Studiums wäre und in das er eintreten wollte, bestimmt sein Tun, sondern die Fixierung auf das Individuelle und auf die sozialen Beziehungen zu seinem Gegenüber, die durch Machtausübung verfälscht sind. Eine Perversion des Studiums also und ein verfehltes Leben, weshalb der Mann im Alter zu Recht "kindisch" genannt wird.

Am Ende allerdings ereignet sich unerwartet ein Umschwung. "Jetzt" - ein "jetzt", das dem "jetzt" des verweigerten Eintritts vom Beginn der Legende sein Echo gibt, - jetzt, als der Tod naht und es um ihn dunkler wird, erkennt der Mann "im Dunkel einen Glanz, der unverlöschlich aus der Tür des Gesetzes bricht". Die Lichtmetaphorik dieses Satzes und der Hinweis auf Unveränderbarkeit und ewige Dauer in dem Wort "unverlöschlich" enthalten eine Verheißung, die unerwartet kommt und die dem Mann vom Lande möglicherweise wegen seines geduldigen Ausharrens zuteil wird. Jedenfalls kommt er hier im Tode dem Gesetz näher als jemals zuvor, und seine Niederlage gegenüber dem Türhüter verwandelt sich möglicherweise in einen Sieg.

Aber auch diese ironische Umkehrung der Verhältnisse ist noch nicht das letzte Wort. Der Mann - er ist schon so klein geworden, daß der Türhüter sich zu ihm niederbeugen muß - stellt eine letzte Frage: "'Alle streben doch nach dem Gesetz,' sagte der Mann, 'wie so kommt es, daß in den vielen Jahren niemand außer mir Einlaß verlangt hat.'" Worauf er die Antwort erhält: "'Hier konnte niemand sonst Einlaß erhalten, denn dieser Eingang war nur für Dich bestimmt. Ich gehe jetzt und schließe ihn.'" Hier wird gewissermaßen als Fluchtpunkt, auf den die ganze Erzählung zuläuft, mit allem Nachdruck die Individualität und Eigenverantwortlichkeit dieses von seinen wahren Intentionen immer wieder abgelenkten Lebens behauptet. Der Zugang zum Gesetz, - das ist die Lehre, die auch von vielen Interpreten aus der parabelhaften Erzählung gezogen wird, ist ein je eigener und individueller,[6] und es sind die eigenen Entscheidungen, die den Mann vom Lande in die Irre geführt haben.

Dennoch endet die Legende in der Ambiguität; denn die letzten Worte des ganzen Textes: "Ich gehe jetzt und schließe ihn" sind durchaus doppeldeutig, können meinen: "Weil Du im Tode in den Eingang eingetreten bist, der nur für Dich bestimmt war, schließe ich ihn." Sie können aber auch meinen: "Du stirbst jetzt. Der Eingang zum Gesetz wird Dir damit endgültig verwehrt."[7] Es bleibt demnach offen, ob der Tod in der Legende als das eigentlich erfüllende Moment des Lebens oder als sein absurdes Ende angesehen wird. Die für Kafkas Texte charakteristische Ambivalenz, die Gerhard Neumann als "gleitende Paradoxie des Erzählens" definiert hat, (Neumann 1968) behält so auch in der Türhüterlegende das letzte Wort.

2.

Dieser erste hermeneutische Zugang ließe sich durch eine Bezugnahme auf die Kontexte, in denen die Legende steht, ergänzen und präzisieren. Die Legende wurde zuerst im September 1915 unter dem Titel 'Vor dem Gesetz' in der "unabhängigen jüdischen Wochenschrift" 'Selbstwehr' veröffentlicht, (Dietz 1969, Nr. 23a) die in Prag von einer Gruppe jüdisch-deutscher Schriftsteller und Zionisten, unter ihnen Kafkas Freund Max

---

6 Vgl. etwa Henel 1963, 60: "Das Gesetz, von dem hier die Rede ist, ist das je eigene Gesetz (...)".
7 Ähnlich auch Kurz 1987, 218: "Die Schlußerklärung des Türhüters ist doppeldeutig: Sie kann bedeuten, daß der Mann ausgeschlossen bleibt, sie kann aber auch bedeuten, daß der Mann 'jetzt', im Tode, Einlaß gefunden hat."

Brod, herausgegeben wurde. (Unseld 1984, 149) Im Kontext dieser den "spezifischen Problemen des Judentums gewidmeten Zeitschrift" erfahren insbesondere die zentralen Begriffe "Gesetz" und "Studium" eine neue Beleuchtung. Kafka hatte sich schon seit dem Winter 1911/12 aus Protest gegen die Laxheit seines Herkunftsmilieus in religiösen Dingen und angeregt durch seine Bekanntschaft mit genuinen Vertretern des Ostjudentums verstärkt für das traditionelle Judentum zu interessieren begonnen. Nach dessen Lebens- und Denkweise ist unter dem Gesetz die Tora zu verstehen, die heilige Satzung, die Gott am Berg Sinai dem Moses für das Volk Israel verkündet und aufgeschrieben hat und die in den "Fünf Büchern der Weisung" schriftlich vorliegt. Ihr lebenslanges Studium ist die Aufgabe jedes frommen Juden. Doch nicht dieser terminologische Bezug, der durch den Publikationsort nahegelegt wird und auf den von neueren Interpreten mehrfach ausführlich hingewiesen worden ist (Strich 1960; Kurz 1987; Schirrmacher 1987; Grözinger 1992), macht die eigentliche Bedeutung von Kafkas Legende aus, sondern dessen Kontrafaktur, die Ablenkung des Studiums von der Tora auf die "Flöhe" im Pelzkragen des Türhüters.

In diesem Zusammenhang ist es bezeichnend, daß es ein "Mann vom Lande" ist, der über seinem Kampf mit dem Türhüter seine eigentliche Aufgabe, das Studium des Gesetzes, vernachlässigt. Das darf auch konkret als Aussage über den Vater Kafkas und die Generation von jüdischen Aufsteigern verstanden werden, die nach der Judenemanzipation in Österreich vom Lande, aus den Dörfern Böhmens und Mährens, in die Städte gewandert waren und dort ökonomisch und gesellschaftlich Karriere gemacht, darüber aber sich ihrem Ursprungsmilieu entfremdet hatten. Im 'Brief an den Vater' macht der Autor ebendies Hermann Kafka zum Vorwurf. Der Vater, der "aus der kleinen ghettoartigen Dorfgemeinde wirklich noch etwas Judentum mitgebracht" hatte, habe seine religiösen Überzeugungen in Prag vernachlässigt. Der Dienst an der Tora sei ihm zur bloßen Formalität geworden, weshalb der Sohn von ihm behaupten kann: "Im Grund bestand der Dein Leben führende Glaube darin, daß Du an die unbedingte Richtigkeit der Meinungen einer bestimmten jüdischen Gesellschaftsklasse glaubtest."[8] Diese Übertragung der ursprünglich religiösen Energien auf die gesellschaftliche Sphäre kennzeichnet aber genau die Verfehlung des Mannes vom Lande in der Türhüterlegende.

Man wird sich fragen müssen, wieso die Vaterfigur, die in den Kafkaschen Erzählungen häufig als Vertreter der Macht auftritt, im Zusam-

---

8 Brief an den Vater. In: Er. Prosa von Franz Kafka. Frankfurt 1963, S. 170.

menhang der Legende in einem anderen Licht erscheint. Eine Antwort ließe sich aus der Beobachtung ableiten, daß die Vaterfigur auch sonst, etwa in der Erzählung 'Das Urteil', durchaus ambivalent gezeichnet wird. In der Verwandlung des gebrechlichen Alten, dem die kindliche Fürsorge Georg Bendemanns gilt, in den monströsen Greis, der das Todesurteil über seinen Sohn ausspricht, ist nur unschwer Kafkas zwischen Bewunderung und Haß schwankendes Verhältnis zu seinem eigenen Vater wiederzuerkennen. In diesem Kontext betrachtet, stellt die Figur des Mannes vom Lande, wenn schon nicht eine Apologie, so doch ein verständnisvolleres Urteil über die existentielle Situation des Vaters und seiner Generation dar.[9]

Der jüdische Kontext, der sich aus dem Publikationsort der Legende ergibt, bestimmt auch schon das Umfeld ihrer Entstehung. Am 2. Dezember 1914, "unmittelbar vor der Niederschrift von 'Vor dem Gesetz'", (Binder 1976, 242) hatte Kafka zusammen mit Max Brod und Oskar Pick im Hause Franz Werfels einer Lektüre von dessen Dramenfragment 'Esther, Kaiserin von Persien' beigewohnt, in dessen erstem Akt "die Geschichte von dem Tode unseres Vaters Mose" erzählt wird. Die Lesung scheint auf Kafka einigen Eindruck gemacht zu haben, jedenfalls nennt er im Tagebuch die zwei Akte "fortreißend".[10] In der von Werfel ebenfalls als "Legende" bezeichneten Erzählung führt Moses Klage darüber, daß er sterben muß, bevor ihm der Eintritt ins gelobte Land gewährt wurde. Der Text zitiert nach "einer talmudischen Erzählung" die sich steigernden Lamentationen des Erzvaters, der "aus der Rechten Gottes (...) das Gesetz im Feuer" empfing und jetzt gegen die Ungerechtigkeit des ihm zugedachten Todes revoltiert.[11] Seine Worte haben so lange Macht, die Todesengel abzuwehren, bis Gott selbst ihn küßt und ihm "mit dem Kuß die Seele vom Munde nimmt".

Kafkas wenige Tage später geschriebener Text ist eine radikalisierte Variation, wenn man so will, eine Kontrafaktur der von Werfel ins Literarische übertragenen talmudischen Legende. Während Werfels Moses noch im Sterben die Macht hat, Erde, Himmel und Engel zu bewegen, wird Kafkas Mann vom Lande vor seinem Tode kindisch und schwach. Nicht einmal die "Flöhe" im Pelzkragen des Türhüters vermag er, wie Kafka mit dem ihm eigenen Humor sagt, zur Hilfe zu bewegen. Sterben aber müssen sie beide, bevor sie ihr Ziel erreicht haben. Wohl ist dieses Ziel für den Mann vom Lande als einen Vertreter des säkularisierten

---

9 Ganz anders Born 1969/70, der den Vater mit dem Türhüter identifiziert.
10 Tagebücher, S. 703.
11 Franz Werfel: Die Dramen II. Frankfurt 1959, S. 513 und 352.

Westjudentums wieder in weitere Ferne gerückt als zu Zeiten der Erzväter. Er möchte in das Gesetz eintreten, das Moses schon auf dem Sinai gegeben wurde, während der von Moses ersehnte Eintritt ins "gelobte Land" gänzlich aus seinem Horizont geschwunden ist. Dennoch wird er im Tode anders getröstet als der Erzvater.

Darauf scheint Kafka in einer Notiz seines Tagebuchs vom 13. Dezember 1914, elf Tage nach dem Besuch bei Werfel, anzuspielen. Er schreibt inzwischen, wie er unter diesem Datum notiert, an der "Exegese der Legende" und bringt sein "Zufriedenheits- und Glücksgefühl" bei der Lektüre des fertiggestellten Textes zum Ausdruck. Als Begründung fügt er hinzu:

> "An allen diesen guten und stark überzeugenden Stellen handelt es sich immer darum, daß jemand stirbt, daß es ihm sehr schwer wird, daß darin für ihn ein Unrecht und wenigstens eine Härte liegt und daß das für den Leser wenigstens meiner Meinung nach rührend wird. Für mich aber, der ich glaube auf dem Sterbebett zufrieden sein zu können, sind solche Schilderungen im geheimen ein Spiel, ich freue mich ja in dem Sterbenden zu sterben, nütze daher mit Berechnung die auf den Tod gesammelte Aufmerksamkeit des Lesers aus, bin bei viel klarerem Verstande als er, von dem ich annehme, daß er auf dem Sterbebett klagen wird, und meine Klage ist daher möglichst vollkommen, bricht auch nicht etwa plötzlich ab wie wirkliche Klage, sondern verläuft schön und rein."[12]

Auch das ist eine mögliche Lektüre der Türhüterlegende: Sie ist, im Gegensatz zur zornigen und verzweifelten Lamentation des Werfelschen Moses, die ruhige, würdevolle Klage über den Tod. Bemerkenswert die spielerische Identifikation des Autors mit der Gestalt des Sterbenden und seine gleichzeitige artistische Distanzierung von ihr. Schreiben wird hier von Kafka als fiktive Vorwegnahme und Einübung ins Sterben interpretiert.

Woraus sich auch der Trost erklärt, den der Mann vom Lande in der Stunde des Todes erfährt. Sein Verharren vor dem Gesetz, sein Warten auf die Möglichkeit des Eintritts macht ihn passiv, nimmt ihn heraus aus den Machtspielen dieser Welt. Das aber ist auch die Situation des Schriftstellers Kafka, der sich im Juni 1913 gegenüber Felice Bauer folgendermaßen charakterisiert:

> "Ich brauche zu meinem Schreiben Abgeschiedenheit, nicht 'wie ein Einsiedler', das wäre nicht genug, sondern wie ein Toter. Schreiben in diesem Sinne ist ein tieferer Schlaf, also Tod."[13]

Die Einsamkeit des Schreibenden, seine spielerische Identifikation mit dem Tod, wird so zum Garanten für seine Befreiung aus den natürlichen

---

12 Tagebücher, S. 708.
13 Franz Kafka: Briefe an Felice, Frankfurt 1967, S. 412.

und gesellschaftlichen Machtzusammenhängen. Das ist es, was Kafka im Tagebuch vom Januar 1922 den "merkwürdige[n], geheimnisvolle[n], vielleicht gefährliche[n], vielleicht erlösende[n] Trost des Schreibens" nennt: "das Hinausspringen aus der Totschlägerreihe Tat - Beobachtung".[14] Der ambivalente Trost, den der Mann vom Lande im Sterben empfängt, ist auch der Trost des Autors Kafka beim Schreiben.

3.

Ganz anders der Tod des Romanhelden Joseph K. im 'Proceß'. Er ist nicht bereit zu sterben. Noch kurz vor seiner Hinrichtung, die eigentlich eine Ermordung ist, wehrt er sich gegen den Tod. "K. wußte jetzt genau, daß es seine Pflicht gewesen wäre, das Messer, als es von Hand zu Hand über ihm schwebte, selbst zu fassen und sich einzubohren. Aber er tat es nicht (...) ." (311) K.s Tod ist - im Gegensatz zu dem des Mannes vom Lande - kein friedliches Verlöschen, sondern die Niederlage in einem bis zuletzt blind geführten Kampf gegen eine anonyme Übermacht. Weil K. seinen Tod nicht akzeptieren kann, schließt der Roman mit dem Satz: "Es war, als sollte die Scham ihn überleben." (312) Während der Kampf Joseph K.s mit dem Gericht nur seinen Lebenswillen stärkt, erscheint, von diesem Ende des Romans her gelesen, das geduldige Warten des Mannes vom Lande "vor dem Gesetz" als Einübung in den Tod.

In seinen Aphorismen aus dem Jahre 1917 schreibt Kafka: "Ein erstes Zeichen beginnender Erkenntnis ist der Wunsch zu sterben. Dies Leben scheint unerträglich, ein anderes unerreichbar. Man schämt sich nicht mehr, sterben zu wollen".[15] Das ist die weise Haltung, die der Mann in der Legende am Ende seines Lebens erreicht hat. Sie deutet sich auch in dem Namen an, der ihm in der Legende gegeben wird. "Der Mann vom Lande" ist die Übersetzung von Am ha-Arez, der "talmudischen Bezeichnung des unwissenden Laien im Gegensatz zum Gelehrten".[16] Der Unterschied zwischen ihm und Joseph K. besteht darin, daß er, der Unwissende, wenigstens noch aufs Studium sich konzentriert, während der gelehrte Prokurist einer Bank, lebensgierig und diesseitig orientiert, der "westjüdischste" aller Westjuden, wie Kafka sich selber in einem Brief an Milena charakterisiert,[17] nur noch in seinen sozialen Machtkampf mit den Behörden verwickelt ist und ihm Tätigkeiten wie das Schreiben einer

14 Tagebücher, S. 892.
15 Kafka: Er, S. 196.
16 Philo-Lexikon, Berlin, Amsterdam 1937, S. 22.
17 Franz Kafka: Briefe an Milena, Frankfurt 1966, S. 189 f. Es wäre völlig falsch, auch in Joseph K. einen Am ha-Arez zu sehen, wie Politzer 1965, 261 f. will.

Lebensrechtfertigung, das dem Studium nahekommen würde, als etwas erscheint, das "vielleicht geeignet [ist] einmal nach der Pensionierung den kindisch gewordenen Geist zu beschäftigen". (170) Diesen Zustand des "Kindisch - seins" hat der Mann vom Lande am Ende erreicht, deshalb stirbt er mit Würde. Joseph K. aber versteht seinen Prozeß bis zum Schluß als "nichts anderes, als ein großes Geschäft, wie er es schon oft mit Vorteil für die Bank abgeschlossen hatte"(168). Deshalb stirbt er "wie ein Hund".

Schon hieran läßt sich ablesen, daß die Türhüterlegende auch als Binnenerzählung im Proceßroman fungiert, die auf Grund ihrer Strukturgleichheit die Bedeutung der Romanhandlung erhellt, indem sie sie zugleich übersteigt. In dieser Funktion entspricht sie genau der Novelle 'Die wunderlichen Nachbarskinder' in Goethes Roman 'Die Wahlverwandtschaften', in der auch von einer Rettung erzählt wird, die den Liebenden des Romans gerade nicht zuteil wird. So auch bei Kafka. Der Held des Romans, Joseph K., ist als Mensch der Gegenwart noch weiter vom Gesetz entfernt als der Mann in der Legende. Das drückt sich vor allem darin aus, daß er gar nicht nach den Gesetzen forscht, auf Grund derer er schuldig geworden ist. Radikaler formuliert: Seine Schuld besteht ohne Gesetz. Darin liegt eben seine Verlorenheit als Mensch der Moderne begründet. So bleibt ihm nur noch, sich mit den Vermittlerinstanzen, den Behörden und dem Gericht zu befassen.

Der Gegensatz von Legende und Roman eröffnet demnach eine historische Perspektive. Durch sie wird die Gegenwart als Zeit des Verlustes definiert, in der die sinnstiftenden Energien, die dem Studium innewohnen, nicht mehr auf ihr eigentliches Ziel, das Gesetz, die Tora gerichtet sind, sondern auf innerweltliche Gegebenheiten, die Bürokratien, deren nicht ganz subalternes Mitglied Kafka als Versicherungsjurist selber war. Aus dieser historischen Standortbestimmung ergibt sich eine andere Bewertung des Handlungsverlaufs, als Theodor W. Adorno sie in seinen 'Aufzeichnungen zu Kafka' vorgenommen hat. Er bezeichnet ganz und gar unhistorisch den Roman als "Prophezeiung" des nationalsozialistischen Terrors,[18] während er nichts anderes ist als eine radikale Analyse der immer und überall im Gesellschaftlichen herrschenden Machtstrukturen. Wenn sie zum einzig sinnstiftenden Bezugsrahmen werden, verwandelt sich die Welt in ein absurdes Gerichtsverfahren, das nur mit dem "hündischen" Tod des Angeklagten enden kann.

---

18 Adorno 1955, 324: "Nicht bloß Kafkas Prophezeiung von Terror und Folter ward erfüllt. 'Staat und Partei': so tagen sie auf Dachböden, hausen in Wirtshäusern wie Hitler und Goebbels im Kaiserhof."

Ist er doch in eine Auseinandersetzung verwickelt, aus der er nicht als Sieger hervorgehen kann.

"Er hatte es verstanden, sich in der Bank in verhältnismäßig kurzer Zeit zu seiner hohen Stellung emporzuarbeiten und sich von allen anerkannt in dieser Stellung zu erhalten, er mußte jetzt nur diese Fähigkeiten, die ihm das ermöglicht hatten, ein wenig dem Proceß zuwenden und es war kein Zweifel, daß es gut ausgehn mußte." (167 f.)

Hier spricht sich die grundsätzliche Täuschung aus, in der Josef K. befangen ist. Sein Ziel ist es, physisch und sozial zu überleben. Deshalb betreibt er seinen Prozeß wie ein Geschäft. Dabei unterliegt es jedoch keinem Zweifel, daß er von Anfang an zum Tode verurteilt ist. Mit den Wächtern ist von ihm unerkannt der Tod in sein Leben getreten. Auf ihre mehrfache Aufforderung hin sieht sich Josef K. gezwungen, "sein bestes schwarzes Kleid" anzulegen, (19) ein ihm unverständliches Verlangen, für den Leser aber ein umso deutlicheres Zeichen seiner Todesverfallenheit. Die Auseinandersetzung des Helden mit dem Gericht ist also der von vornherein aussichtslose Kampf gegen die Unentrinnbarkeit der Hinrichtung. Als gleichsam objektive Bestätigung dieses Sachverhalts ist die seltsame Tatsache anzusehen, daß Kafka, wie Malcolm Pasley durch eine genaue Analyse des Manuskripts belegen konnte, (Pasley 1990, 10) das Anfangs- und das Schlußkapitel, also "Verhaftung" und "Hinrichtung", zuerst schrieb und sich dann erst an die Ausarbeitung der dazwischen liegenden Kapitel machte.

Die Gerichtsinstanzen, mit denen K. zu tun hat, bestärken ihn in seinem Irrtum. Alle spiegeln ihm die Möglichkeit eines glücklichen Ausgangs vor, wobei der Maler Titorelli am deutlichsten die Hoffnungen auf "Befreiung" systematisiert. "Es gibt drei Möglichkeiten", sagt er zu K., "nämlich die wirkliche Freisprechung, die scheinbare Freisprechung und die Verschleppung." (205) Man kann sich fragen, welche dieser drei Lösungsmöglichkeiten auf K. zutrifft. Offenbar nicht die Verschleppung. Darin ist der Kaufmann Block Spezialist, und K. sieht bei seinem nächtlichen Besuch beim Advokaten, wohin das führt. Er erfährt, daß Block in den fünf Jahren, die sein Prozeß schon dauert, seine Geschäftstätigkeit fast ganz hat aufgeben müssen, gleichzeitig aber in so totale Abhängigkeit von seinem Advokaten geraten ist, daß er nicht nur metaphorisch, sondern in seinem tatsächlichen Verhalten zum "Hund des Advokaten" geworden ist. (265) Die masochistischen Unterwerfungsakte des Kaufmanns unter die "Macht" (262) stoßen K. derart ab, daß er dem Advokaten das Mandat entzieht und aus seinem Hause flieht.

Statt dessen setzt K., von seiner Unschuld überzeugt, auf Freispruch, wogegen der Maler ihn warnt, er habe "nicht einen einzigen wirklichen Freispruch erlebt".(207) Wohl hätten sich hierüber

"Legenden erhalten. Diese enthalten allerdings sogar in der Mehrzahl wirkliche Freisprechungen, man kann sie glauben, nachweisbar sind sie aber nicht. Trotzdem muß man sie nicht ganz vernachlässigen, eine gewisse Wahrheit enthalten sie wohl gewiß, auch sind sie sehr schön, ich selbst habe einige Bilder gemalt, die solche Legenden zum Inhalt haben." (208)

Es scheint evident, daß Kafka mit den Legendenbildern Titorellis auf seine eigene Erzählung anspielt. Im Roman selbst wird die Türhüterlegende also vorausdeutend als Erzählung einer wirklichen Freisprechung interpretiert. Damit wird der Zusammenhang und Kontrast zum Roman 'Der Proceß' erst vollends deutlich. Während die Legende die Überwindung des Alltäglichen und damit ein gewisses Heilsmoment bewahrt, wie es dieser Gattung traditionellerweise zukommt, bleibt der Roman auf die Gerichtsprozeduren und ihren negativen Ausgang fixiert. Er erweist sich demnach, um es mit der romantischen, vom jungen Lukács 1917 geprägten Formel zu sagen, als "Ausdrucksform des Zeitalters der vollendeten Sündhaftigkeit". Die Legende hingegen läßt gemäß ihrem Gattungsgesetz mindestens noch das Licht einer anderen Welt in das hiesige Dunkel herüberdringen.

Aber damit nicht genug. In einer für Kafka höchst charakteristischen paradoxen Wendung erweist sich der Text, der auf Grund seiner Gattungsmerkmale für den Leser eine Verheißung enthält, für den Zuhörer K. als Verhängnis. Der Gefängnisgeistliche, der K. die Legende erzählt, tut dies in der Absicht, ihn darüber aufzuklären, daß er sich "in dem Gericht" täuscht. Diese Täuschung besteht darin, daß K. offensichtlich von der Möglichkeit seiner vorläufigen oder endgültigen Freisprechung überzeugt ist, was durch den Umstand zum Ausdruck kommt, daß er ausgerechnet im Gefängnisgeistlichen einen Freund zu entdecken glaubt.

"Du bist sehr freundlich zu mir', sagte K. Sie giengen nebeneinander im dunklen Seitenschiff auf und ab. 'Du bist eine Ausnahme unter allen, die zum Gericht gehören. Ich habe mehr Vertrauen zu Dir, als zu irgendjemanden von ihnen, soviele ich schon kenne. Mit Dir kann ich offen reden.' 'Täusche Dich nicht', sagte der Geistliche." (292)

Die Legende, die er dann erzählt, befreit K. offensichtlich nicht von seiner Täuschung, sondern treibt ihn nur tiefer in sie hinein. Er, der von Titorelli erfahren hatte, daß man sich "vor Gericht auf diese Legenden nicht berufen" kann und der es deshalb für nutzlos hielt, "darüber zu reden", (208) hat offenbar seine Meinung geändert. Denn er läßt sich auf ein langes exegetisches Gespräch mit dem Gefängnisgeistlichen ein, an dessen Ende er noch verwirrter ist als zuvor.

Er "hielt sich eng neben dem Geistlichen ohne in der Finsternis zu wissen, wo er sich befand. Die Lampe in seiner Hand war längst erloschen. Einmal blinkte gerade vor ihm das silberne Standbild eines Heiligen nur mit dem Schein des Silbers und spielte gleich wieder ins Dunkel über." (303)

Auf das präziseste ist in dieser äußeren Situation K.s seine innere beschrieben. Er befindet sich völlig im Dunkeln über den Stand seines Prozesses. Wie der Schein der Statue erscheint ihm kurz vor seinem Ende das Licht der Legende als flüchtige Verheißung, als schnell vergehender, trügerischer Hoffnungsschimmer. Auch darin gleicht seine Situation der der Liebenden in den 'Wahlverwandtschaften', über deren Häuptern vor ihrem Ende ein fallender Stern als Ausdruck ihrer falschen Hoffnung dahinschießt. Worauf die Enttäuschung über die Katastrophe, die unmittelbar darauf eintritt, nur umso grausamer ist.

4.

Hermeneutische Auslegung, das belegen die vorhergehenden Interpretationen, individualisiert den Text, macht ihn auf seine menschlichen Züge hin durchsichtig. Tendenziell verwandelt sie ihn selber in ein Individuum mit einer gleichsam unverwechselbaren Physiognomie. Diese Eigentümlichkeit hat ihren Ursprung in der Tatsache, daß hermeneutisches Interpretieren sich auf das autonome Kunstwerk als seinen eigentlichen Gegenstand bezieht. Dessen kanonisches Vorbild aber ist in der Ästhetik der Goethezeit die klassische griechische Statue. Sowohl bei Winkelmann in seiner Beschreibung des Apollo von Belvedere, wie in Schillers 'Briefen über die ästhetische Erziehung des Menschen' wird aus dem idealisierten menschlichen Körper eine Strukturhomologie für das Kunstwerk abgeleitet. Sind doch die antiken Statuen, die, aus der Erde geborgen, dem Betrachter gleichsam jungfräulich vor Augen stehen, die ersten Kunstwerke, die sich zu freier, auratischer Betrachtung anbieten. Nicht mehr in feudale oder religiöse Begründungszusammenhänge eingeordnet, vermögen sie zum Ausgangspunkt jenes Umwandlungsprozesses der ästhetischen Wahrnehmung zu werden, die auch noch das Verfahren des hermeneutischen Interpretierens bestimmt.

In den von der Geschichte scheinbar freigesetzten und daher als Naturprodukte verstandenen Kunstwerken der Antike findet das nach Eigenständigkeit strebende Individuum der Neuzeit seinen eigentlichen Meditationsgegenstand und damit seine Selbstbestätigung. In der Ästhetik der Goethezeit, wie sie etwa in Karl Philipp Moritz' Abhandlung 'Über die bildende Nachahmung des Schönen' auf den Begriff gebracht ist, wird das Kunstwerk als ein in sich stimmiges Ganzes definiert, dessen Teile wiederum enge "Beziehung auf das Ganze selbst haben". In dieser Konzeption sind Bruch, Fragment, Widerspruch als Möglichkeiten ästhetischer Praxis ebenso ausgeschlossen wie deren direkter Bezug auf eine Funktion oder auf einen gesellschaftlichen Nutzen.

Es ist evident, daß eine Hermeneutik, die wie die Gadamers auf die Einheit und Kohärenz des Textes als Kriterium des Gelingens der Interpretation abhebt, im Grunde immer noch auf dieses organologische Textmodell rekurriert. Mehr noch: Hermeneutisches Interpretieren, einmal als methodisches Verfahren aus dem Vorhandensein des autonomen Kunstwerks abgeleitet, hat die Tendenz, jeden Text in eine Totalität zu verwandeln, deren Teile enge "Beziehung auf das Ganze selbst haben", ihn also nach Maßgabe des menschlichen Individuums zu konstruieren. Daran mag die Repräsentation der Türhüterlegende als "silberne Statue" in Kafkas Roman eine schwache Erinnerung sein.

Explizit hat Kafka diesen Zusammenhang in seiner in dem Band 'Ein Landarzt' gleichzeitig mit der Legende 'Vor dem Gesetz' veröffentlichten Geschichte 'Elf Söhne' hergestellt. In ihr hat er, worauf Malcolm Pasley als erster hingewiesen hat, eine "literarische Mystifikation" vorgenommen. (Pasley 1969, 17 ff.) Die elf Söhne, von denen im Titel die Rede ist, entsprechen, wie Kafka selbst Max Brod gegenüber bemerkt hat, "ganz einfach elf Geschichten, an denen ich jetzt gerade arbeite". (Brod 1966, 122) Auf Grund einer aus dem Nachlaß veröffentlichten Titelliste lassen sich die Charakterisierungen der Söhne bestimmten Geschichten zuordnen, wobei 'Vor dem Gesetz' als der zehnte Sohn zu identifizieren ist.[19]

Dessen Beschreibung beginnt mit dem Satz: "Mein zehnter Sohn gilt als unaufrichtiger Charakter", womit Kafka offensichtlich auf die Tatsache anspielt, daß die Legende als Geschichte einer Täuschung eingeführt wird. Des weiteren ist von "der weit über sein Alter hinausgehenden Feierlichkeit" des zehnten Sohnes die Rede, von dem "immer festgeschlossenen Gehrock" und seinem "alten (...) schwarzen Hut", den charakteristischen Kleidungsstücken der orthodoxen Juden. Diese Schilderung der äußeren Erscheinung des Sohnes läßt sich darauf beziehen, daß die von

---

19 Es hat in der Forschung eine längere Diskussion über die Zuordnung der Erzählungen zu den elf Söhnen gegeben. Pasley 1965 hat die von ihm publizierte Titelliste falsch interpretiert, weil er die an den Rand geschriebenen Ziffern "1" und "11" nicht berücksichtigt hat. David 1970 kommt in seiner Polemik gegen Pasley ebenfalls zu gänzlich willkürlichen Resultaten. Seit Böschenstein 1980 kann jedoch kein Zweifel mehr daran bestehen, daß mit dem zehnten Sohn die Legende 'Vor dem Gesetz' gemeint ist. Auch hier dürfte der Umstand, daß die verheißungsvolle Geschichte die zehnte ist, nicht zufällig sein. Über die Bedeutung der Zehnzahl im 'Proceß' vgl. Schirrmacher 1987, 180 f.

dem zeitgenössischen Autor Kafka erfundene Geschichte im Gewand einer talmudischen Legende daherkommt. Sein Äußeres scheint ihn als "grenzenlosen Heuchler" zu entlarven, ein Hinweis auf die Unangemessenheit der Form der Legende in der Moderne. Hingegen wird seine Rede als "verständig" und "in erstaunlicher, selbstverständlicher und froher Übereinstimmung mit dem Weltganzen" charakterisiert. Dieses "Weltganze" ist natürlich das des Romans. Kafka verweist hier demnach als Interpret seiner selbst auf die Parallelen zwischen Binnenerzählung und Großtext. Abschließend wird die unterschiedliche Beurteilung dieses Sohnes durch andere referiert, womit die gegensätzlichen Exegesen, die der Legende folgen, gemeint sind.[20]

In der Bezeichnung der Legende und anderer Erzählungen als Söhne will Kafka nicht so sehr den naheliegenden Hinweis auf seine Autorschaft geben, wie alle bisherigen Deutungen der Geschichte annehmen, sondern vielmehr den auf eine bestimmte Weise ihrer Lektüre. Kafka läßt das Lesen eines Textes, das sich diesen im Verstehensprozeß aneignet, ihn zum Sohn macht, als ein Besitzergreifen erscheinen, das dem so gelesenen Text eine individuelle, von dem Vater/Leser herrührende Physiognomie verleiht. Vom zehnten Sohn wird gesagt, er habe "ein unbewegtes Gesicht", ein "etwas hervorragendes Kinn" und "schwer über die Augen sich wölbende Lider". In dieser Beschreibung, die auf bestimmte Eigenschaften des Türhüters und des Mannes vom Lande bezogen werden könnte, wird jedoch vor allem auf die subjektive Bedingtheit verwiesen, die dem divinatorischen Nachvollzug der Totalität eines Textes anhaftet. Die Metapher vom "unbewegten Gesicht" der Geschichte verweist so einerseits auf Subjektivität, wie sie Manfred Frank als unhintergehbare Bedingung der Möglichkeit von Verstehen überhaupt definiert hat.[21] Zugleich aber auch darauf, daß der wahre Ausdruck, der eigentliche Gehalt der Geschichte nicht erreicht werden kann. Der Verstehensakt prallt gleichsam am "unbewegten Gesicht" der Geschichte ab. So gesehen, erweisen sich die 'Elf Söhne' als parodistische Charakterisierung einer hermeneutischen Lektüre der eigenen Geschichten und damit zugleich als Aufweis von deren Ungenügen.

5.

Wir finden im Roman noch eine andere Lektüreweise, die der Textgattung "Legende" offensichtlich angemessener ist als die neuzeitliche der

20 Franz Kafka: Sämtliche Erzählungen, Frankfurt 1970, S. 143.
21 Manfred Frank: Die Unhintergehbarkeit von Individualität, Frankfurt 1986.

Hermeneutik. Es ist die des Kommentars, von Kafka selber mit dem Fachterminus "Exegese" bezeichnet. In der auf die Erzählung der Legende folgenden Erörterung ihrer Bedeutung werden vom Gefängnisgeistlichen verschiedene "Meinungen" zu der erzählten Geschichte vorgetragen. Sie alle stehen unter der Prämisse, der Text sei die Geschichte einer Täuschung, und dienen der Widerlegung der Meinung, die K. über die Geschichte äußert, nämlich der Mann vom Lande sei vom Türhüter getäuscht worden. Dagegen führt der Geistliche als erstes an, der Türhüter habe "pflichttreu" gehandelt, wenn auch einige "Lücken" in seinem Charakter zu entdecken seien. Seine zweite, ganz anders geartete Auslegungsmöglichkeit lautet, der Türhüter sei der Getäuschte, wobei zur Konkretisierung dieser "Meinung" wiederum mehrere Alternativen angeboten werden. Sie könne bedeuten, der Türhüter habe sich über das Innere des Gesetzes getäuscht oder aber über den Mann vom Lande oder schließlich über seinen Dienst. Drittens gibt es nach dem Referat des Geistlichen die Meinung, der Türhüter sei "dem menschlichen Urteil entrückt" (302), was soviel heißt wie, man könne gar nicht über ihn urteilen.

Diese verschiedenen und einander widersprechenden Meinungen haben in der Forschung unterschiedliche Interpretationen gefunden; neuerdings herrscht eine allegorische Auffassung dieser Exegese vor, die von Gerhard Kurz so zusammengefaßt wird: "Die einzelnen exegetischen Meinungen können, wie Peter Pfaff gezeigt hat, als Positionen des Judentums, des Christentums und des Atheismus verstanden werden." (Kurz 1987, 220)[22] Eine solche inhaltliche Festlegung widerspricht jedoch dem Geist der Exegese, deren Wesen gerade darin besteht, daß keiner der angebotenen Kommentare der allein richtige ist, wohingegen sie alle zusammen einen Prozeß der Wahrheitsfindung darstellen.

Mit der Anführung der gegensätzlichen Meinungen über die Legende wird das formale Funktionieren des Kommentars vorgeführt, wie er exemplarisch im jüdischen Kommentar der Tora, dem Talmud, vorgegeben ist. Dessen methodische Prinzipien werden in den Bemerkungen, mit denen der Geistliche das Referat der "Meinungen" durchsetzt, kenntlich gemacht. Zunächst betont er, daß er die Legende mit einer bestimmten Absicht erzählt, nämlich um zu demonstrieren, daß sich K. "in dem Gericht" täuscht.(292) Auf die Frage der Täuschung beziehen sich denn auch alle vom Geistlichen zitierten "Meinungen" der Exegeten. Der Kommentar, heißt das, ist auf die lebensgeschichtliche Erfahrung des Le-

---

22 Ähnlich auch Schirrmacher 1987, 205: "Er resümiert drei Auslegungen der Legende, die sich zugleich als drei - geistesgeschichtlich genau voneinander geschiedene - Rezeptionsepochen kenntlich machen."

sers/Hörers zugeschnitten. Während das hermeneutische Verfahren das autonome Werk und das "interesselose Wohlgefallen" des Rezipienten an ihm voraussetzt, den Text also gleichsam als Naturprodukt begreift, macht der Kommentar sichtbar, daß jeder Text interessegeleitet, also das Ergebnis von historischen Entscheidungen ist, denen der neue Text, der Kommentar, weitere Entscheidungen hinzufügt. Er versteht den Text also als einen Prozeß, in dem der gegenwärtige Schreiber sich mit historisch getroffenen Entscheidungen auseinandersetzt und dadurch zu seiner eigenen, das heißt, neuen Sicht der Dinge gelangt.

Als interessegeleiteter hat der Kommentar nie das große Ganze im Blick, sondern konzentriert sich auf einen speziellen Aspekt des Textes. Das wird an den Exegesen des Geistlichen besonders deutlich, die alle nur vom Türhüter handeln, der Figur also, mit der er als Funktionsträger des Gerichts sich am ehesten identifizieren kann. Die Täuschung des Mannes vom Lande, auf die Josef K. abzuheben versucht, wird von ihm gar nicht behandelt, obwohl er doch ursprünglich die Legende erzählt, um vor eben dieser Täuschung zu warnen. Deutlicher könnte die Partialität des Kommentars nicht herausgestellt werden. Eine Totalität der Bedeutungen, wie sie die hermeneutische Auslegung intendiert, kann er nur im Durchgang durch alle überhaupt möglichen Kommentare erreichen. Das heißt, die Arbeit des Kommentierens ist virtuell unabschließbar. Der Talmud trägt dieser Tatsache dadurch Rechnung, daß er auf jeder Seite das kleinste Stückchen des kanonischen Textes mit einer Vielzahl alter und neuerer Kommentare umgibt, die selber wiederum deshalb tradiert werden, weil sie in ihrer Widersprüchlichkeit zu neuer Kommentierung Anlaß geben. Dieser Vorgang ist es, der im Judentum traditionellerweise Studium genannt wird.

Was im Kommentar der Tora synchron um den Text versammelt erscheint, wird in der Exegese des Geistlichen nacheinander vorgetragen. Aber auch er stellt die widersprüchlichsten Meinungen ohne Stellungnahme oder Bewertung mit einfachen "Regieanweisungen" nebeneinander, zum Beispiel: "Die Erklärer sagen hiezu", "jedenfalls aber muß man annehmen" (297), "manche gehn sogar in dieser Art der Erklärung noch weiter und meinen" (298), "andere sagen zwar", "darauf ist zu antworten" (299), "es ist anzunehmen" (300), "darüber gehn die Meinungen auseinander", "darin aber sind viele einig" (301), "hier stößt Du auf eine Gegenmeinung", "manche sagen nämlich" (302). Diese Zwischenbemerkungen lassen alle Meinungen als gleichrangig gelten, ja stellen geradezu die Widersprüche zwischen den einzelnen Auslegungen heraus.

Auch die hermeneutische Interpretation führt - das haben die vorausgegangenen Auslegungsversuche erwiesen - zu einander widersprechenden Ergebnissen. So war der Mann vom Lande nacheinander als Vaterfigur, als Repräsentant des Schriftstellers oder als Am ha-Arez interpretiert worden, der Tod als Verheißung, als Erfüllung oder als absurdes Ende. Die Legende ließ sich zwar als ein in sich stimmiges Ganzes interpretieren, aber nur so lange sich die Interpretation auf einen einzigen Kontext als Bezugsrahmen beschränkte, und selbst dann wurden durch das "gleitende Paradox" der Kafkaschen Erzählweise am Ende die erreichten Ergebnisse wieder in Frage gestellt. Im Kommentar hingegen werden die Widersprüche bewußt angenommen. Seine Grundregel, die man geradezu als das antihermeneutische Prinzip des Kommentars bezeichnen könnte, wird vom Geistlichen so definiert: "Richtiges Auffassen einer Sache und Mißverstehn der gleichen Sache schließen einander nicht vollständig aus." (297) Im Kontinuum der aufeinanderfolgenden Kommentare ist jeder ein Teil der richtigen Auffassung und zugleich ein Mißverständnis, das durch den nächsten Kommentar aufgehoben werden muß.

Durch die in ihm auftretenden Widersprüche fordert das Kontinuum der Kommentare zu weiteren möglichen Meinungen geradezu heraus. Indem der Geistliche sich ausschließlich auf die Täuschung des Türhüters bezieht, wird K. zwar in die Irre geführt. Von ihm heißt es: "Er war zu müde, um alle Folgerungen der Geschichte übersehn zu können.(...) Die einfache Geschichte war unförmlich geworden, er wollte sie von sich abschütteln".(303) Aber der Leser wird geradezu provoziert, aus der Parallele zwischen K.s Verhalten und dem des Mannes vom Lande darauf zu schließen, daß beide sich selbst täuschen.

Damit wird das selbstreflexive Moment der Legende sichtbar, durch das sie zu einer Metapher für den Prozeß des Schreibens wird. Die "Erklärer" selbst in ihrer Anonymität, - "manche", "andere", im Grunde jedermann - sind die Türhüter, insofern sie durch die von ihnen überlieferten Meinungen jedem einzelnen den ihm eigenen Zugang zu dem als Schrift verstandenen Gesetz versperren. Jedermann ist aber zugleich auch der Mann vom Lande, indem er sich selber täuscht und sich von den Türhütern abschrecken läßt, den ihm bestimmten Eingang ins Gesetz zu betreten, und sich statt dessen auf das Studium des Türhüters und der Flöhe in seinem Pelzkragen einläßt.

So ist die Türhüterlegende auch eine Parabel über den Vollzug des kommentierenden Schreibens. Als solche verweist sie auf das destruktive Potential des Kommentars. Um dem Anspruch gerecht zu werden, der in dem Satz liegt: "dieser Eingang war nur für Dich bestimmt" (294 f.), muß der Kommentar alles vorher Geschriebene zerstören, um den je eigenen Zugang zum Text zu gewinnen. Darin besteht gerade die Täuschung K.s, daß er sich auf die Deutungen der anderen Gerichtspersonen, des Advokaten, des Kaufmanns, des Malers und schließlich auch auf die des Gefängnisgeistlichen verläßt, ohne selber zu versuchen, zu dem Gesetz vorzudringen. Noch unmittelbar vor der Erzählung der Legende wird auf diesen Umstand explizit hingewiesen.

"Wohl aber schien K. die gute Absicht des Geistlichen zweifellos zu sein, es war nicht unmöglich (...), daß er von ihm einen entscheidenden und annehmbaren Rat bekäme, der ihm z.B. zeigen würde (...) wie man außerhalb des Processes leben könnte." (291)

Nicht nur kann man nicht "außerhalb des Processes" leben, er ist unabwendbar wie der Tod, vor allem aber sind die Worte des Geistlichen kein Rat. Vielmehr muß jeder, auch K., seinen eigenen Kommentar zu der Geschichte finden. Wie die Tora, die nach Auffassung der Kabbalisten jedem Leser ein eigenes Gesicht zuwendet,[23] so auch die Legende, wenn sie kommentiert wird. Diesem in der Legende selbst ausgesprochenen Appell entzieht sich K., indem er sich auf den Rat des Geistlichen verläßt. Statt ihn aus seiner Täuschung über das Gericht zu befreien, tragen die Erzählung und deren Exegese dazu bei, ihn noch tiefer zu verwirren.

Während Josef K. sich immer mehr in seinen Gerichtsprozeß verirrt und am Ende heillos verstrickt den Tod findet, betreibt der Autor Franz Kafka die Niederschrift des Romans als seinen Kommentar zur geistigen Situation der Zeit. Wie Frank Schirrmacher nachgewiesen hat, entfalten die einzelnen Kapitel des Romans eine exemplarische Destruktion der Sinnhaftigkeit aller früheren Literatur. Beginnend bei der Urszene der Menschheit im Paradies, über die jüdische und die christliche Theologie, bis hin zur idealistischen Philosophie und zur autonomen Kunst führt Kafka die Geschichte des abendländischen Geistes in ihrer Bedeutungslosigkeit vor. (Schirrmacher 1987) Das Schreiben des Romans stellt für ihn demnach einen Großkommentar dar, allerdings einen, der sich ausschließlich auf destruierende Aspekte konzentriert. In diesem Sinne ist der Text des Romans immer auch die Spur des Schreibprozesses selber, in dem der Autor sich mit der früheren Schrift auseinandersetzt. Daher die existentielle Dringlichkeit des Kafkaschen Schreibens, die jedem Leser unmittelbar spürbar ist. Daher auch Kafkas Meinung, er habe nur für sich selbst geschrieben, um sich zu retten. Das heißt, er nimmt auch für sein Schreiben des Romans die aufschiebende Wirkung, das "Hinaus-

---

23 Gershom Scholem: Judaica 4, Frankfurt 1984, S. 217.

springen aus der Totschlägerreihe" in Anspruch, das die Legende dem Am ha-Arez als Verheißung zuschreibt.

Als Josef K. in den Dom kommt, wo ihm die Legende erzählt wird, bringt er zwei Bücher mit, ein "kleines Wörterbuch" und ein "Album der städtischen Sehenswürdigkeiten". (273) Es sind nicht nur die letzten Bücher, die im Roman erwähnt werden, es sind gleichsam die letzten Bücher überhaupt. Durch die Destruktionsarbeit des Romans ist die Schrift in ihre beiden extremen Komponenten, ihre Urbestandteile zerlegt worden: die einzelnen Wörter ohne jeden Kontext und ein Buch, in dem alle Bedeutungen eingeschrumpft, zu bloßen "Sehenswürdigkeiten" geworden sind, das also im Grunde, wie die Etymologie des Wortes "Album" andeutet, - Schirrmacher hat darauf hingewiesen (Schirrmacher 1987, 198) - nur weiße Blätter enthält. Diese allegorische Darstellung des "Nullpunktes der Schrift" wird in der Exegese der Legende mit einer ausdeutenden Unterschrift versehen, die als methodologische Äußerung dem exegetisch bewanderten Geistlichen in den Mund gelegt wird: "Die Schrift ist unveränderlich und die Meinungen sind oft nur ein Ausdruck der Verzweiflung darüber." (298) Dieser Satz ist es, der Kafkas Charakterisierung des "unbewegten Gesichts" der Legende ihre eigentliche Berechtigung verleiht.

Die "Achtung" vor dem "Wortlaut der Schrift", dieses Urprinzip des Kommentars, zu dem K. mehrfach vom Geistlichen ermahnt wird, (295) setzt deren Unveränderlichkeit voraus. Unbedingte Treue zum Wortlaut heißt aber auch, an sich kommt der Schrift keine Bedeutung zu, jedenfalls kann ihre Bedeutung nicht zugänglich sein, da jede Bedeutungskonstitution der hermeneutischen Anstrengung bedarf, die, wie die romantische Kritik, stets darauf aus ist, den Text zu vollenden, das heißt, einen neuen, in seiner Totalität verstehbaren Text aus ihm zu machen. Bedeutung kommt der Schrift erst durch ihre jeweils individuelle Kommentierung zu, durch ihr Studium, das zugleich eine Auseinandersetzung mit den früheren Kommentaren ist, ein Gespräch mit den Toten. Hier erweist sich ein letztes Mal die Nähe von Kafkas Auffassung von der Schrift zur mystischen Interpretation der Tora. In der Kabbala gilt als Ursprung aller Offenbarung das geschriebene Buch mit den weißen Seiten, zu der alle wirkliche Schrift nur Kommentar ist. Gershom Scholem, der in seinen 'Zehn unhistorischen Sätzen über Kabbala' Kafka als zeitgenössischen Vertreter "einer häretischen Kabbala" charakterisiert,[24] hat diesen Zusammenhang so formuliert:

---

24 Gershom Scholem: Judaica 3, Frankfurt 1970, S. 271.

"Nicht die Schwärze der von Tinte umrissenen Schrift,(...) sondern die mystische Weiße der Buchstaben auf dem Pergament der Rolle, auf dem wir überhaupt nichts sehen, ist die eigentliche schriftliche Tora!"[25]

Aus dieser mystischen Ursprungstheorie folgt, daß nach der Auffassung der Sprache als Schrift Wahrheit nicht durch hermeneutische Anstrengung aus einem vorhandenen Text gelesen werden kann. Wahrheit erweist sich vielmehr als geschichtliche Entfaltung dessen, was im Ursprungstext gegeben, aber nicht vorhanden ist. Der Ort ihrer Entfaltung ist das Kontinuum der jeweils individuellen Kommentare.

Literatur

Adorno, Theodor W., 1955: Aufzeichnungen zu Kafka. In: Ders.: Prismen, Frankfurt 1976, S. 302 - 342.

Binder, Hartmut, 1976: Kafka - Kommentar zu den Romanen, München.

-, 1988: Parabel als Problem. Eine Formbetrachtung zu Kafkas 'Vor dem Gesetz'. In: Wirkendes Wort 38, 1988, S. 39 - 61.

Böschenstein, Bernhard, 1980: Elf Söhne. In: Claude David (Hg.): Franz Kafka - Themen und Probleme, Göttingen, S. 136 - 151.

Born, Jürgen, 1969/70: Kafka's Parable 'Before the Law'. Reflections towards a Positive Interpretation. In: Mosaic 3, 1969/70, S. 153 - 162.

Brod, Max, 1966: Über Franz Kafka, Frankfurt.

David, Claude, 1971: Zu Franz Kafkas Erzählung 'Elf Söhne'. In: P. F. Ganz (Hg.): The discontinuous Tradition. Studies in German Literature in honour of Ernest Ludwig Stahl, Oxford, S. 247 - 259.

Derrida, Jacques, 1984: Devant la Loi. In: A. Phillips Griffiths (Hg.): Philosophy and Literature, Cambridge, S. 173 - 188.

Diez, Ludwig, 1969: Drucke Franz Kafkas bis 1924. Eine Bibliographie mit Anmerkungen. In: Jürgen Born u.a. (Hg.): Kafka - Symposion, München, S. 67 - 97.

Gaier, Ulrich, 1974: 'Vor dem Gesetz'. Überlegungen zur Exegese einer "einfachen Geschichte". In: Ulrich Gaier/Werner Volke (Hg.): Festschrift für Friedrich Beißner, Bebenhausen, S. 103-120.

Grözinger, Karl Erich, 1992: Kafka und die Kabbala, Frankfurt.

---

25 Scholem: Judaica 4, S. 213.

Henel, Ingeborg, 1963: Die Türhüterlegende und ihre Bedeutung für Kafkas Prozeß. In: Deutsche Vierteljahrsschrift für Literaturwissenschaft und Geistesgeschichte 37, 1963, S. 50-70.

Kurz, Gerhard, 1987: Meinungen zur Schrift. Zur Exegese der Legende 'Vor dem Gesetz' im Roman 'Der Prozeß'. In: Karl Erich Grözinger u.a. (Hg.): Kafka und das Judentum, Frankfurt, S. 209-223.

Menke, Bettine, 1992: Kafka - Lektüren. Über das Leben und dessen Allegorie. In: Ästhetik und Kommunikation 21, 1992, H. 79, S. 79 - 94.

Neumann, Gerhard, 1968: Umkehrung und Ablenkung: Franz Kafkas "Gleitendes Paradox". In: Deutsche Vierteljahrsschrift für Literaturwissenschaft und Geistesgeschichte 42, 1968, S. 702 - 744.

Pasley, Malcolm, 1969: Drei literarische Mystifikationen Kafkas. In: Jürgen Born u.a. (Hg.): Kafka - Symposion, München, S. 17 - 29.

-, 1990: Franz Kafka - Der Proceß. Die Handschrift redet, Marbacher Magazin 52, S. 5 - 36.

Politzer, Heinz, 1965: Franz Kafka, der Künstler, Frankfurt.

Schirrmacher, Frank, 1987: Verteidigung der Schrift. In: Ders. (Hg.): Verteidigung der Schrift. Kafkas 'Prozeß', Frankfurt, S. 138 - 221.

Strich, Fritz, 1960: Kafka und das Judentum. In: Ders.: Kunst und Leben, Bern und München, S. 139 - 151.

Unseld, Joachim, 1984: Franz Kafka ein Schriftstellerleben, Frankfurt.

VI.
Zur Kafka-Rezeption

Roland Galle

Die Aufgabe, eine rezeptionsästhetische Annäherung an Kafka zu versuchen, provoziert vorab eine Feststellung, die zunächst entmutigend wirken könnte: Die Methode nämlich, die einen Zugang zu dem kaleidoskopischen Werk des Prager Dichters ebnen soll, ist selbst so zahlreichen Deutungen, Erweiterungen, Inanspruchnahmen und Fortschreibungen ausgesetzt, daß eine konsensfähige Applikation schon an der Vielschichtigkeit von Arbeitsweisen, die unter ihrem Titel rubriziert werden, zu scheitern droht. Notwendig wird vor diesem Hintergrund jedenfalls eine Verständigung auf einige wenige zentrale Aspekte, die - wie restringiert sie immer das bezeichnete Feld mögen erscheinen lassen - im weiteren dazu dienen können, paradigmatisch das Interesse und das Anliegen der Rezeptionsästhetik zu verdeutlichen.

1.

Indem Hans Robert Jauß dem Satz des Heiligen Thomas "Quidquid recipitur, recipitur ad modum recipientis" verschiedentlich einen Ehrenplatz in der Ahnengalerie der Rezeptionsästhetik zugewiesen hat, konnte er nicht nur deren weitreichende Vorgeschichte deutlich machen, sondern ineins illustrieren, wie sehr die von ihm begründete und verfochtene Theorie auf die dialektische Einheit von Werk und Aufnahme dieses Werks gerichtet ist, wie sehr - genauer gesagt - die Rezeptionsästhetik im Umgang mit Literatur immer zwei als voneinander untrennbar betrachtete Seiten im Auge hat: das Werk und die von diesem Werk ausgehende

Wirkung auf der einen und den Leser, das Publikum sowie die von ihnen ausgehende Rezeption auf der anderen Seite. Diese Doppelstruktur der Betrachtung ist grundlegend für die einzelnen Verfahrensschritte der Rezeptionsästhetik, sie vermag auch als Schlüssel zu dienen für ihre zentralen theoretischen Begriffe und Probleme.[1]

Der vielberedete Erwartungshorizont gewinnt seine Reichweite erst durch das in ihm sich manifestierende Gegenspiel zweier Systeme oder auch Kodes oder eben Horizonte: des primär ästhetischen Kodes, den das Werk selbst mitführt, aufruft und eventuell auch überbietet und eines sekundären Kodes, den der Rezipient sich als je geschichtliches Wesen aufgrund seiner Lebenspraxis gebildet hat und der seine Aneignung des Werks wesentlich bestimmt. Der Erwartungshorizont berührt sich, so gesehen, mit der zentralen Kategorie der Alterität, mit der die Einsicht der Rezeptionsästhetik auf den Begriff gebracht wird, daß in aller literarischen Kommunikation, freilich mit sehr großen graduellen Unterschieden, ein Hiat besteht zwischen Produzent und Rezipient, Autor und Leser, dieser Hiat, diese Alterität, aber ineins darauf angelegt ist, im hermeneutischen Dialog zwischen Gegenwart und Vergangenheit vermittelt zu werden. Diese Vermittlung derart aufzuhellen, daß die für den kulturellen Austausch konstitutiven Differenzen zwischen Werk und Rezeption gerade nicht eingeebnet, sondern als Voraussetzung für dessen Dynamik einsichtig gemacht werden, kann als eine der zentralen Aufgaben und Leistungen der Rezeptionsästhetik betrachtet werden.

Ergebnis einer solchen dynamischen Betrachtung des kulturellen Prozesses ist zuallererst die Ablösung überkommener Objekt-Vorstellungen, denenzufolge das künstlerische Werk, statuarisch, dem Betrachter zu allen Zeiten in gleicher Form sich monologisch darbieten würde, durch das Konzept der 'Partitur', das die Möglichkeit und auch die Notwendigkeit freigibt, das Kunstwerk als ein in jedem Rezeptionsvorgang gleichsam neu zu erschaffendes Gebilde zu sehen. Vor allem aber geht die Auflösung eines starren Objekt-Bildes auf seiten des Kunstwerks mit einer ganz neuartigen Dynamisierung der Rezipientenposition einher.

Neben der breiten Palette der Reaktionsmöglichkeiten, die Bewunderung und Kritik, Genuß und Ablehnung, Identifikation und Verweigerung sowie viele weitere Schattierungen aufzuweisen hat, tritt die Aktivität des Rezipienten im kulturellen Dialog hervor, die Wahl, die seinem ästhetischen Urteil, seiner positiven oder negativen Parteinahme zugrunde-

---

1 Ich beschränke mich hier auf die folgenden Angaben, die ihrerseits weiterführende Literatur verzeichnen: (Warning 1975) (darin verschiedene einschlägige Arbeiten von Hans Robert Jauß); (Jauß 1982), (Müller 1990).

liegt. In dem Maße, in dem dieser Anteil des Rezipienten am Zustande-
kommen des kulturellen Prozesses betont wird, scheint auch eine ganz
neue Konzeption literarischer Traditionsbildung auf. Sie beinhaltet weder
einen Thesaurus im humanistischen Sinne noch einen nicht weniger starr
konzipierten Erbe-Begriff real-sozialistischer Provenienz, sondern eine
kontinuierliche Umschreibung und Neuaneignung, einen Prozeß, in dem
Appropriation und Abstoßung unablässig ineinandergreifen, in dem jede
Generation oder gar literarische Gruppe sich eine ihr eigene literarische
Tradition gleichsam erschafft. So wirkungsmächtig die großen Texte der
Vergangenheit auch sein mögen, die Fragerichtung, die den kulturellen
Prozeß initiiert und in Bewegung hält, geht vom Leser zum Text, nicht
umgekehrt. Der Leser ist es, der die Fragen stellt, auf die er vom Text
eine Antwort erwartet. Und wenn, wie die Alterität der Kunst es nahelegt, der Dialog des Lesers mit der vergangenen Kunst ihm nicht nur zu
unverhofften Antworten, sondern auch zu neuen Fragen verhilft, so bleibt
die Unhintergehbarkeit seiner Initiative gleichwohl ein zentraler Bezugs-
punkt der Rezeptionsästhetik. Dieser generelle Satz aber erfährt eine Fülle von immer neuen und je anders gearteten Konkretisationen. Zu den in-
teressantesten unter ihnen ist der Fall Kafka zu zählen.

2.

Die seit 1945 weltweit sich ausbreitende Inanspruchnahme Kafkas dürfte
in der Geschichte der Literatur ohne Beispiel sein. Nahezu das gesamte
Spektrum der modernen Identitätskrise - von religiösem Sinnverlust und
korrespondierender Sinnsuche über existentielle Verzweiflung und sozialpsychologische Formen der Desorientierung jedweder Herkunft bis
hin zur individuellen Abwehr solch kollektiver Faszinationstypen - hat in
Kafka eine privilegierte Bezugsinstanz gefunden. Diese Weltgeltung
Kafkas, insofern als es sich bei ihr um den Artikulationsmodus einer
langhin abgedrängten Schattenseite der Moderne handelt, soll denn auch
den Hintergrund für die folgende Rezeptionsskizze bilden. Dies aber
nicht lediglich in dem Sinne, daß die einzelnen Zeugnisse und Adaptio-
nen sich zu einem solchen Schattenbild der Moderne addieren oder es
hervorbringen würden, sondern mehr noch im Sinne einer stets erneuer-
ten Auseinandersetzung mit solchen Vorstellungen sowie entsprechend
vorherrschenden Grundtypen oder gar Klischees der Kafka-Rezeption.
    Wie wichtig es für die Auseinandersetzung mit Kafka sein kann, die
in der zweiten Hälfte unseres Jahrhunderts etablierte Rezeption seines
Werkes kritisch zu befragen, hat Marthe Robert mit ihrer These deutlich
gemacht, der Weltruhm Kafkas beruhe auf einer Universalisierung, die

durch ein Überspringen des spezifisch historischen und ästhetischen Ortes, an dem dieses Werk anzusiedeln sei und dem es seine sprachliche und problemgeschichtliche Konkretheit zu verdanken habe, allererst zustande gekommen sei (Robert o.J., 5). Rezeptions-ästhetischer Indikator für die Bestimmung dieses ursprünglichen Ortes ist die Primär-Rezeption, hilfreich für ihre Auswertung die Kategorie der ästhetischen Distanz (Warning 1975, 133). Ist die Rezeptionsästhetik nicht zuletzt angetreten, jedwede Substantialisierung eines Werk-Ursprungs, des biographischen und erst recht des national-ästhetischen, zu verabschieden, so hat sie andererseits mit der Hervorhebung der Primär-Rezeption und dem Begriff der ästhetischen Distanz den Anspruch angemeldet, die historische Einbettung von Produktion und Rezeption eines Kunstwerkes aufzuarbeiten und für die Bestimmung von dessen ästhetischem Wert zu nutzen.

Gemessen an der späteren Phase der Universalisierung, die auch als eine Phase der Ent-Rätselung bezeichnet werden kann - als eine Phase, in der es darum geht, metaphysische, psychoanalytische, sozial-geschichtliche Schlüssel für das Werk Kafkas bereitzustellen - zeichnet sich die Primär-Rezeption dadurch aus, daß sie mit auffallender Pointiertheit Auffangpositionen meidet und das Überraschende, das Sperrige und Irritierende von Kafkas Werk als positives Kriterium festhält.

So spricht Hans Kohn im Jahre 1912, bald nach dem Erscheinen des schmalen Erzählbandes 'Betrachtung', der die erste Publikation Kafkas überhaupt darstellt, von Geschichten, "mit denen man schlechthin nichts anzufangen weiß und die einen völlig in ihre Stimmung auflösen" (Born 1979, 18). Wie zur Ergänzung merkt Otto Pick nur wenig später mit Bezug auf den eben erwähnten Band an: "Versucht man eine Formel für diese Art der Lebensbetrachtung zu finden, so gerät man in Verlegenheit." (Born 1979, 23) Und mit besonderer Wucht gibt Kurt Tucholsky einige Jahre später in der *Weltbühne* seiner Begeisterung über die Erzählung 'In der Strafkolonie' gerade dadurch Ausdruck, daß er dieses Unverständnis hypostasiert und Kafka gegen eventuelle Bedeutungszumutungen abschirmt:

"Ihr müßt nicht fragen, was das soll. Das soll garnichts. Das bedeutet garnichts. Vielleicht gehört das Buch auch garnicht in diese Zeit, und es bringt uns sicherlich nicht weiter. Es hat keine Probleme und weiß von keinen Zweifeln und Fragen. Es ist ganz unbedenklich. Unbedenklich wie Kleist." (Born 1979, 96)

Die grandiose Hochachtung Tucholskys für Kafka ist mithin an einer heute zwar modisch gewordenen, gemessen an der Entstehungszeit aber stupend wirkenden Abweisung der Bedeutungsfrage festgemacht.

Besonderes Gewicht kommt der bislang angeführten Kritik schließlich dadurch zu, daß schon im Jahre 1913, als Reaktion auf 'Der Heizer', eine Besprechung erschienen war, in der all diese Elemente versammelt und auf höchst eindrucksvolle Weise gesteigert worden waren, so daß gerade aus diesem Zeugnis sich die Grundfigur der frühen Kafka-Rezeption ablesen läßt. Heinrich Eduard Jacob beginnt seine wahrhaft erstaunliche Besprechung mit der Bekundung höchster Bewunderung: "Es ist schwer, ein Buch anzuzeigen, von dem man eben noch wie von einem Wunder getroffen worden ist." (Born 1979, 42) Er gibt dann im weiteren als Grund dafür "zu entglühen, sich zu entflammen" an, "daß hier möglicherweise ein vollkommenstes Stück neuer deutscher Prosa" (Born 1979, 43) geschrieben sei und führt dann diese ästhetische Wertschätzung weiter aus, indem er einen eventuell ironischen Grundton dieser Erzählung erwägt, die Ironie Thomas Manns, daran gemessen, als "Walfischgeist, Bärengriff" (ibid.) abqualifiziert und die Vollendung der Kafkaschen Kunst gerade in der von ihr aufgetragenen Unentscheidbarkeit sieht:

"Ich habe diese Novelle dreimal gelesen, weiß weder aus noch ein und bin glücklich, daß mich die Macht eines großen Dichters wahrscheinlich für immer in diesem urteilschwebenden Zustand verharren lassen wird. Denn Ironie und Nichtironie, Sinn und Nicht-Sinn seiner Novelle - anfangs scheinen sie wild auseinanderfahrende, sich ausschließende Linien zu sein - sind in Wahrheit Parallele, die (sagt nicht die zauberischste Wissenschaft Mathematik so?) sich in der Unendlichkeit schneiden. Die Unendlichkeit, Gott: sie werden wissen, wie die vierzig Minuten des Karl Roßmann gerechtest zu wägen, und wie granweise hier Scherz und Ernst zu bemessen sind; wir wissen es nicht. Und davon, daß Gott und die Unendlichkeit es wissen, wir aber nicht, leite ich das unendliche und göttliche Gefühl ab, das man beim Lesen dieser Novelle empfindet." (ibid.)

Es gehört zu den auffallendsten Konstellationen in der Geschichte der Kafka-Rezeption, daß dieser frühe Typus einer begeisterten Kritik, der sich an der häufig als Kleistisch bezeichneten Sprache, der Rätselstruktur des Erzählens und dem schließlichen Effekt der Bedeutungsverweigerung festgemacht hatte, nach Kafkas Tod, als 1925 der Roman 'Der Prozeß' als erstes Nachlaßwerk erschien, transformiert und teilweise auch gebrochen wird. Tucholsky führt zwar seine frühere Position fort und verschärft sie noch, wenn er im Entzug von Orientierungs- und Deutungskategorien den Kern des Romans sieht:

"Wir Alle, die wir ein Buch zu lesen beginnen, wissen doch nach zwanzig oder dreißig Seiten, wohin wir den Dichter zu tun haben; was das ist; wie es läuft; obs ernst gemeint ist oder nicht; wohin man im Groben so ein Buch zu rangieren hat. Hier weißt du gar nichts. Du tappst im Dunkel." (Born 1983, 107)

In etlichen anderen Kommentierungen melden sich aber Stimmen, die das spätere Deutungsspektrum schon erkennen lassen. So präludiert

Willy Haas in einer auf der Interferenz von Realismus und Phantastischem insistierenden Besprechung das Albtraumhafte der modernen Bürokratie als zentralen Referenzpunkt von Kafkas Roman:

"Eine ungeheuer suggestive Eindeutigkeit der Farben, Töne, Luft, Schatten: man könnte ganz gut sagen, es sei ganz einfach die erste Minute eines Fremden in der Hölle des Berliner Polizeipräsidiums, wo er sich anmeldet, auf rund vierhundert Druckseiten verteilt;" (Born 1983, 92)

Hermann Hesse wiederum entwirft den so folgenreichen religiösen Bezugsrahmen für Kafkas "unheimliche, hohlspiegelhafte Scheinwirklichkeit", wenn als "der geheime Sinn dieser Dichtungen" folgendes angegeben wird:

"der Sinn seiner Dichtung ist durchaus nicht, wie es zunächst bei der ganz ungewöhnlichen Sorgfalt der Kleinarbeit scheinen könnte, ein artistischer, sondern ein religiöser. Was diese Werke ausdrücken, ist Frömmigkeit, was sie erwecken, ist Devotion, ist Ehrfurcht. So auch der 'Prozeß'. (Born 1983, 98 f.)

Und Manfred Sturmann schließlich, um diesen ersten Überblick abzurunden, gibt bereits den Deutungstyp zu erkennen, der im vereinsamten Individuum den Fluchtpunkt von Kafkas Werk sehen wird, wenn er besonders bündig formuliert: "Dieser 'Prozeß' bedeutet die Tragödie eines in sich gesenkten Menschen." (Born 1983, 120)

Angesichts der thematischen Vorgabe dieses Bandes aber ist besonders interessant, daß in dieser zweiten Phase der Kafka-Rezeption, in der eine Tendenz zur globalen Deutung sich Bahn bricht, eine Textpartie des Romans 'Der Prozeß' auch sehr kritische Stimmen auf sich zieht. Es handelt sich um die exegetische Passage, die sich an die vom Priester erzählte Parabel 'Vor dem Gesetz' anschließt. Während die Parabel selbst, auf deren frühere Veröffentlichung in dem Erzählband 'Ein Landarzt' die Rezensenten durchweg hinweisen, wegen ihrer sprachlichen Präzision - "ein Muster reiner Prosa" (Born 1983, 111) -, wegen ihrer bildhaften Eindringlichkeit - "Es gibt in diesem Buch eine Stelle, die man niemals mehr vergessen kann" (Born 1983, 131) - und wegen ihrer funktionsträchtigen Bedeutung - "Das Ganze ist eine wunderbare bildhafte Darstellung der Schuld des Josef K." (Born 1983, 126) - als ein besonderer Höhepunkt des Romans hingestellt wird, bleibt der im Roman ja neue Disput zwischen dem Priester und K. über diese Parabel entweder unerwähnt oder aber findet in auffallender Häufigkeit und Intensität ein negatives Echo.

Der im Kafka-Text in erlebter Rede wiedergegebene Eindruck K.s, daß die Geschichte vom Türhüter im Verlauf der Exegese "unförmlich" (303) geworden sei, wird von Tucholsky unversehens als ein Urteil "nach des Autors eignen Worten" (Born 1983, 111) hingestellt. Der schon angeführte Willy Haas schließt seine euphorische Kritik des Romans mit den für ihn offenkundigen Mängeln des in Frage stehenden Textstücks ab:

"das vorletzte Kapitel, das kurz vor der Katastrophe eine lange streng talmudisch gefaßte Debatte bringt, wirkt, aus offenbar noch nicht geschriebenen Zusammenhängen herausgerissen, ausnahmsweise wirklich nur absonderlich und exzentrisch." (Born 1983, 92)

Vor allem aber vollzieht Ernst Weiß in einer groß angelegten Besprechung im Berliner Börsen-Courier eine entscheidende Zweiteilung in der Bewertung zwischen der Parabel und dem exegetischen Annex. Der Bedeutung des Falles wegen zitiere ich ausführlich:

"An einer bestimmten Stelle des 'Prozesses' zeigt sich Kafka unter dem Vorwurf seines Werkes. Er erreicht die Höhe seiner eigenen Idee nicht. Es ist die Stelle in der Halle eines Domes, wo er sich verwundert allein findet und mit dem "Gefängniskaplan" des 'Prozesses' seinen Disput beginnt. Man zittert diesem ungeheuer hoch getriebenen Augenblick entgegen. Hier könnte, müßte Dostojewski einsetzen. Wunderbar, unnachahmlich, ewig ist die Szene eingeleitet mit dem Gleichnis vom Türhüter. Man kann dieses Gleichnis neben denen des Evangeliums nennen, neben denen des Dschuang Dsi, des Konfuzius. Bleibt hier dem Gestalter, dem Denker und Deuter nicht der Atem aus, dann ist die deutsche Literatur, nein, die Menschheitsliteratur um ein unsterbliches Werk reicher. Hier hätte Kafka geben müssen, was er hatte. Hier hat er geben wollen, was er hatte. Warum verschweigen, was bedrückt, was aufwühlt, was entscheidet? Kafka war diesem entscheidenden Augenblick nicht gewachsen. Er sah ihn entweder nicht, oder er hatte sich zu sehr an das Schwefellicht der Hölle gewöhnt. Was er gibt, ist nicht einmal Stein. Steine können verehrt werden; die Mohammedaner tuen es. Staub aber kann es nicht. Kafka zerreibt dieses unvergeßbare Gleichnis, dieses nicht wieder zu ersetzende Erlebnis des Türhüters zu talmudischem Staub. Er zerknüllt die "Weise", die wissende, vollendete Form zu sophistischen Worten und nun erst wird die Verzweiflung vollständig. Nun versteht man es, warum Kafka dieses Werk nicht zeigen wollte." (Born 1983, 96 f.)

Die schon angeführte Kategorie des Erwartungs- oder Rezeptionshorizontes kann einsichtig machen, inwiefern Weiß in seiner Kritik einem weitgehend an Dostojewski orientierten ästhetischen Urteil folgt. Die insofern erwartete Erhabenheit und Spannweite metaphysischer Fragestellungen kann er in dem Gleichnis 'Vor dem Gesetz' eingelöst und auch eindrucksvoll überboten sehen; die Preisgabe einer mit Dostojewski gleichgesetzten Verabsolutierung des Psychologischen aber und Kafkas Ablösung dieser Struktur durch eine situative oder gar diskursive Verrätselung ist in den aufgerufenen ästhetischen Horizont nicht integrierbar und verfällt daher dieser deutlichen Kritik. Darüber hinaus aber hat es, vielleicht, des Dekonstruktivismus bedurft, damit man der Dimension, die diese frühe Kritik mit sich führt, in vollem Umfange einsichtig werden kann. Heute bietet es sich jedenfalls an, die von Ernst Weiß gezogene Zäsur zwischen der Parabel und ihrer Exegese, dem Gleichnis von evangelienhaftem Rang und der schieren Sophistik, dem Entwurf des

Ewigen und dessen Zersetzung zu Staub im Zusammenhang mit dem Verfahren einer Kritik zu sehen, die die vom künstlerischen Werk selbst vollzogene Auflösung von metaphysischen Residuen und Sinn-Entitäten auf ihre Fahnen geschrieben hat. Was Weiß beklagt und gegen Kafkas Roman wendet, ist, pointiert gesagt, genau die Struktur, die diesen Text im dekonstruktivistischen Sinne nobilitieren muß. Entscheidend bleibt, daß in einem frühen Zeugnis schon - wenn auch unter negativem Vorzeichen - zur Sprache gebracht wird, daß die festen Sinnkonstruktionen, die der Roman anzubieten scheint, die theologischen nicht weniger als die natürlichen,[2] wieder wie Staub zerrieben, um ihre ihnen zugeschriebenen substantialistischen Inhalte verkürzt werden.

3.

Als Adorno Mitte der fünfziger Jahre seine "Aufzeichnungen zu Kafka" in dem Sammelband 'Prismen' publiziert, beginnt er seinen Essay mit einer Schelte der Kafka-Rezeption:

"Die Beliebtheit Kafkas, das Behagen am Unbehaglichen, das ihn zum Auskunftsbüro der je nachdem ewigen oder heutigen Situation des Menschen erniedrigt und mit quikkem Bescheidwissen eben den Skandal wegräumt, auf den das Werk angelegt ist, weckt Widerwillen dagegen, mitzutun und den kurrenten Meinungen eine sei's auch abweichende anzureihen. (...) Weniges von dem, was über ihn geschrieben ward, zählt; das meiste ist Existentialismus. Er wird eingeordnet in eine etablierte Denkrichtung, anstatt daß man bei dem beharrte, was die Einordnung erschwert und eben darum die Deutung erheischt. Als ob es der Sisyphusarbeit Kafkas bedurft hätte, als ob es die Maelstrom-Gewalt seines Werkes erklärte, wenn er nichts anderes sagte, als daß dem Menschen das Heil verloren, der Weg zum Absoluten verstellt, daß sein Leben dunkel, verworren oder, wie man das heute so nennt, ins Nichts gehalten sei". (Adorno 1955, 302)

Der angeführten Polemik wird eine Annäherung an die Kafka-Rezeption der Nachkriegszeit sich auch dann stellen müssen, wenn man der negativen Ästhetik Adornos sich nicht verpflichtet weiß.[3] In dem Maße, in dem als strukturelles Spezifikum von Kafkas Kunst realisiert wird, daß sie Deutungen mehr provoziert als rechtfertigt, wird man gleichsam notwendigerweise sich mit dem Umstand konfrontiert sehen, daß jede einzelne interpretatorische Applikation den Eindruck einer illegitimen Verengung und Vereinseitigung des im Werk selbst angelegten semantischen Spektrums bedeutet. Von den unterschiedlichen Rezeptionsformen trifft dieser

---

2 Diese beiden Interpretationsrichtungen wird Benjamin explizit in seinem Kafka-Essay aus dem Jahre 1934 zurückweisen. (Benjamin 1981, 25)

3 Es ist sicher kein Zufall, daß gerade aus rezeptionsästhetischer Perspektive die weitreichendste Kritik an dieser negativen Ästhetik geübt worden ist. Vgl. insbesondere Jauß 1982, 44-71.

Vorwurf die herkömmliche Interpretationspraxis sicherlich am stärksten, die künstlerisch produktive Rezeption von Camus bis Borges - um den Preis freilich, daß bei ihr die Rezeptionskategorie selbst ganz unscharf wird - am wenigsten.[4] Für die weitere Skizze ist hier nicht ohne Zögern die dritte und mittlere Form der Rezeption gewählt: *künstlerische* Bearbeitungen des Prozeß-Romans in je einer paradigmatisch ausgewählten Drama-, Film- und Prosafassung. Ihnen ist gemeinsam, daß sie sich auffallend nah am Ursprungstext orientieren, auf diese Art wohl der von Adorno sistierten Gefahr begegnen möchten, zugleich aber mit den gesetzten Abweichungen und Akzentverschiebungen deutliche Schwerpunkte für die jeweilige Aneignung wählen und so demonstrieren, wie sehr mit jeglicher Form von aktiver Rezeption immer auch eine eigengesetzliche Inanspruchnahme des Ursprungstextes freigesetzt wird.

Die Theaterfassung, die die späten vierziger und die frühen fünfziger Jahre beherrscht hat und weltweit aufgeführt worden ist, entstammt einer Kooperation von André Gide und Jean-Louis Barrault, wird von beiden seit 1942 konzipiert und erfährt 1947 ihre Erstaufführung in Paris. Sie gehört insofern in das Klima des "Existentialismus", den Adorno als Kafka so wenig adäquat attackiert hat, dessen nachhaltige Wirkung aber noch in dem von Hartmut Binder herausgegebenen Handbuch. bezeugt wird, wenn es dort heißt, Gegenstand des Stückes seien:

"die Absurdität des Lebens, die Existenzangst, das Gefühl der Freiheit und Einsamkeit, der Verbrechen und Bedrohung, die beunruhigenden Beziehungen zwischen dem Alltäglichen und Phantastischen, Ungewöhnlichen, zwischen der Realität und dem Übernatürlichen." (Binder 1979, II, 825)

Aus heutiger Perspektive wird man sagen müssen, daß solche die Kulturkritik der fünfziger Jahre fortschreibenden Etikette nicht nur Kafka gegenüber problematisch sind, sondern auch - da viel zu allgemein - wenig dazu beitragen können, das Spezifische der Bearbeitung von Gide/Barrault hervorzukehren. Sobald man sich darauf konzentriert, die Differenz zwischen Bezugstext und Bearbeitung aufzudecken, wird, als erstes, die Intensität auffallen, mit der Gide/Barrault bemüht sind, Josef K. an den Zuschauer und dessen Selbst-Bild heranzurücken. Wenn Josef K. wie ein Pariser Durchschnittsbürger der Mittelklasse vorgestellt wird - bei der Morgenrasur, in souveräner Distanz zu religiösen Kalenderweisheiten, mit derbem Sprachduktus und gestischer Direktheit, nicht ohne ein überlegenes Selbstwertgefühl - so handelt es sich nicht einfach um eine Milieuverschiebung von Prag nach Paris, sondern, viel weitreichender, um den Entzug der Ambivalenz, in die der Leser Kafkas gleich ein-

---

4 Diese literarische Wirkung wird besonders überzeugend verfolgt in: Sandbank 1989.

gangs dem Romanhelden gegenüber geführt wird, und ineins um ein pro-
blemfreies Hineingezogenwerden des Zuschauers in die Rolle des neuen
Josef K. Damit ist am Anfang des Stückes schon die Basis geschaffen,
von der aus Gide/Barrault den Spannungsbogen ihrer Bearbeitung entwerfen und verfolgen werden.

Korrespondierend zu der ungebrochenen Nähe zwischen Zuschauer
und Held wird - wenn auch nur in Form von Nuancen - die Frage der
Schuld ebenfalls früh schon umakzentuiert: Was man als die Durchläs-
sigkeit des Josef K. für die Dimension der Schuld bezeichnen könnte, ist
in der Bearbeitung ohne Pendant. Gleich in der ersten Szene wird in einem ansonsten sehr genau übertragenen Kontext die so eindringliche
Wendung, daß das Gericht nicht etwa die Schuld in der Bevölkerung suche, sondern seinerseits von der Schuld angezogen werde, bis zur Un-
kenntlichkeit verwischt.[5] Und wenn, bald darauf, Kafkas Held sich darüber wundert, daß die Wächter ihn allein lassen und ihm damit die Möglichkeit gäben, sich umzubringen, so wird diese Erwägung, die ein zu-
grundeliegendes Schuldgefühl nicht zuletzt dadurch nahelegt, daß sie von
K. zu einem möglichen Gedankengang der Wächter abgedrängt wird, in
der Bearbeitung wiederum unbesetzt gelassen. Wogegen die Assoziation,
man könne ihn ruhig beobachten, bei Gide/Barrault emphatisch erweitert
wird zu der Selbstversicherung: "N'importe qui peut me regarder. Je n'ai
rien à cacher à personne." (Gide/Barrault 1947, 30) So steht denn auch
der jeweilige Abschluß der Szene, daß K. einen Schnaps trinkt - "wie er
ein Gläschen zuerst zum Ersatz des Frühstücks leerte und wie er ein
zweites Gläschen dazu bestimmte, ihm Mut zu machen, das letztere nur
aus Vorsicht für den unwahrscheinlichen Fall, daß es nötig sein sollte"
(17 f.) - bei Kafka im Zeichen einer zunehmenden Labilität des Helden,
in der Bearbeitung aber, gegenläufig, im Zeichen einer durchaus auf-
trumpfenden Selbstsicherheit: "Et puis je m'en fous de leur requinquet:
j'ai mon schnaps." (Gide/Barrault 1947, 30)

Die derart in der Konzeption der Hauptfigur sich abzeichnende Tendenz zur Vereindeutigung bricht sich - als Grundzug der Gide/Barrault-
Version - im weiteren vor allem darin, daß Kafkas übergangslose Interferenz von Traum und Wirklichkeit sowie das solchermaßen wirksame
Eindringen des Grauens in die Realität aufgehoben und die Grenzen der

---

5 Die entsprechende Stelle lautet: "Les autorités que nous représentons - et encore
n'avons-nous de rapports qu'avec les grades inférieurs - enquêtent minutieusement sur
les motifs d'arrestation avant de nous donner leurs ordres. Il ne s'agit pas en l'espèce
de délit de droit commun, comme ils disent, mais de ceux qui, comme la Loi le dit,
sont mis en jeu par le délit et au sujet desquels ils doivent eux-mêmes se conformer à
des Rè-gle-ments su-pé-rieurs. Voilà la Loi." (Gide/Barrault 1947, 27)

unterschiedlichen Wirklichkeitsmodi reinstalliert werden. Dies wird insbesondere an der berühmten Prügler-Szene sichtbar: Liegt die auf K. und den Leser Kafkas von ihr ausgehende Chokwirkung gerade darin begründet, daß der Alptraum zu einer Form der Wirklichkeit geworden ist und sich in ihr - wie die Wiederholung am folgenden Tag erweist - festgesetzt hat, so wird in der Theaterversion ein nicht unerheblicher Aufwand unternommen, die Szene - was auf der Bühne ja gar nicht so einfach ist - als einen Angsttraum des Josef K. vorzustellen und sie so zu plausibilisieren. Damit hängt dann zusammen, daß die Wiederholung der Szene, die bei Kafka den von ihr ausgehenden Effekt des Unheimlichen potenziert, wie selbstverständlich entfallen muß. Ganz analog wird der Zugang K.s zu den Gerichtssälen auf unterschiedliche Art erschlossen. Bei Kafka wählt K., als er sich in dem riesigen Gebäude, das ihm ohne weitere Namensnennung bezeichnet worden war, Zugang zu den einzelnen Wohnungen verschaffen will, zufällig und als Vorwand den Namen Lanz, mit dem Erfolg, daß eben dieser Name ihm schließlich, wie auf Verabredung, den Zugang zu den Gerichtssälen tatsächlich eröffnet. Die damit beschworene untergründige Affinität zwischen K. - seinen Assoziationen, Phantasien, Begehrlichkeiten - und der Instanz, die den Prozeß gegen ihn führt, wird abgekappt, wenn bei Gide/Barrault K. zusammen mit der Vorladung den Namen Lanz als Kennwort erhält, dessen er sich im weiteren lediglich zu bedienen hat.

Die Reduktionen und Vereindeutigungen der Theaterversion, die wir bislang skizziert haben, können für sich genommen noch nicht als Beispiel produktiver Rezeption fungieren, zu Elementen einer neuen Sinnhypothese werden sie allerdings insofern, als sie zu den Voraussetzungen für semantisch folgenreiche dramentechnische Einschnitte zu zählen sind. Als entscheidende Umgestaltung - innerhalb der einmal gewählten dramatischen Form - ist vor allem die mehrfach eingebrachte Simultantechnik zu werten, die ihrerseits dann die Deutung K.s als Opfer eines übermächtigen Umfeldes ins Bild zu setzen vermag. Zuerst kommt diese Technik zum Tragen, wenn bald nach der Einführungsszene K. und Frau Grubach, gemeinsam auf der Bühne, aber jeder für sich - in alternierenden Monologen also - eine erste Reaktion auf die Vorfälle der Verhaftung formulieren. Mehr Raum noch gewinnt das Simultanverfahren, wenn nach dem zusammen mit dem Onkel absolvierten Besuch K.s beim Advokaten vier unterschiedliche Szenengruppen, in deren Zentrum der Advokat, Block, ein großer Richter und K. stehen, einander jeweils ablösen, teils auch einander überblenden, bis sie schließlich sich gegenseitig verzahnen. Diese Szenenanordnung, für die es in den entsprechenden

Sequenzen des Romans kein Vorbild gibt, hat für die Bearbeitung, so die These, einen so zentralen Stellenwert wie die Aufhebung der Grenzen zwischen Traum und Wirklichkeit für den Roman. Eben dadurch, daß die so auffallende avantgardistische Dimension des Romans in Hinsicht auf die Schuldfrage ebenso wie in Hinsicht auf die Realitätsgestaltung in der Theaterversion weitgehend zurückgenommen wird, kann die Leistung der nun eingebrachten Simultantechnik verschärft ans Licht treten. Diese Neuerung zielt - in schematisierender Zuspitzung formuliert - auf das Verhältnis des einzelnen zu den anderen, auf das Selbst im Spiegel des Gegenüber und die aus dieser Selbst-Sicht folgende Depotenzierung dramatischer Abläufe. Gide/Barrault inszenieren die Krise K.s als eine Krise des modernen Dramas.

Der simultane Monolog zwischen K. und Madame Grubach führt vor, in welcher Art überkommene Selbstverständigungsprädikate des dramatischen Helden wie seine Freiheit - "Quand on peut agir comme on veut, c'est qu'on est libre." (Gide/Barrault 1947, 56) - und der daraus sich ergebende Anspruch auf Handlungssouveränität - "L'important c'est de garder son calme. Dominer la situation." (Gide/Barrault 1947, 60) - zu einem nur mehr ironisch wirkenden Zitat vergangener Modelle degeneriert sind. Und dies justament im Spiegel der banalen, kleinbürgerlichen Weltsicht der Madame Grubach, die die Freiheitsbekundungen ihres Untermieters an der Macht der in ihr Gestalt gewordenen Konformität - "On n'arrête tout de même pas les gens sans motif." (Gide/Barrault 1947, 57) - zerschellen läßt. Fortgeführt und gesteigert wird dieser Mechanismus, wenn K. in der vierfachen Simultanszene gleichsam umstellt und eingefangen wird von Reaktionen und phantasmatischen Gegenbildern des Advokaten, des großen Richters und des so furchtbar erniedrigten Kaufmanns Block. Im Echo ihrer Urteile führt der als Souveränitätsanspruch vorgetragene Entschluß K.s, den Advokaten zu entlassen, in ein berufliches Fiasko auf der Bank und die aussichtslose Zuflucht zum Maler Titorelli. Ein besonderer Höhepunkt der Bearbeitung und des in ihr erreichten Spiegelungseffekts - mit anderer Akzentsetzung freilich - ist dann darin zu sehen, daß die berühmte Wendung des Romans, mit der K. die eigene Hinrichtung kommentieren wird - das Selbsturteil "Wie ein Hund!" (312) - in der Bearbeitung am Schluß zwar entfällt, in der Simultansequenz und in einer späteren Regieanweisung aber in dieser wörtlichen Form - "comme un chien" (Gide/Barrault 1947, 145/188) - als Urteil K.s über Block antizipiert wird.[6] Die Erniedrigung, die der Romanheld am Schluß tragen

6 Die Entsprechung, die diese Stelle im Roman hat, lautet: "Das war kein Klient mehr, das war der Hund des Advokaten." (265)

wird, so zeigt diese Verschiebung, möchte der K. des Dramas an Block delegieren und in ihm gleichsam einschließen. So deutlich diese Operation ist, ob sie gelingen kann, das wird weniger entschieden als dem Zuschauer zur Reflexion anheimgegeben.

Die pointierteste Umbesetzung haben Gide/Barrault schließlich für den Schluß ihrer Bearbeitung reserviert. Der Roman endet bekanntlich mit dem Satz: "es war, als sollte die Scham ihn überleben." (312) Es handelt sich um eine der erlebten Rede und also der Perspektive K.s zuschreibbare Wendung, die - um diesen einen Aspekt hier herauszustellen - dazu dienen kann, die Involviertheit K.s in die ihn zerstörenden Mechanismen des Prozesses festzuhalten und diesem Involviertsein in Gestalt dieses Affekts der Erniedrigung einen Namen zu geben. So gelesen, mündet die Interferenz von Traum und Wirklichkeit samt der oben skizzierten Schuldkonzeption in diesen finalen Affekt der Scham. In dem Maße nun, in dem die Theaterversion K. den ihn bedrängenden Instanzen entgegenstellt und trotz dessen spiegelbildlich erfolgter Entmächtigung an der Konstruktion eines Konfliktes festhält - daß diese Konstruktion aufrechterhalten wird, erweist sich nicht zuletzt an der Verschiebung der Gerichtsszene auf den Schluß zu, ihrer so erreichten Aufwertung zu einer Entscheidungsszene - in dem Maße also, in dem der Held, wie rudimentär auch immer, ein Agierender bleibt, müßte der Affekt der Scham als Schlußpunkt ins Leere laufen. Der geradezu geniale Einfall von Gide/Barrault scheint mir nun darin zu liegen, daß ein Schluß gefunden wird, der die Wendung über die Scham mit einer neuen Bedeutung versieht, indem er sie so substituiert, daß dem Strukturgesetz der Neubearbeitung Genüge getan wird. Die Schlußkommentierung des Romans wird nun an ein bei der Hinrichtung zufällig vorbeikommendes Ehepaar delegiert. Dieses Paar aber - weit davon entfernt, Scham zu empfinden - formuliert das Credo trivialer Konformität - "C'est des affaires de Justice. Ça ne nous regarde pas." (Gide/Barrault 1947, 216) - und führt eben damit die Stimme der Madame Grubach und andere Stimmen der Simultanszenen fort. Vor allem aber gibt das Paar, kurz nach dem Krieg und den Schrekken der Verfolgung, dem Publikum Anlaß, sich selbst in diesen Stimmen der Konformität wiederzuerkennen.[7] Die unterschiedlichen Abweichungen und Neuansätze laufen in der Schlußszene insofern zusammen, als die nun ausgesparte Scham, die der K. des Romans sich zu Unrecht über

---

7 Paradigmatisch ist wohl eine Stelle aus Camus' Tagebüchern, die eine Szene aus dem besetzten Paris festhält: "Un autre jour, devant Saint-Germain-des Prés, j'ai vu deux grands types qui faisaient entrer à coups de poings dans la figure un homme dans un taxi. Et personne ne disait rien. Un garçon de café m'a dit: «Taisez-vous. Ce sont eux.»" (Camus, Albert: Carnets (janvier 1942 - mars 1951), Paris 1964, S.163.)

den Tod hinaus zu eigen gemacht haben mag, mit sehr viel mehr Grund das Publikum trifft, das solchermaßen als Mittäter der Katastrophe bloßgestellt und auch angeklagt wird.

4.

Seine harsche Kritik an der Kafka-Rezeption der Nachkriegszeit hat Adorno in bezug auf die Bearbeitung Gide/Barrault bis hin zu seinem stärksten Anathema, dem der 'Kulturindustrie', gesteigert:

"Drama ist nur so weit möglich, wie Freiheit, wäre es auch als sich entringende, vor Augen steht; alle andere Aktion bliebe nichtig. Die Figuren Kafkas sind von einer Fliegenklatsche getroffen, ehe sie sich nur regen; wer sie als Helden auf die tragische Bühne schleppt, verhöhnt sie bloß. Der Dichter von 'Paludes' wäre André Gide geblieben, wenn er nicht am 'Prozeß' sich vergriffen hätte; er wenigstens hätte nicht im Zuge des fortschreitenden Analphabetismus vergessen dürfen, daß Kunstwerken, die es sind, ihr Medium nicht zufällig ist. Adaptations wären der Kulturindustrie vorzubehalten." (Adorno 1955, 329, Anm.1)

Vor dem Hintergrund unserer vorausgehenden Analyse mag deutlich werden, wie sehr Adornos Polemik auf einem autochthonen Werkbegriff klassischer Provenienz beruht, der ihn den produktiven Leistungen der Rezeption gegenüber blind macht. Beachtung aber verdient Adornos Hinweis auf die je eigene Semantik der Gattungen, näherhin sein Hinweis auf die von uns herausgestellte Affinität der dramatischen Realisation zum Problem der Freiheit und des souveränen Handelns. Nachhaltiger noch als die Bearbeitung von Gide/Barrault macht die Filmversion von Orson Welles, die 1963 in die Kinos gekommen ist und in den sechziger Jahren in wesentlichem Maße das Bild Kafkas beeinflußt hat, offenkundig, wie sehr in der Tat die Wahl des Genres Deutungsoptionen freigibt und vielleicht auch schon vororientiert. Einsichtig wird anhand dieser Version aber auch in besonderem Maße, gegen Adornos Pauschalurteil, wie fruchtbar ein derart neu fundierter Zugriff für die Aneignung eines großen Werkes der Vergangenheit werden kann.

Bei Gide/Barrault ist die Türhüterparabel auf eine rudimentäre Stufe zurückgenommen. Indem der Gefängnisgeistliche die gegebene Situation dadurch erhellt, daß er sich und K. die Rollen eines Türhüters und eines erwarteten Besuchers zuschreibt, metaphorisiert er mit der Reminiszenz an die Parabel lediglich die Konstellation, in der er und K. sich zueinander befinden:

"Sentinelle, on me confie la garde d'une porte afin d'en interdire l'entrée. Pourtant c'est toi que j'attendais, Joseph K ..., et cette entrée, je te le dis, n'est faite que pour toi." (Gide/Barrault 1947, 210)

Ganz anders bei Orson Welles: Die Türhüterparabel wird als Vorspann des Films eingesetzt; darüber hinaus wird sie von dem Film durch eigene mediale Mittel insofern abgehoben, als sie durch eine Sequenz von stehenden Bildern - Alexeieffs berühmte Nadelbilder - vorgeführt und gleichzeitig, aus dem Off, kommentiert wird; schließlich tragen die Bilder ein archaisches Kolorit und sind insofern auch zeitlich von dem Film und der ihm eigenen Aktualität deutlich abgehoben. Die Türhüterparabel ist nicht Beispiel oder Metapher, sie selbst stellt eine gleichermaßen übergreifende und unzugängliche Wahrheit dar, die sich in unserer Zeit - so kann man wohl lesen - in Ereignissen wie den im Film vorgeführten konkretisiert hat. Die Türhüterparabel faßt zeitlos, statisch und illustrativ eine Wahrheit ins Bild, die im Film aktuell, dynamisch und dramatisch entfaltet wird. Vorgegeben wird durch diese Situierung der Türhüterparabel für den Film insgesamt eine Stil- und Problemhöhe, die auf unterschiedlichen Ebenen beizubehalten zu den eindrucksvollsten Qualitäten dieser wohl berühmtesten Kafka-Adaption zu zählen ist.

Die dramatische Bearbeitung, so hatten wir gesehen, stellt den Protagonisten mittels der Simultanszenen vor allem in einen sozialen Kontext: Erschütterung und Entmächtigung, die ihm widerfahren, sind das Ergebnis interaktioneller Spiegelungen. Hauptgegenstand des Stücks ist nicht nur das Ringen K.s um seinen äußeren Prozeß, sondern auch der in ihm sich vollziehende Prozeß vom oberflächlichen Angestellten der Mittelklasse zum Gesprächspartner des Gefängnisgeistlichen, der die eigene Situation mit dem Pascalschen Terminus der "inquiétude" (ibid.) faßt und sie solchermaßen überhöht. Wie entschieden Orson Welles die dramatische Fassung überbietet und die Möglichkeiten des Genres Film genutzt hat, ist strukturell an dem Umstand ablesbar, daß er mit den ersten Einstellungen schon K. - in der großartigen Besetzung durch Anthony Perkins - als den Gehetzten, Entwurzelten und Ausgestoßenen ins Bild setzt, der er den ganzen Film über bleiben wird, im Grunde also mit der 'inquiétude' einsetzt, die Gide/Barrault zum Schlußpunkt gemacht hatten. Der Film ist damit der Aufgabe enthoben, eine wie immer geartete Entwicklung K.s zu demonstrieren und kann sich ganz auf das konzentrieren, was er wie kein anderes Medium ermöglicht, nämlich sukzessiv die Situationen auszumalen und die Welt zu bebildern, die schließlich für die Schlußkatastrophe einzustehen hat.

In einem Interview aus dem Jahre 1965, das dem Textbuch des Films als gleichsam autoritative Äußerung beigefügt ist, bezeichnet Orson Welles K. als schuldig in einem sehr spezifischen Sinn: "He is not guilty of what he's accused of, but he is guilty all the same: he belongs to a guilty society, he collaborates with it." (Welles 1970, 9) Diese Äußerung ist ein fester Referenzpunkt in den Arbeiten über Welles' Film geworden.[8] Ich denke, daß sie einen Tribut darstellt an die Kafka-Diskussion der Zeit, in der der Film entstanden ist, einen zentralen Zugang zum Film selbst hingegen gerade nicht erschließt. Eher liegt es nahe, Walter Benjamins gelegentliche Bemerkung, daß er Kafkas stetes Drängen auf das Gesetz "für den toten Punkt in seinem Werk" (Benjamin 1981, 78) halte, auf die Frage von K.s Schuld in der Verfilmung von Orson Welles zu übertragen. Nicht die Frage der Schuld, sondern die phänomenal aufgewiesene Bezugslosigkeit - metaphysisch gewendet: Heillosigkeit - macht die suggestive Kraft der einzelnen Szenen aus, sie auch stellt ihre Verknüpfung und Kohärenz her, sie erst wird zum Ariadnefaden, der nun aber nicht aus dem Labyrinth heraus, sondern endgültig in die Katastrophe hineinführt.

Das Erwachen K.s hat nichts von der Unbeschwertheit, die Gide/ Barrault an den Anfang ihres Stückes stellen und aus der heraus sie erst sukzessiv die Katastrophe entwickeln. Im Film herrscht, von der ersten langen Einstellung an, die der fahrigen Nervosität K.s, der bedrohlichen Präsenz der Wächter und der Kälte des weißgetünchten Raumes gilt, eine radikale Unversöhntheit. Diese 'Urszene' wird im weiteren immer neu und häufig überraschend variiert, Peripetien mit der Implikation von Rettungsaussichten aber gibt es im Grunde nicht. Profiliert wird eher das Gegenspiel zwischen der diffusen Hast K.s sowie seinem gelegentlichen Aufbäumen auf der einen und dem Scheitern seiner Vorhaben an einer übermächtigen und feindlichen Welt auf der anderen Seite. Die Beispiele für dieses Gegenspiel füllen den Film. Wenn K., bald nach der Anfangsszene, durch die drohende Verhaftung bedrängt, auf den Balkon tritt, die Perspektive auf das Hochhausviertel, in dem er lebt, sich öffnet und die Kamera - wie ein rettungssuchendes Auge - Fräulein Bürstners Ankunft im Taxi aus schwindelerregender Höhe einfängt, dann macht schon die entstehende Verzerrung deutlich, daß in dieser Welt auf Rettung nicht zu zählen ist.

Nicht der schwächste Name dieser feindlichen Welt ist der eines tragischen oder ironischen Mißverstehens. Der Arbeitsplatz K.s wird als ein riesiges Großraumbüro vorgestellt, mit perspektivisch meisterhaft eingefangenen endlosen Reihen von Sekretärinnen. Die gleißende Transparenz dieses Raumes wird als Form der Kommunikationslosigkeit und -unfähigkeit noch dadurch untermalt, daß eine K. suchende Cousine, die einzige Person des Films aus einer gleichsam anderen Welt, durch eine Glas-

---

8 Cowie 1965; Parra/Zimmer 1985; Wigham 1970.

wand Kontakt aufzunehmen versucht, von K.s Vorgesetztem als dessen minderjährige Geliebte verdächtigt und von K. selbst aggressiv verleugnet wird. Spiegelverkehrt ist es in der folgenden Szene Miss Pittl - eine Reminiszenz an Kafkas Fräulein Montag -, die die hartnäckigen Versuche K.s, ihr bei dem Transport eines riesigen Koffers in einer öden Szenerie zu helfen, nachhaltig abweist. Der Höhepunkt dieser Sequenz ist aber in der Szene zu sehen, in der K. zuerst aus einer Theateraufführung herausgerufen und dann instruiert wird, daß und wie er den Weg zur ersten Gerichtssitzung zu nehmen habe. Dabei nimmt er zwei finstere Gestalten in Ledermänteln wahr und fordert sie, da sie offensichtlich zu seiner Bewachung abgestellt seien, ironisch als Wegbegleiter an, erhält dann aber zur Antwort: "That isn't their job." (Welles 1970, 55) Was wirklich ihr Job ist, wird auch der Zuschauer erst am Ende des Films wissen, wenn diese beiden Figuren als die bestellten Mörder K.s wiederkommen. Wobei das schärfste Indiz der Szene eben darin liegt, daß die Mörder K. schon vor dem ersten Verhör zugeordnet sind, die Aussichtslosigkeit seines Weges insofern auf geradezu makabre Art festgeschrieben wird.

Wie entschieden Welles seine Kafka-Version über die dem Film eigenen Gattungsmittel und nicht nur über die verbalen Äußerungen seiner Figuren steuert, das tritt schließlich besonders deutlich dadurch hervor, daß von dem Augenblick an, zu dem K. den Sitzungssaal betritt, das Schnittempo immer rapider wird, zugleich aber K. - in markanter Differenz zu der entsprechenden Romanszene, in der er im brodelnden Durcheinander längere Zeit über wenig beachtet bleibt - Ziel und Mittelpunkt der häufigen Perspektivwechsel ist. Diese Akzeleration der Schnitte bei gleichzeitiger Fokussierung auf den Protagonisten macht aus ihm - weitaus mehr, als dies bei Kafka der Fall ist - ein Opfer der Welt, der er ausgesetzt ist. Die Rolle eines Opfers oder eines Sündenbocks, die K. im weiteren zu tragen hat, wird nicht so sehr an ihm selbst, sondern als gleichsam gegenbildlich an den Personen, Instanzen und nicht zuletzt Räumen illustriert, die ihn umstellen und kleinmachen. In ganz wörtlichem Sinne gilt diese Relation, wenn K. die überdimensionale Tür des Sitzungssaales, sich gegen sie stemmend, schließt und doch nur entlassen ist in eine Welt, in der bald darauf die geprügelten Wächter sich so an ihn klammern, daß er kaum sich ihnen zu entwinden vermag. Aber auch die riesigen Raumfluchten des Anwalts und erst recht die des Gerichts sind so angefüllt mit Zeichen des Fremden und des Furchtbaren - von Lenis Schwimmhäuten zwischen den Fingern bis hin zum Saal der an KZ-Häftlinge gemahnenden Angeklagten -, daß in ihnen jeder Versuch der Selbstbehauptung den Anschein des Vorläufigen haben muß.

In der Perspektive einer Dialektik von jeweils erprobter Selbstbehauptung und übermächtiger Gegenwelt können denn auch die Schlußetappen des Films gesehen werden. Im Unterschied zum Roman, der sich durch eine nicht-lineare Vernetzungsstruktur auszeichnet, ist der Film recht pointiert auf ein derartig dialektisches Gegeneinander zentriert. Dies läßt sich vorderhand schon an einer stärkeren Szenenverknüpfung und dann auch an inhaltlichen Akzentverschiebungen demonstrieren. Von der Aufkündigung seines Anwalts und der damit angezeigten Weigerung, die Rolle Blocks zu spielen, gelangt K. im Film unmittelbar zu dem hier dämonisierten Titorelli. Kommt im Roman der Hinweis auf ihn - änigmatischerweise- von dem Fabrikanten, so ist es im Film Leni, die, nachdem sie K.s Kündigung des Advokaten mit der Warnung:"There's no place for you to go" (Welles 1970, 143) versehen hatte, ihm diesen Maler - als letzte Zuflucht gleichsam - nennt. K.s Ansatz zur Selbstbehauptung führt also im Film erkennbar zum Maler, einer Instanz, die dann allerdings den erhofften Ausweg nicht wird weisen können, sondern die ihm affine Gerichtswelt in Gestalt der erinnyenhaften Schar der Mädchen nur noch unheimlicher und bedrohlicher erscheinen läßt. Entsprechend führt K.s höchst eindrucksvoll inszenierte Flucht durch ein unterirdisches Tunnelsystem - im Unterschied zum Roman - direkt in den Dom, der aber die mit ihm verknüpfte Assoziation der Rettung pervertiert, indem er zum Ort des Urteils wird, aus dem entlassen, K. seinen Mördern direkt in die Arme laufen wird.

Beide abschließende Szenen aber sind ganz zu einem Gegenspiel von Selbstbehauptung und Vernichtung zugespitzt: In der Domszene tritt - als eine der entschiedensten Überbietungen des Romans - der von K. abgewiesene Anwalt als Abspaltung des Priesters wieder auf und beansprucht die Festschreibung von K.s Leben, indem er in einer Kurzform die Türhüterparabel noch einmal an eine Leinwand projiziert, dabei K.s Gestalt als Schatten in die Bilder miteinschließt und ihn so zur Rolle des Gescheiterten, des Mannes vom Lande, gleichsam verurteilt. Dieser Festschreibung gegenüber vollzieht K. mit seiner an den Priester gerichteten abgrenzenden Identitätsbestimmung - "I'm not your son" (Welles 1970, 169) - eine herrische oder auch metaphysische Revolte, die ohne Grundlage im Bezugstext ist und trotz ihrer faktischen Wirkungslosigkeit im Film ein Eigengewicht erlangt. Diese Relation gilt vollends für die Hinrichtungsszene, in der Welles die auch schon bei Kafka gegebene Weigerung K.s, die Rolle der Mörder zu übernehmen und sich selbst zu töten, zu einer Herausforderung K.s an die Macht, die ihn vernichten wird, steigert. Nicht der Umstand, daß im Film schließlich das Messer durch Dynamit ersetzt wird, ist entscheidend, so wichtig Welles auch dieser Punkt war, wohl aber, daß K.s Schlußrekurs auf die Scham im Film entfällt und nun substituiert wird durch ein Lachen an der Grenze zum Wahnsinn, mit dem K. den Zustand einer Welt bezeichnet, die ihm - so liegt es nahe zu deuten - die Bloßlegung des ihr eigenen Paroxysmus durch die abschließende Globalkatastrophe im Bild eines Atompilzes einlöst. Verwoben in das Bild dieser Schlußkatastrophe wird vom Regisseur, aus dem Off, zuerst gesagt, daß der Film auf dem Roman Kafkas basiere; dann aber, nach der Aufzählung der Schauspieler, folgt ein Abschluß des Nachspanns, der überdeutlich macht, wie sehr dieser Regisseur für sich in Anspruch nimmt, eine eigene, zeitgemäße Antwort auf die Fragen des Romans gegeben zu haben: "I played the Advocate ... and wrote and directed this film. My name is Orson Welles." (Welles 1970, 176)

5.

Anläßlich der Verleihung des Kafka-Preises im Jahre 1979 hat Peter Handke in bezug auf das Ende des hier besprochenen Romans gesagt:

"Es gibt in den Schriften der Völker seit Anbeginn keinen zweiten Text, der den Machtlosen besser dabei helfen kann, in Würde und zugleich Empörung einer als Todfeind erfahrenen Weltordnung standzuhalten, als den Schluß des Romans 'Der Prozeß', wo Josef K., der Held, zum Geschlachtetwerden weggezerrt wird, die höhnisch verschleppte Hinrichtung sogar selber vorantreibt und es dann doch, heroisch triumphierend, unterläßt, den zwei Herren, die über ihn hinweg einander das Messer reichen, die Henkershandlung abzunehmen: das steht GESCHRIEBEN - man LESE." (Handke 1980, 15b f.)

Der wuchtige Kommentar liest sich, als wäre das Ende des Romans durch die Brille von Orson Welles gesehen. Jedenfalls scheint die skizzierte Dialektik von Selbstbehauptung und Vernichtung sowie die geradezu schmerzhafte Dauer, mit der die Mörder im Film das Messer über K.s Kopf austauschen, in Handkes durchaus pathetische Deutung eingegangen zu sein. Ob sie damit schon hinreichend erklärt ist, bleibt eine Frage, auf die wir von Handkes eigener Bearbeitung, seinem kurzen Prosastück 'Der Prozeß' aus dem Jahre 1965, eine Antwort erwarten dürfen.

Wie Orson Welles mit dem Nachspann, so bedient Handke seinerseits sich paratextueller Möglichkeiten, die Differenz zu Kafka herauszustellen. Er tut dies aber gleich am Anfang, indem er bereits dem von Kafka übernommenen Titel 'Der Prozeß' die Widmung "(für Franz K.)" (Handke 1969, 86) folgen läßt. Mit dieser Widmung hebt er einerseits

hervor, wie sehr er sich dem Autor des Bezugstextes, Franz Kafka nämlich, verbunden weiß, er bezeugt ihm gegenüber aber auch seine Eigenständigkeit, die Fähigkeit, nicht nur zu empfangen, sondern auch zu geben, macht jedenfalls durch das Verhältnis von Überschrift und Widmung schon einen Vorgriff auf das nuancierte Changieren des Textes
zwischen Bezugstext und Variation deutlich. Erweitert wird diese behut-
same Ankündigung - immer noch paratextuell - durch die der Widmung
folgende Frage "Wer hat Josef K. verleumdet?", die wie eine Kapitel-
überschrift oder ein Untertitel dem folgenden Text vorausgeht und im
Leser die Erwartung weckt, daß ebendiese Frage, die ihm die Lektüre
Kafkas immer schon nahegelegt hatte, nun eine Antwort finden werde.
Diese so nachhaltig geweckte Erwartung wird aber von dem Text
Handkes auf den ersten Blick gerade nicht erfüllt.

Die Machart von Handkes Text zu charakterisieren, ist nicht einfach.
Der erste und der letzte Satz entsprechen wörtlich dem Anfang und dem
Ende von Kafkas Roman. Hat man vor Augen, als wie wichtig in den bisher besprochenen Bearbeitungen die Umakzentuierung gerade von Anfang und Ende sich erwiesen hat, so wird auf diese Art schon deutlich,
daß im Gegenzug zu den paratextuell geweckten Erwartungen Handke
vorderhand die Anlehnung an die Vorlage und die Treue zum Bezugstext
nachhaltig in den Vordergrund rücken will. Die Raffinesse des Textes
liegt darin, daß dem Leser insinuiert wird, alle wesentlichen Erzählsträn-
ge und -verzweigungen von Kafkas Roman würden ihm in erzähleri-
schem Grundduktus lediglich noch einmal vergegenwärtigt. Die Eigenart
und Wirkung solch mimikryhafter 'Wiederholung' des Bezugstextes lenkt
aber, notwendigerweise, die Aufmerksamkeit auf die Erstellung von Differenz. Diese Differenz ist festmachbar zunächst als Selektion. Einer der
auffallendsten Effekte von Handkes Wiedergabe des Kafka-Romans liegt
in dem von ihm ausgehenden Impuls an den Leser, zunächst einzelne
sprachliche Wendungen, die sich im Handke-Text fremd, ja bizarr aus-
nehmen, auf ihre Bezugstreue hin zu überprüfen, dann aber, auf diese
Fährte gelockt, diese Vergleichsübung auf die gesamte Anlage und
Machart des Textes sowie die so gesteuerte Modalität der Lektüre auszu-
dehnen.

Das Procedere der Aufmerksamkeitslenkung und -steigerung kann
zunächst an einfachen Beispielen erklärt werden. Im Handke-Text wird
der Leser über die Wendung stolpern, Fräulein B. erkläre, als K. sie
abends um ein Gespräch bittet, "sie sei zum Hinfallen müde" (Handke
1969, 87); indem nun die Überprüfung ergibt, daß die Wendung - im Prager Deutsch der Jahrhundertwende üblich ? - sich tatsächlich bei Kafka

findet, wird der Leser sofort weiterfragen, warum Handke gerade diese, für seine Leser jedenfalls ganz ungewöhnliche Wendung übernimmt. Zwei Antworten bieten sich an: Einmal die, daß es just um den soeben nachgezeichneten Effekt einer wiederholenden Lektüre und deren Implikationen geht, zum anderen aber - und diese Spur wollen wir vorläufig verfolgen -, daß der Handke-Erzähler in seiner Bearbeitung gestische Konstellationen des Ursprungstextes privilegiert und solchermaßen die vermeintlich ganz deutungsneutrale Aneignung zumindest strukturiert. Dem entspricht jedenfalls, daß im gleichen Zusammenhang die Dialogpartien der Fräulein-Bürstner-Episode stark gerafft werden, die Vorlage aber genau zitiert wird, wenn von K.s Gesprächspartnerin die Rede ist als von dem Fräulein, "das, während es zuhörte, das Gesicht in eine Hand stützte und mit der anderen Hand langsam die Hüfte strich." (Handke 1969, 88)

Diese so deutliche Privilegierung gewisser Romanpartien geht -notwendigerweise - mit der Vernachlässigung einer anderen Ebene der Vorlage einher. Es handelt sich dabei, wie schon angedeutet, um die Redepartien des Romans, die monologischen ebenso wie die dialogischen. Zu der langen Rede, die der K. des Romans im Sitzungssaal hält, finden sich in der Bearbeitung nur wenige pauschale Angaben; die ausufernden Gespräche mit dem Advokaten, Leni und Bloch, die im weiteren Sinn um die Aufkündigung des Advokaten kreisen, sind in ganz bündigen Wendungen zusammengezogen: "Er wollte die Sache biegen oder brechen. Er hielt es nicht aus, mundtot zu sein". (Handke 1969, 95) Die Kontur, die der Erzähler auf diese Art gewinnt, manifestiert sich in einigen Passagen als eine Distanz zur Vorlage. Dies gilt in einem eher technischen Sinne an den wenigen Stellen, an denen ein Zeitsprung aus dem Präteritum in ein verweisendes Präsens stattfindet: "Ein Bild zeigt ihn"; "Es ist auch von einer Müdigkeit die Rede"; "Wer weiß, wie lange er oft saß in seinem Büro" (Handke 1969, 94/94/96); stärker noch wird diese Perspektive des Erzählers als eigenständige ins Spiel gebracht, wenn er - was selten der Fall ist - deutliche Urteile abgibt, so etwa, wenn es in bezug auf die Rechtfertigungsversuche K.s dem Geistlichen gegenüber heißt: "Dann aber gebärdete er sich wieder wortreich und schwätzte seine üblichen sorglosen Reden." (Handke 1969, 97) Vor allem tritt er als eigenständige Instanz an den Stellen hervor, an denen er den Sinn des Bezugstextes verändert, die Mimikry aufgibt und die eigene Position konturiert. Dies geschieht, so denke ich, an zwei zentralen Stellen des Textes, die, wie wir sehen werden, sich wechselseitig verstärken.

Zuerst wenden wir uns der Hinrichtungsszene zu. Der Einfachheit halber seien die Texte von Kafka und Handke synoptisch nebeneinandergestellt:

Kafka

Handke

Dann öffnete der eine Herr seinen Gehrock und nahm aus einer Scheide, die an einem um die Weste gespannten Gürtel hing, ein langes dünnes beiderseitig geschärftes Fleischermesser, hielt es hoch und prüfte die Schärfen im Licht. Wieder begannen die widerlichen Höflichkeiten, einer reichte über K. hinweg das Messer dem anderen, dieser reichte es wieder über K. zurück. K. wußte jetzt genau, daß es seine Pflicht gewesen wäre, das Messer, als es von Hand zu Hand über ihm schwebte, selbst zu fassen und sich einzubohren. Aber er tat es nicht, sondern drehte den noch freien Hals und sah umher. Vollständig konnte er sich nicht bewähren, alle Arbeit den Behörden nicht abnehmen, die Verantwortung für diesen letzten Fehler trug der, der ihm den Rest der dazu nötigen Kraft versagt hatte. (311 f.)

Schließlich entnahm ein Herr seinem Gehrock ein langes, dünnes, beiderseitig geschärftes Fleischermesser, hielt es hoch und prüfte die Schärfe im Mondlicht. Höflich reichten die beiden einander das Messer über K. hinweg und wiederholten wieder und wieder diese Gebärde, in der Hoffnung, K. werde zugreifen und ihnen die Arbeit abnehmen. K. dachte jedoch nicht daran. Es erschien ihm wie eine Rechtfertigung, daß er sie gewähren ließ. (Handke 1969, 98)

Handkes Version, dies fällt vorderhand auf, ist um einen entscheidenden Passus gekürzt. Und zwar entfallen die Gedankenassoziationen, mit denen Kafkas K. auf die von ihm realisierte "Pflicht" reagiert, sich selbst zu töten. Das Besondere dieser bei Handke aufgegebenen Kafka-Zeilen dürfte darin liegen, daß die den ganzen Roman durchziehende Ambivalenz hier noch einmal eine besondere Verdichtung erfährt. "Vollständig konnte er sich nicht bewähren, alle Arbeit den Behörden nicht abnehmen", kann zunächst einmal als ein ironisch formulierter Protest und als eine Form der Selbstbehauptung gelesen werden, zum anderen aber wird mit der semantischen Reihe, die von "Pflicht" über "bewähren" und "Verantwortung" bis hin zum markanten "letzten Fehler" reicht, doch auch eine Ebene aufgerufen, die die Schuld K.s festzuschreiben und die Instanz zu beglaubigen scheint, die das Urteil über ihn spricht. So unentwirrbar diese Ambivalenz Kafkas sein dürfte, so deutlich verläßt Handke sein Modell an dieser Stelle. Wichtig ist zunächst, daß Handke die bestallten Mörder die "Hoffnung" hegen läßt, daß K. sich selber töten möge, er seinem eigenen Protagonisten hingegen einen solchen Gedanken gar nicht zumutet. Während Kafkas K. das erahnte Ansinnen als "Pflicht" internalisiert, profiliert Handkes neu eingebrachte Wendung "K. dachte jedoch nicht daran" Konturen der Selbstbehauptung in aller Schärfe. Und dies auf mehreren Ebenen: Immanent gelesen ist der Satz nur aus der Perspektive des Erzählers in dem Sinne zu verstehen, daß K. gar nicht auf den Gedanken kommt, das zu tun, was die "Hoffnung" der Mörder ihm anträgt. Insoweit wird unterstrichen, daß die Mörder und das Opfer ganz unterschiedlichen Welten angehören, zwischen denen eine Verbindung nicht ausmachbar ist. Intertextuell gelesen liegt aber in dem "K. dachte jedoch nicht daran" ein expliziter Protest gegen die Reaktion von Kafkas K., von dem Handkes K. sich auch dadurch absetzt, daß er dessen Gedankengänge über "Verantwortung" und den eventuellen "letzten Fehler" semantisch zwar aufgreift, aber denunziert, wenn er es seinerseits schon als "Rechtfertigung" empfindet, den Mördern nicht Gegenwehr zu leisten.

Das sich mithin abzeichnende Ergebnis, daß Handke seiner zunächst so mimikryhaft erscheinenden Wiedergabe gleichwohl eine deutliche Absetzbewegung vom Bezugstext eingeschrieben hat, wird durch den zweiten kapitalen Eingriff auf einer gleichsam theoretischen Ebene abgesichert und so verstärkt. Es handelt sich um die Exegese der Türhüterparabel, jenen Zusammenhang also, in dem der Roman und seine Verfahren nach allgemeiner Übereinkunft gleichsam in das Stadium der Selbstreflexivität treten. Die bei Kafka so umfangreiche Exegese, in deren Verlauf K. sich immer tiefer in das Problem des Verstehens verstrickt findet, wird bei Handke auf einen einzigen Satz zusammengezogen:

"der Geistliche trug ihm zuletzt die verschiedenen Auslegungen vor, erklärte aber, diese seien oft nur ein Ausdruck der Verzweiflung der Schrift gegenüber, die selber unverständlich sei." (Handke 1969, 97)

Handkes Auswahl erhält ihre Zuspitzung dadurch, daß das bei ihm an den Schluß gesetzte und derart hervorgehobene Urteil, demzufolge die Schrift "unverständlich" sei, den Buchstaben und auch den Sinn der Vorlage aufkündigt und in einen neuen Zusammenhang setzt. Bei Kafka nämlich rührt die Verzweiflung über die vielen Meinungen, vor denen der Geistliche ausdrücklich warnt, daher, daß die Schrift "unveränderlich" sei. (298) Mit der Differenz, die von "unveränderlich" bis zu "unverständlich" ausgemessen wird, erfährt die bei Kafka eventuell angelegte Entsubstantialisierung des hermeneutischen Prozesses, die Ablösung von einer verbindlichen Ur-Schrift, bei Handke erst ihre transparente Formulierung. Für unseren Zusammenhang aber genügt als Applikation der Hinweis, daß die "Schrift", die Handke zur Exegese und Bearbeitung vorlag, Kafkas 'Der Prozeß', als "unveränderlich" von ihm nicht hingenommen werden konnte. Sie war ihm vielmehr - was die zitierte Passage angeht - so "unverständlich" geworden, daß er aus ihr sich gelöst hat und dem Schluß die Wendung gibt, die seinem Credo in der anfangs zitierten Preisrede entspricht. Sollte deren auffallendes Pathos nicht daher rühren, daß der Autor eben den blinden Fleck in Kafkas Text bedecken wollte, den er, da ihm "unverständlich", nicht konnte stehen lassen ?

Wenn dem aber so ist, dann können wir auf Handkes Vorspann zu 'Der Prozeß' noch einmal zurückkommen. Die Widmung "(für Franz K.)", so sehen wir nun, ist nicht aus spielerischen Gründen zusammengesetzt aus dem realen Vornamen und dem Nachnamen der fiktiven Person, vielmehr bricht in dieser Zusammenstellung sich eine Ambivalenz Handkes gegenüber Kafka, die es ihm offensichtlich verunmöglicht, dem Autor und seinem Sinnverstehen sich ungeteilt verbunden zu erweisen, die ihn vielmehr dazu führt, den dem Autor entzogenen affektiven Anteil dessen fiktiver Hauptgestalt zuzusprechen. Nimmt man hinzu, daß diese Ambivalenz an anderer Stelle machtvoll Ausdruck gefunden hat in dem lapidaren Satz "Ich hasse Franz Kafka, den Ewigen Sohn"[9], daß nur der Welles'sche K. sagen kann "I'm not your son" und Handke die Hinrichtungsszene in dessen Sinn gegen Kafka neubestimmt hat, dann wird es, so denke ich, zulässig, Handkes implizite Antwort auf die von ihm eingangs gestellte Frage, wer Joseph K. verleumdet habe, nun zu formulieren: Niemand anders als Franz Kafka, der Autor, dem Handke weit gefolgt ist, den er an einer für ihn entscheidenden Weggabelung aber verläßt.

---

9 Handke, Peter: Phantasien der Wiederholung, Frankfurt a.M. 1975, S.53.

Literatur

Adorno, Theodor W., 1955: Aufzeichnungen zu Kafka, in: ders.: Prismen, Frankfurt, S.302-342.

Benjamin, Walter, 1981: Benjamin über Kafka. Texte, Briefzeugnisse, Aufzeichnungen, hg.v. Hermann Schweppenhäuser, Frankfurt a. M.

Binder, Hartmut (Hg.), 1979: Kafka-Handbuch in zwei Bänden, Stuttgart.

Born, Jürgen (Hg.), 1979: Franz Kafka. Kritik und Rezeption zu seinen Lebzeiten 1912 -1924, Frankfurt a. M.

Born, Jürgen (Hg.), 1983: Franz Kafka. Kritik und Rezeption 1924 - 1938, Frankfurt a. M.

Cowie, Peter, 1965: The Cinema of Orson Welles, New York.

Gide, André/Barrault, Jean-Louis, 1947: Le Procès. Pièce tirée du roman de Kafka, Paris.

Handke, Peter, 1969: Der Prozeß. In: ders.: Prosa. Gedichte. Theaterstücke. Hörspiele. Aufsätze, Frankfurt, S.86-98.

-, 1980: Zu Franz Kafka, in: ders.: Das Ende des Flanierens, Frankfurt, S.153-159.

Jauß, Hans Robert, 1982: Ästhetische Erfahrung und literarische Hermeneutik, Frankfurt a. M.

Müller, Jürgen E., 1990: Literaturwissenschaftliche Rezeptions- und Handlungstheorien, in: Bogdal, K.-M., Neue Literaturtheorien. Eine Einführung, Opladen, S. 176-200,

Parra, Danièle/Zimmer, Jaques, 1985: Orson Welles, Paris.

Robert, Marthe, o.J.: Kafka en France, in: Obliques 3, (o.J.), S.5 - 9.

Sandbank, Shimon, 1989: After Kafka. The Influence of Kafka's Fiction, Athens/London.

Warning, Rainer (Hg.), 1975: Rezeptionsästhetik, München.

Welles, Orson, 1970: The Trial. A Film by Orson Welles, London (franz. Original ausg. 1963).

Wigham, Charles, 1970: The Films of Orson Welles, London.

VII.
Interpretation und Blamage.
'Vor dem Gesetz' - Präambeln aus konstruktivistischer Sicht

Bernd Scheffer

> "Das Gesetz bin ich!"
> *(Viele Gesetzlose in vielen Western)*

Die Grundsituation, die wir (oder andere) den Texten Kafkas unterstellen, den "stehenden Sturmlauf" (vgl. Kafkas Tagebucheintragung vom 20.11.1911), die energischen, die gesteigerten Sprach- und Gedanken-Bewegungen auf der Stelle und an der ("Türhüter"-)Schwelle, ohne sie je überschreiten zu können - diese Grundsituation erscheint uns zugleich auch als zentrales Modell der Kafka-Interpretation. Kaum ein anderes Oeuvre der Weltliteratur läßt sich ja so deutlich wie Kafkas Werk mit dem reizvollen, weil unauflöslichen Dilemma charakterisieren, daß man anläßlich der Texte weitere Deutungen zwar einerseits gar nicht unterlassen kann, daß jedoch andererseits gerade ein Text Kafkas von vornherein "aus einem ganz anderen Horizont als dem der Deutbarkeit geschöpft ist." (Allemann 1963, 282)

Die vom Herausgeber vorgeschlagene Aufgabe, neuere Literaturtheorien anläßlich von Kafkas 'Vor dem Gesetz' in "Modellanalysen" "konkret" zu demonstrieren, ist in mehrfacher Hinsicht unbequem; unbequem deshalb, weil man sich ja den theoretischen 'Fortschritt' aller neueren Überlegungen gerade auch davon erhofft, daß man in der eigenen literaturwissenschaftlichen Praxis nicht mehr in die mittlerweile doch bekannten Fallen der Interpretation tappen muß. Soll man im vorliegenden Fall also die Theorie-Fahnen, auf die man sich - 'Against Interpretation' - eingeschworen hat, ins Korn werfen und zu den "drei Armeen von Interpreten" desertieren, die bislang schon Kafkas Werk "vergewaltigt" haben? (Vgl. Sontag 1964; sie beginnt mit dem Gebrauch von Kampf- und Armee-Metaphern). Zudem ist ja gerade der Konvertit, der Überläufer von der schönen Theorie zur weniger schönen Praxis nicht ohne weiteres frei von dem Wunsch, nun wenigstens das ganze Kafka-Interpreten-Fußvolk aufzurollen und zu überholen; leicht wünscht er sich an die Spitze, zur Avantgarde der Interpreten (die es vermutlich gar nicht mehr gibt); wir beobachten also ein Unternehmen von geradezu selbst-boykottierender Grandiosität und kafkaesker Aussichtslosigkeit. Aber vielleicht tritt auch der Literaturwissenschaftler, der theoretisch orientiert arbeitet und nur gelegentlich "konkret" interpretiert, nur seinerseits die Flucht nach vorne an, um die Blamagen, um die unvermeidlichen und peinlichen Blessuren der Interpretation gegen das höher-wertige Verwundeten-Abzeichen der Theorie (bzw. ihres Raunens) einzutauschen?

Man kann anläßlich von Texten nicht nichts verstehen; man versteht unvermeidlich immer irgend etwas; man interpretiert - aus 'konstruktivistischer' Sicht - schon von Anfang an mit der Entzifferung des ersten Buchstabens; man kann nicht nicht interpretieren, und man wird anläßlich eines solchen Textes wie 'Vor dem Gesetz' unvermeidlich 'sinn-stiftend'. Indessen kann es zumal bei Kafka-Texten eben nicht mehr um den oft geübten Versuch gehen, das Dilemma zwischen Zuwenig und Zuviel zu ignorieren oder ihm auszuweichen, sondern im Gegenteil: interessant ist gerade die Einübung, sind also Interpretationen, denen es gelänge, alle Ausweglosigkeiten, alle Paradoxien anläßlich der Texte Kafkas beizubehalten statt sie aufzulösen. Auch wenn der Anspruch nicht neu ist, ihn zu wiederholen erübrigt sich gleichwohl nicht: Bei vielen Kafka-Interpreten kommt noch nicht einmal der (im Grunde doch billig zu erzielende) Verdacht auf, die Faszination anläßlich der Kafka-Texte liege gerade darin, daß alle einstrangigen psychologischen, philosophischen, religiösen etc. Interpretationen 'unmöglich' (im doppelten Wortsinn) erscheinen - abgesehen von dem weiteren Verdacht, daß auch noch die Interpreten sich selbst 'unmöglich' machen, sich zwangsläufig mehr oder weniger stark blamieren - angesichts der Dilemmata und Paradoxien von Kafkas Texten. So wurde bislang die Interpretations-'Idee', die 'Lösung' etwa dadurch geschützt, daß der Kontext des Textes 'Vor dem Gesetz' im 'Prozeß'-Roman überhaupt nicht diskutiert wurde, denn dessen 'Daten' hätten dem Vorsatz des Interpreten 'widersprochen'. Ungewöhnlich viele Interpreten haben also das Kaninchen, das sie aus dem Hut glaubten zaubern zu müssen, isoliert von seiner kontextuellen Umwelt, in der es auf der Stelle zugrunde gegangen wäre. Was denn soll man den vielen Interpreten unterstellen, wenn man nicht unterstellen will, sie hätten den Kontext nicht gekannt? Wohl doch nur eine über das Normale und Unvermeidliche hinausgehende Willkür?[1] Daß Kafka den Text auch selbständig veröffentlicht hat, berechtigt nicht sogleich zu einer kontextlosen 'Selbständigkeit' auf Seiten des Interpreten - jedenfalls nicht ohne Angabe von Gründen. Jemand, der beispielsweise interpretiert, der Türhüter täusche in 'sadistischer Manier' den Mann vom Lande (was ja als Überlegung auch durchaus interessant ist), müßte doch die noch reizvollere Gegendeutung des Geistlichen diskutieren, in Wahrheit sei der Türhüter der Getäuschte, im übrigen zeige er "Regungen des Mitleids" (298), sei vielleicht sogar "freundschaftlich" (298).

Mein Vorschlag lautet (weitere Begründungen werden folgen): 'Vor dem Gesetz' sei ein Text über Texte, eine Beobachtung über das Beobachten, eine durch ihr Raffinement nicht einholbare Interpretation aller Interpretationen, die diesen Text betreffen; es gehe zwar nicht explizit, aber doch thematisch vorrangig um die Produktion und vor allem um die Rezeption von Literatur, um Literatur über Literatur; Texte und Interpretationen seien also der vorrangige 'Inhalt'; keine andere Deutung sei 'treffender' als dieser oder ein vergleichbar Typ der Meta-Deutung (der 'Über-Deutung' oder durchaus auch 'Unter-Deutung' im Spektrum des skizzierten Dilemmas; Kremer (1992) versteht Kafkas Texte ebenfalls als 'Texte über Texte', allerdings bezogen auf den Schreibvorgang, nicht auf den Vorgang der Rezeption und Interpretation).

Auch der "Türhüter" und der "Mann vom Lande" stehen oder sitzen oder liegen schließlich immer nur "vor"(!) dem "Gesetz". Der Wunsch,

---

1 Freilich kennen wir einige solcher willkürlichen Ausblendungen: In der DDR-Literaturgeschichte wird 'Werther' "zu Grabe getragen von Arbeitern (sic!), für die sein Herz geschlagen hatte". (Kollektiv für Literaturgeschichte, 1974: Klassik. Erläuterungen zur deutschen Literatur. Berlin ("Die Leiden des jungen Werthers" S.107) - Jeder Leser von Interpretationen 'erwischt' die Kolleginnen und Kollegen (und sie wiederum ihn) bei derlei 'Manipulationen'. Sie sind vielleicht doch so normal, so häufig, daß man an den Regeln der 'Kunst (der Interpretationen)', mindestens aber an ihrer Verbindlichkeit zweifeln darf.

Eintritt "in"(!) das Gebäude oder Areal des Gesetzes zu erbitten oder zu bekommen, bleibt trotz der möglichen Stimmigkeit der Metapher gewissermaßen unvorstellbar; desgleichen "Türhüter", "Tür" und "Tor" usw. Wieso muß sich der Mann "bücken", "um durch das Tor in das Innere zu sehen"? Kaum mehr als ein Gerücht kann die Behauptung des Türhüters sein: "Schon den Anblick des dritten (Türhüters) kann ich nicht mehr ertragen." Getrübt ist "seine Auffassung durch Einfalt und Überhebung" (297), sagt jedenfalls der ebenfalls unzuverlässige Geistliche. Der Mann vom Lande beobachtet "fast ununterbrochen" und erkennt immer weniger. "Richtiges Auffassen einer Sache und Mißverstehen der gleichen Sache schließen einander nicht vollständig aus" (297), behauptet der Geistliche an den Grenzen der Formal-Logik. Was kann man überhaupt noch gewinnen, wenn die Aussichtslosigkeit jeder Hermeneutik schon benannt ist: "Die Schrift ist unveränderlich und die Meinungen sind oft nur ein Ausdruck der Verzweiflung darüber." (298)? Zwar erzählt "die Geschichte (...) von keinem Zwang", sagt zumindest der Geistliche, aber er sagt auch, daß das, was "zum Gesetz gehörig" ist, "also dem menschlichen Urteil entrückt" (302) sei. Die "Legende" und die "Exegese" (vgl. Tagebucheintragung vom 13.12.1914) erscheinen von vornherein als Anti-Legende und Anti-Exegese.

Was sind die Mechanismen des Rätsels, was sind die Bausteine der Paradoxie? Wie erzeugt man jene äußerst gekonnte Mischung, wo alle Eindrücke äußerst geheimnisvoll und äußerst aufschlußreich zugleich erscheinen, diese Art von Umschlagspunkt, wo die interpretatorische Neigung zur einen oder zur anderen Seite sogleich als Bruch, als Verfehlung erscheint?

Und dennoch unterstellen wir kein pures, 'inhaltsloses' Strukturspiel. Was sich mittels Sprache ereignet, übersteigt in jedem Fall die Bedeutung des Wortlauts. Die Wirkungen von Literatur liegen gerade auch in jenen Resten, die nicht explizit zur Sprache kommen. Autoren, aber gerade auch Leser bringen Literatur aus Lebens-Ideen hervor, und nicht aus Worten-pur oder Zeichen-pur. Literatur wird (eben doch) aus 'Ideen', aus Lebens-Ideen gemacht, und nicht nur aus Worten. (Ich komme am Schluß, bei der Skizzierung eines 'inhaltlichen' Interpretationsvorschlages darauf zurück).

1. Grundannahmen der konstruktivistischen Literaturtheorie[2]

Ein konstruktivistisches Konzept eignet sich eher zur Erklärung von Schwierigkeiten, Mißverständnissen und Widersprüchen der Autor-Zuordnung, der Text-Herstellung und der Interpretation, indessen weniger zur Beschreibung unstrittiger, klar nachvollziehbarer Editions- oder auch Dechiffrier-Arbeit im Zuge alltäglicher literaturwissenschaftlicher Routine; das spricht für die Auseinandersetzung mit Kafka-Texten, freilich weniger im Sinne der direkten, modellhaften 'Anwendung'. Ein 'konstruktivistisches' Konzept wäre also weniger daran zu messen, was in der 'direkten' Interpretation gelingt, sondern in erster Linie daran, welche Probleme und Grenzen der Interpretation erklärt werden können - durchaus demonstriert am konkreten Fall des Textes 'Vor dem Gesetz'. Allerdings ist der 'konstruktivistisch' verfahrende Beobachter - in kontextueller Anspielung - natürlich auch kein "Geistlicher", kein "Gefängniskaplan" (304) im stets offenen Interpretations-Käfig.[3]

Eine Anlehnung an den sog. '(Radikalen) Konstruktivismus' bringt vor allem die phänomenerzeugende Tätigkeit der Literaturwissenschaft(ler) deutlich ins Blickfeld. Die Bezeichnung 'radikal' ist freilich irreführend; allenfalls kann davon die Rede sein, daß die Modifizierungen vorhandener Ansätze in eine bestimmte Richtung gehen, in der "Erkenntnis nicht mehr eine 'objektive', ontologische Wirklichkeit betrifft, sondern ausschließlich die Ordnung und Organisation von Erfahrungen in der Welt unseres Erlebens." (von Glasersfeld 1981, 23) Eine konstruktivistische 'Hermeneutik' (falls 'Hermeneutik' hier überhaupt noch das richtige Wort ist) ist auch von daher keine ontologische Auszeichnung von Verstehensprozessen wie noch bei Heidegger. Die Prüfgröße von Konstruktionen, auch von 'Autor'- und 'Text'-Konstruktionen ist nicht 'Wahrheit', 'Objektivität', 'Tatsächlichkeit' oder auch 'Verzerrung', sondern ihre Qualität als eine der gegenwärtig möglichen, diskutablen, 'lebensfähigen' Konstruktionen:[4] Eine bestimmte Unterscheidungsleistung, die für den Beobachter

---

2 'Konstruktivistische' Überlegungen sind den Leserinnen und Lesern dieses Folgebandes möglicherweise weniger vertraut als andere theoretische Ansätze; auch deshalb wird eine ausführlichere, für die Diskussion freilich oft zu knappe Darstellung 'konstruktivistischer' Grundannahmen gegeben. Differenziertere Angaben finden sich bei Scheffer 1992.

3 Anspielung auf den stets offenen Käfig in dem Kafka-Text 'Ein Bericht für eine Akademie'.

4 Die Wirkung der vielen einfachen Anführungszeichen wird natürlich auch vom Verf. nicht überschätzt, gleichwohl ist es gerade in 'konstruktivistischer' Sicht notwendig,

bzw. für die Beobachter-Community der Literaturwissenschaft zunächst das hält, was er oder sie sich von ihr erwarten.

Wie 'konstruieren' einzelne oder mehrere Beobachter 'Autor' und 'Text'? Was meint in diesem Zusammenhang 'Interpretation'? - Eine 'konstruktivistisch' orientierte Untersuchung bringt primär die Eigenschaften von Beobachtern, nicht die der 'Gegenstände', der 'Texte' zum Vorschein. Ein Beobachter kann nur das nehmen, was er anläßlich von 'Autor' und 'Text' seinerseits auch geben kann, d.h. vor allem, was er seinerseits auch *unterscheiden* kann und unterscheiden *will* (nicht zuletzt emotional oder gar körperlich bedingt).

Die 'Beobachter-Abhängigkeit' jeder Autor- und Text-Konstruktion ist dabei freilich nicht zu verwechseln mit '(purer) Subjektivität'. 'Beobachter-Abhängigkeit' bezeichnet nicht nur die grundsätzliche Standortgebundenheit jeder Wahrnehmung, sondern gerade auch die Relativierung der jeweils einzelnen Konstruktionsleistung durch soziale 'Ratifizierung': Die jeweiligen 'Erfindungen', die jeweiligen 'Intentionen' von 'Autor' und 'Text' müssen - anders als '(pure) Subjektivität' - zwar nicht in jeder Hinsicht 'sozial' akzeptabel, aber mindestens diskutabel bleiben. Der 'Beobachter' wird hier auch nicht emphatisch als idealistische Instanz, nicht als substantielle Archivierung von Wahrnehmungs-Leistungen, nicht als grandiose Individualität oder herausragende Persönlichkeit ins Spiel gebracht, sondern als Funktionsweise, als komplexe, auch paradoxe Selbstbeschreibungs-Fähigkeit psychischer Systeme. Der 'Beobachter' wird verstanden als Möglichkeit, Wahrnehmungen bzw. *Unterscheidungen* hervorzubringen.

Was auf der Seite von 'Autor' und 'Text' geschieht, was sich auf der Seite der 'Reizauslösung' ereignet, bleibt - folgt man 'konstruktivistischen' Grundannahmen - unerkennbar; die 'Reizquelle' bleibt außerhalb der Wahrnehmung; deswegen kann hier gesagt werden, 'Autor' und 'Text' seien als vorgegebene 'Gegenstände' nicht direkt erfahrbar; 'Autor' und 'Text' seien (ab einem gewissen Grad) 'Erfindungen', (in jedem Fall aber) 'Intentionen' des jeweiligen Lesers (der 'Autor', das spezifische Bild von Kafka, durchaus als 'Intention des Lesers') - oder es kann gesagt werden, 'Texte' hätte keine, zumindest keine 'in ihnen selbst liegende' Bedeutung. Nicht aus Koketterie verweigern wir also die Aussage, was 'im' Text 'Vor dem Gesetz' steht oder was 'aus' ihm hervorgeht. In bezug auf das "Gesetz" hat "K." schon zu Anfang des Romans die Vermutung: "Es besteht wohl auch nur in Ihren Köpfen". (14); zunächst geht es freilich nur um

die Problematik vieler Bezeichnungen und die Hoffnung auf einen veränderten literatur-wissenschaftlichen Sprachgebrauch zumindest ansatzweise zu signalisieren.

die Köpfe der "Wächter" mit den Kaisernamen: "Willem" und "Franz"; vgl. Hartung 1992, 40).

In 'konstruktivistischer' Sicht muß man anläßlich von Texten davon ausgehen, daß es im *strengen Sinne* überhaupt keine Informations-Übertragung durch Sprache gibt. Sprache führt nicht zum Austausch von Information(-spaketen), sondern Sprache fungiert als Auslöser für resonante Selbstbeschreibungs-Prozesse: Informationen werden so gesehen erst bei Lesern und Hörern 'erzeugt'. Der Text, seine Bedeutung ist auf direktem Weg nicht übertragbar. "Rezipienten erzeugen Lesarten (...) ohne Original". (Schmidt 1988, 151) Ein vorgegebener 'Text' ist als Anlaß notwendig, um die entsprechende Selbst-Dynamik der Rezipienten in Gang zu bringen, aber der Anlaß erklärt nur zum wenigsten den Gesamtverlauf der Textwahrnehmung. "wörter sind reizgestalten einer wirklichkeit, die wir oft nur mit ihrer hilfe zu erreichen vermögen (...)" (Mon 1959, 31) - aber die Wörter ermöglichen indessen nur den 'Start', nicht das 'Erreichen'. Ein Impuls kann zwar eine Reaktion möglicherweise veranlassen, aber der Impuls allein determiniert nicht die spezifische Art und Weise der Reaktion. Entgegen einer weitverbreiteten Ansicht hätte man sich nunmehr vorzustellen, daß keinerlei subjektunabhängige, autonome Zeichen, keinerlei subjektunabhängige Informations-Materialien, kein festgelegter Sinn und keine festgelegten Bedeutungen ausgetauscht werden. Der 'Text' 'gibt' allenfalls Impulse, aber die Dynamik der Antwort, die der Leser in Gang zu bringen hat, ist in ihrer jeweiligen konkreten Art und Weise ausschließlich von diesem Leser (und seinen sozialen Rücksichten natürlich) bestimmt. 'Mitgeteilt' (wenn man so will) werden also lediglich Anlässe, Impulse, Anregungen.

Nirgendwo scheint dies klarer zu werden als bei Kafka: kaum je erscheint eine '(kaiserliche)Botschaft'[5] stärker verweigert als bei Kafka, kaum einmal erscheint der Text deutlicher als größtenteils un-eindeutiger, unspezifischer Impuls, als Anstoß, als Anregung, als Anlaß, als Skizze zur Orientierung, als (pures) "Symptom doppelter Urheberschaft" (Starobinski)[6], aber gerade noch nicht als Präsentation des (Interpreta-

---

5 Anspielung auf den Kafka-Text 'Eine kaiserliche Botschaft'.
6 "Um Symptome zu finden, braucht es einen klinischen Blick, und um das zu erzeugen, was als Symptom gelesen wird, einen einzelnen, der ihm gegenübersteht. Die Sprache gehört, wie Montaigne sagt, zur Hälfte dem, der spricht, zum andern dem, der zuhört. Das Symptom hat eine doppelte Urheberschaft." (Starobinski, Jean; 1987: Die Ethik des Essays. Ein Gespräch. In: Neue Rundschau 98, S. 21)

tions-)Weges, geschweige denn des (Sinn-)Ziels. So gesehen dürfte es gar nicht in unserem Interesse liegen, die Startsituation überhaupt zu verlassen und rasch über die Präambeln 'Vor dem Gesetz' hinauszugelangen. Darin würden wir dem entsprechen, was wir Kafka unterstellen: dem reflexiven Vorankommen in der Figur der Stagnation.

Mein "Mann vom Lande" und mein "Türhüter" ist nicht Ihr "Mann vom Lande" oder Ihr "Türhüter". Aufgrund (der Annahme) der 'funktionalen bzw. operativen Geschlossenheit' seines Wahrnehmungssystems versteht jeder Mensch einen 'Autor' und einen 'Text' notwendigerweise anders: die jeweiligen Unterschiede sind alles andere als peripher; eine für alle ähnliche 'Autor'- bzw. 'Text'-Konstruktion erklärt allenfalls banale Bruchteile des jeweils produzierten Gesamtresultats einer Lektüre. Eine konstruktivistische Perspektivierung von 'Autor' und 'Text' impliziert von vornherein, daß es so viele Beschreibungen von 'Autor' und 'Text' gibt, wie es Beobachter gibt, die solche Beschreibungen anfertigen (was nicht ausschließt, daß diese Beschreibungen 'im Kern' einander stark ähnlich sind). Damit ist die Situation der Abweichung von anderen Beschreibungen und von den Beschreibungen der anderen, ist die 'Streit-Bedingung' der Interpretation über 'Autor' und 'Text', ist die für die Literaturwissenschaft nicht nur störende, sondern zumeist auch offenkundig attraktive Instabilität der jeweiligen Beschreibung von Anfang an gegeben.

2. Stoppregeln des Verstehens und Interpretierens

Das Verstehen von Texten erscheint aus konstruktivistischer Sicht nicht mehr als eine, wie auch immer geartete Bedeutungs-'Entnahme', sondern von Anfang an als Bedeutungs-Zuschreibung. Selbst das, was wir als 'Steuerfunktion' des Textes zu erkennen meinen, selbst die 'Stopp-Regeln', die uns vor allzu absurden Interpretationen zu bewahren scheinen, sind Teile des durch Lese- und Interpretations-Sozialisierung (etwa im 'Deutschunterricht', im 'Studium') konventionalisierten Zuschreibungs-Prozesses. 'Stoppregeln' sind keine Text-Eigenschaften, sondern Diskurs-Eigenschaften. Weder läßt sich ermitteln, was der Text 'Vor dem Gesetz' auch nur annähernd 'tatsächlich' bedeutet (und das würde auch für einfachere Texte gelten), noch läßt sich unter Berufung auf 'Autor' und 'Text' angeben, was in der Interpretation 'erlaubt' oder 'verboten' ist; 'Stoppregeln' kommen erst als Diskursregeln ins Spiel, nicht schon auf 'Textebene. Ecos Frage - "was im (sic!) Text die Freiheit der Interpretation zugleich reguliert und stimuliert" (1987, 5) - ist schon in der Fragestellung substantialistisch.

Eine "Täuschung" ist so gesehen selbst noch die Aussage des Geistlichen gegenüber K.: "Ich habe Dir die Geschichte im Wortlaut der Schrift erzählt. Von Täuschung steht darin nichts." (295) Aus 'konstruktivistischer' Sicht ist der Bezug auf den "Wortlaut" oder gar die Rechtfertigung einer Interpretation mit dem "Wortlaut" die unter Umständen größte 'Falle' im Diskurs (nicht im Text!). Auch der "Wortlaut" ist keine verläßliche methodische Grundlage der Interpretation. Wir verzichten auf die Hoffnung, daß 'der Text' die feste empirische Grundlage zur Überprüfung der Vermutungen über ihn abgibt.[7]

Zumal bei Kafka kann die Zuordnungs-Interpretation nicht glatt gehen: die Behauptung etwa, wenigstens der letzte Satz der Geschichte sei der einzige verläßliche Satz der Geschichte (zu den Problemen dieses Satzes vgl. Ramm 1971, 160), würde vernachlässigen, daß die Konstruktion und Destruktion des Gesagten bei Kafka (in allen Texten) so intensiv ist, daß die Vorstellung, sie halte über das unmittelbare Textende hinaus noch an, (für mich) reizvoller ist als die gegenteilige Annahme - und es geht ja weiter in der Diskussion zwischen "K." und dem "Geistlichen", und der Schluß der Debatte besagt gerade nichts inhaltlich Abschließendes außer dem üblichen notorischen Dementi. So gesehen kann man durchaus eine Interpretation kritisieren, die auf aufgrund des Schlußsatzes dem "Mann vom Lande" umstandslos 'vorwirft', er habe sein Chance weder erkannt noch genutzt (vgl. die 'idealistische' Enttäuschung über den "Mann vom Lande" bei Emrich 1958 oder bei Henel 1963). Strenggenommen besteht für den Leser ebenfalls keine Möglichkeit (wie indessen Beicken 1974, 279 annimmt), aus "Ks. Fehlern" bzw. denen des "Mannes vom Lande" zu lernen. Der einzige 'Fehler' liegt gleichsam vor den Voraussetzungen des Romans bzw. der Erzählung insgesamt: "K." bzw. der "Mann vom Lande" hätten sich, um den Dilemmata und Parodoxien zu entgehen, nicht erzählen lassen dürfen.

Der Text kann nie sagen, was Beobachter sagen sollen, und auch das 'Vetorecht' (in Anlehnung an Koselleck 1979 bzw. 1989, 206), wonach der Text daran hindere, 'falsche' Aussagen zu machen, auch dieses 'Vetorecht' ist ein Diskurs-Prinzip, keine Text-Eigenschaft. Gerade in strittigen Fälle der Interpretation ist es völlig unmöglich, daß die 'Autorität des Textes' entscheidet, wird sie doch aufgrund der 'Anfrage an den Text'

---

7 Offenbar verstößt man damit gegen Gundsätze der Hermeneutik: "Die Theorie des sog. hermeneutischen Zirkels steht und fällt mit eben der Voraussetzung, daß der Text die gleichbleibende empirische Basis zur Kontrolle der Vermutungen über ihn abgibt." (Grimminger, Rolf, 1976: Abriß einer Theorie der literarischen Kommunikation, in Brackert, Helmut u.a. (Hg.): Literatur. Reader zum Funkkolleg. Band I, Frankfurt a.M., S. 109.

selbst massiv angezweifelt. "Ks." Hoffnungen auf die 'Autorität' der "Schrift", vor allem auch seine Hoffnungen auf die 'Autorität" des "Geistlichen", des 'Schriftgelehrten' werden gleichsam endlos zunichte gemacht, und so blicken wir als Interpreten verwundert auf uns selbst, wenn wir glauben, wir könnten unserer eigenen Spiegelbildlichkeit mit "K." oder dem "Geistlichen" doch irgendwie entkommen.

Daß uns ein Text als ein von unserem Zutun unabhängiger 'Gegenstand' erscheint, daß wir simulieren können, der 'Autor' oder der 'Text' selbst spreche zu uns, trägt zwar erheblich zum Reiz des gewöhnlichen Lesens bei, kann aber hier nicht mehr als ausreichende Erklärung des Phänomens der Rezeption akzeptiert werden. Nicht das (Text-)Angebot ist aktiv, sondern zunächst ausschließlich der produzierende oder rezipierende Beobachter.

'Vor dem Gesetz' erscheint nicht so sehr deshalb von 'höchster literarischer Qualität', 'weil so viel drinsteckt', sondern weil man als Leser so ungewöhnlich viel damit nicht nur 'machen kann', sondern geradezu 'machen muß' (sofern man überhaupt darüber redet und schreibt). So gesehen besteht das Kunst- bzw. das Literaritäts-'Merkmal' gerade nicht in einer gegenüber dem normalen Sprachgebrauch gesteigerten (Selbst-)Aktivität des Textes, sondern eher im Gegenteil: in reduzierter 'Eigenleistung des Textes', aber forcierter Tätigkeit der Beobachter. Je stärker die vielfältige Rezipienten-Aktivität, desto stärker die Literaritäts-Vermutung. Im übrigen sind Prädikate wie 'literarisch' oder auch 'ästhetisch' relationale Qualitäten, die von einzelnen Lesern oder Lesergruppen in sozialen Kontexten aufgrund mehr oder weniger konventioneller Unterscheidungen generiert und zuerkannt werden.

Was man über einen 'Text' relativ beobachter-unabhängig sagen kann, ist im Grunde nur, daß es ihn gibt, daß er von jemand anderem, von dem Autor bzw. von der Autorin verfaßt wurde, daß das Text-Angebot, das schließlich vorliegt, eine größere, aber buchstäblich nicht zu ermessende kreative Leistung des Autors darstellt - aber alles, was darüber hinausgeht, alle Präzisierungen, auch hinsichtlich der Autorleistung, hängen von den Unterscheidungs-Möglichkeiten des jeweiligen Beobachters ab. Unter den genannten Voraussetzungen läßt sich 'zur Not' gerade noch sagen, bei Kafka seien Paradoxien, Dilemmata, Verstrickungen, Fallen, Ausweglosigkeit, Widersprüche, Dementi ohne Lösung und Aufklärung 'vorgegeben'; 'zur Not' könnte man auch sagen, Einbrüche, 'Verwandlungen', ominösen Figuren seien vorgegeben. Der "Mann vom Lande" und der "Türhüter" sind ominöse Figuren: sie essen nicht, sie trinken nicht, sie müssen nie austreten (das gilt auch für den hier übrigens nicht sehr 'allwissenden Erzähler'), aber der Leser erhält sie trotzdem am Leben.

Leser, Literaturkritiker und Literatur-Interpreten bedienen sich also bei ihren Konstruktionen von 'Autor' und von 'Text' mehr oder weniger zweckmäßiger, mehr oder weniger 'krisenloser' *Unterstellungen.* 'Autor' und 'Text' sind nützliche Konstrukte (in Produktions- und Rezeptions-Routinen), und entsprechend weniger sind es noch Erklärungs-Kategorien. Natürlich bleibt es sinnvoll vorauszusetzen, daß der 'Text' als Ausgangs-'Objekt' einer Lektüre an eine spezifische Arbeit gebunden bleibt, die von niemand anderem als vom 'Autor' verrichtet worden ist; 'Vor dem Gesetz' 'bleibt' selbstverständlich eine herausragende Leistung des Autors Kafka; natürlich bleibt es desgleichen sinnvoll vorauszusetzen, daß die Leistung des Autors sein 'Text' ist, aber das, was einigermaßen verläßlich über 'Autor' und 'Text' ausgesagt werden kann, betrifft nur einen verhältnismäßig kleinen Teil der jeweiligen Gesamt-Zuschreibung; genau gesagt, es betrifft die Konstruktionen, die bei allen Beobachtern weitestgehend ähnlicher erscheinen.

Der Autor Kafka muß geradezu erfunden werden, wenn ihn Kafka systematisch der Beschreibung entzieht: "Ich schreibe anders als ich rede, ich rede anders als ich denke, ich denke anders als ich denken soll und so geht es weiter bis ins tiefste Dunkel."[8] Der jeweilige Interpret bleibt gleichsam sitzen auf seinen eigenen Vorstellungen über den Autor.[9] Das spricht nicht generell gegen interessante Unterstellungen (im Gegenteil), wohl aber gegen Formulierungen, die so gestaltet sind, als dokumentierten sie Gewißheiten über die Psyche Kafkas und gerade keine interessanten Einfälle der Interpreten. Die Lage würde sich auch nur geringfügig verbessern, wenn Kafka der Deutung des Interpreten über ihn schließlich zustimmte, wenn Kafka sich also in die spezielle Beobachtungs-Theorie seines Interpreten versetzen könnte; das, was der Autor 'selbst macht', bliebe freilich auch in diesem Fall noch eine methodisch wacklige Grundlage für die darauf aufbauenden Deutungen.

Nun kann man sich mit anderen Beobachtern überhaupt nur dann über eine Lektüre, über 'Autor' und 'Text' verständigen (und streiten), wenn

---

8 Kafka: 'Briefe an Ottla und die Familie', 1974, 21.
9 Daß man gleichsam sitzenbleibt auf seinen eigenen Vorstellungen über Kafka habe ich anläßlich des 'Briefes an den Vater' näher ausgeführt; vgl. Scheffer: Interpretation und Lebensroman, S. 225 ff.

ein 'operationaler Konsens' über die elementaren Grundbedingungen eines Textes hergestellt ist: "Gesetz" ist - auch wenn das jeder schon anders versteht - für niemanden gleich "tatarischer Bart", und allenfalls in feindlichen Auseinandersetzungen dreht man einander dergestalt 'das Wort im Munde um'. Niemand kann beim Reden oder Schreiben über literarische Texte 'tyrannisch' so verfahren, als bedeute das Wort "Gesetz" für ihn selber oder für andere "tatarischer Bart" oder ein anderes Mal auch "Schemel". Über das materielle Text-Substrat hinausgehend definiert man also sinnvollerweise einen weiteren inhaltlichen, semantischen Textteil, der von allen Hörern oder Lesern zwar nicht identisch, aber doch weitgehend ähnlich verstanden wird - basierend auf den Unterscheidungs-Leistungen, den Bedeutungs-Zuschreibungen, die aufgrund von Sprachkonvention und Sprachroutine in hohem Maße ähnlich hervorgebracht werden. Doch auch das jeweilige Maß der Ähnlichkeit richtet sich nach der Stereotypie, der Routine der Textorganisations-Verfahren, nicht nach beobachter-unabhängigen Bedeutungen. (Vgl. Schmidt 1985, 123 f.) Hier wird also nicht behauptet, daß sich über 'Autor'-Erfindungen und 'Text'-Hervorbringungen nicht reden und streiten ließe, indessen wäre ein Reden und Streiten nur möglich als eine Diskussion über die jeweiligen Konstruktions-Regeln.

Weitestgehend ähnliche Bedeutungs-Zuschreibungen markieren jenen 'Autor'-Part und jenen 'Text'-Teil, die vom einzelnen Rezipienten nicht mehr gleichsam nur einzigartig (oder gar 'idiosynkratisch') 'erzeugt' werden können. Auch die hier vorgelegten Thesen implizieren somit immer noch, daß 'Autor' und 'Text' nicht in jeder Hinsicht vom Rezipienten 'erzeugt' werden. Doch die stets vorhandenen Ähnlichkeiten mit der Lektüre anderer garantieren allenfalls für die trivialen materiellen semantischen Bausteine einer 'Autor'- oder 'Text'-Konstruktion; sie bilden gleichsam die 'Geschäftsgrundlage' im Reden (und Streiten) über Interpretationen. Man kann also - weil die Streit-Bedingung erfüllt ist - den 'konstruktivistischen' Versuch zur Ent-Substantialisierungen des 'Autors' oder des 'Textes' nicht pauschal damit kritisieren, daß er nur noch tote Autoren und totzuschweigende Autoren-Leistungen, nicht nur stumme, sondern auch vernichtete Texte zurückließe - zugunsten von lebenden Lesern, für deren lebhafteste und schönste Verkörperung sich der jeweilige Interpret selbst hält. Hier wird also keine Leser- oder Beobachter-Divinatorik betrieben: der 'Beobachter' ist nicht emphatisch personell zu verstehen, es geht vor allem um 'Beobachtungen', um 'Unterscheidungen' (nicht um den 'Unterscheider'). Allerdings sind 'Beobachtung' und 'Unterscheidung' wieder nicht so unpersönlich zu verstehen, wie es vielfach in der Nachfolge von Foucault oder Derrida geschieht - in einer angeblich gänzlich oder weitgehend autonomen Interaktion der Zeichen untereinander. Wäre es so, ließe sich darüber nicht das geringste mehr sagen (von Beobachtern). Das war schon der 'Fehler' der Autoren bei ihrer Selbsteinschätzung der 'Konkreten Poesie' und der 'experimentellen Literatur', nämlich zu glauben, das Material schichte sich selbst um, es könne sich gleichsam restlos von Autor und Leser emanzipieren. (Vgl. Scheffer 1986) Desgleichen unterschätzt man die Entsubstantialisierungs-Versuche, ihre Zweifel an den Kategorien 'Autor' und 'Text' allerdings auch, wenn man in diesen Versuchen nichts anderes sehen will als eine beinahe plagiat-artige Paraphrasierung dessen, was die alten Meister (angefangen bei Kant oder auch bei Novalis und F. Schlegel) immer schon gewußt und auch gesagt haben.

3. Interpretation als Phänomen-Erzeugung

Wie gesagt: Interpretationen bezüglich 'Autor' und 'Text' sind 'vom Text her' nicht zu sichern. Text-Verstehen ist keine Leistung, deren meßbare Qualität von einer Übereinstimmung oder Annäherung an einen vorgegebenen Text-Sinn abhängt, sondern die Qualität des Textverstehens hängt von den Möglichkeiten des jeweiligen Rezipienten ab, zunächst bei sich selbst (und dann freilich auch bei seinen Hörern oder Lesern) eine kognitive und emotionale Lebensdynamik in Gang zu bringen, die von ihm selbst als ausreichendes Verständnis akzeptiert wird und die dann schließlich im Fall der Interpretation bei anderen Lesern jeweils ein Verhalten anstößt, das diese anderen Leser als 'angemessen' und aufschlußreich akzeptieren. Auch deswegen können Leser den 'stummen' Text (neben den schon genannten Gründen der Ähnlichkeit) nicht all das sagen lassen, was immer ihnen beliebt. So könnte man es in der Tat zurückweisen, wenn jemand etwa den hirnrissigen oder uninteressanten Vorschlag machen würde, 'Vor dem Gesetz' erscheine in Wahrheit ein kundiger 'Städter', der sich nur als unkundiger "Mann vom Lande" verkleidet habe. Falls es überhaupt Sinn macht, von "Blamage" zu sprechen, so käme sie - gegebenfalls - gerade nicht dadurch zustande, daß der 'heilige' Primärtext alle 'profane' Sekundärliteratur falsifiziert und damit blamiert (wie uns Steiner [1990] wieder weismachen will), sondern ausschließlich durch die Verletzung von Diskursregeln oder durch untadelige, aber außerordentlich langweilige Einhaltungen solcher Regeln. (Vgl. dazu Scheffer 1992, 286 ff.)

Es bleibt problematisch, wenn Interpretationen auch noch in der 'Dekonstruktion' so angelegt zu sein vorgeben, daß mit ihnen genau das 'entschlüsselt', 'freigelegt' wird, was angeblich im 'Text selbst' gleichsam 'mit Sicherheit' verborgen sei; dies scheint mir eine Art autor-intentionsadäquater Interpretation mit negativem Vorzeichen zu sein: man ermittelt 'die' Autor-Intention und deklariert sie als das, was 'mit Sicherheit' am allerwenigsten gelten dürfe. Entgegen einigen Tendenzen des 'Poststrukturalismus' und der 'Dekonstruktion': Texte haben auch keinen 'latenten Inhalt' (neben dem 'manifesten Inhalt'), allenfalls 'eignen' sich bestimmte (nicht alle) Texte 'gut' zu solchen Unterstellungen. Texte haben keine semantische Teil-Substanz, der mittels Dekonstruktion dann zu mißtrauen wäre. Mir scheint es wenig ergiebig, sich zu allerst auf die Suche nach dem zu machen, was Kafka anläßlich seiner "Türhüterlegende" selber nicht begriffen hat, was ihm gleichsam 'unbewußt' 'unterlief': "Der Mann vom Lande" als Ich-Figur, deren Emanzipation am "Türhüter"-Vater scheitert. Ich stelle mir vor und unterstelle, daß Kafka (zumal als Freud-Leser) von einer solchen Interpretation am allerwenigsten überrascht wäre. Niemand rennt so leicht durch die stets offene Text-Käfig-Tür wie der (oft noch genital-gebückte) Tiefen-Hermeneut. Ich bestreite wiederum nicht, daß solche Interpretationen 'interessant' sein können, aber der Anspruch, sie hätten einen qualitativen Sonderstatus, startet mit der Willkür, *unter* dem Pflaster liege der wahre Strand. Von einem konstruktivistischen Standpunkt aus ist niemals 'der Text selbst' die 'Falle' oder das "Rhizom" (wie bei Deleuze/Guattari oder wie gerade wieder in der sog. 'Deconstruction'), sondern das literaturwissenschaftliche Beschreibungs-Modell, seine Aporien mit zunehmender Reflexion: die 'Falle' als Gewinn, das Zögern, die Präambel als Erkenntnis-Fortschritt?

Die Metaphorik des Redens über Texte läßt sich zumindest teilweise ändern, und damit wäre auch einiges gewonnen: Es dürfte zwar nicht für den Einzelfall, aber für den gesamten Sprachgebrauch einen nicht unbeträchtlichen Unterschied ausmachen, ob man für Texte weiter Gefäß-Metaphern benützt - als eher zufälliges Beispiel: "Die in den Text eingekapselten außertextualen Normen und Werte..." (Iser 1975, 306) -, oder ob man Metaphern im Umkreis von 'Impuls', 'Anstoß', 'Anlaß', 'Anregung' oder 'Möglichkeit' sucht und nun dem einzelnen Leser jene Aktivität zuschreibt, die zuvor dem 'Autor' oder dem 'Text selbst' überantwortet wurde. Die Legitimation des literaturwissenschaftlichen Arbeitens soll hier nicht bezogen werden aus 'objektiven gesellschaftlichen Bedingungen', nicht aus subjektunabhängigen 'Zeichen' und 'Strukturen', nicht aus dem 'Bedarf des Fachs', nicht aus einem 'der Autor will ...', nicht aus einem 'der Text zeigt ...', 'der Text verlangt ...', also keinesfalls aus 'Sach-zwängen', auch nicht sogleich aus 'autonomen' 'Diskurs'-Zwängen, sondern aus Beobachter-Eigenschaften in individuellen und sozialen Kontexten. Obwohl wir es nach außen hin anders praktizieren, so arbeiten wir Literaturwissenschaftler eben doch nicht unter einem 'Befehlsnotstand', für den der Text oder die 'Scientific Community' verantwortlich zeichnen.

'Ich sehe was, was du nicht siehst' - das wäre - salopp formuliert - der Mechanismus im 'Fortschritt' der Wissenschaft; *weitere Unterscheidungen*, nach den Maßstäben der Diskurs-Teilnehmer auch *interessantere* (meinetwegen dem Reglement nach auch 'bessere', 'richtigere') Unterscheidungen, keinesfalls aber 'textadäquatere' oder 'sachgerechtere'.

Wir lehnen bestimmte Interpretationen der "Türhüterlegende" ab und favorisieren andere, nicht aufgrund von 'Text-Adäquatheit', sondern - übertrieben ausgedrückt - aufgrund von Sympathien, die wir verteilen. Interessanter als alle Interpretationen, 'Vor dem Gesetz' erscheine als religiöser Konflikt im jüdisch-christlichen-atheistischen Kontext der Biographie Kafkas, finde ich die 'existentialistischen' Interpretationen, aber das liegt am Beobachter und nicht an Kafka oder seinem Text.

4. Texte und Lebensromane

Wie schon angedeutet: Bezugsgröße einer Text-Wahrnehmung ist die jeweils voraussetzbare gesamte Lebenspraxis der Beobachter, ist das ganze kognitive und emotionale System der denkbaren Voraussetzungen. Leser handeln als 'Autobiographen'; sie reagieren nicht einfach auf Texte; sie können, veranlaßt durch Texte, nur das nehmen, was sie ihrerseits im 'Roman' des eigenen Lebens auch geben können und geben wollen. Nur in diesem Lebens-Gesamtzusammenhang entsteht Bedeutung und kann dann die Bedeutung von Literatur erklärt werden. Text-Angebote lösen systeminterne Vergleichsprozesse aus, und die Vergleichsbasis ist die Lebenspraxis einer jeweils individuellen und individuell-sozialisierten Konstruktion von Wirklichkeit. Die eigenen Erfahrungen (und die eigenen sozialen Erfahrungen) sind das einzige Material und der einzige Wissens-Zusammenhang, zu denen ein Beobachter Zugang hat. Die Lebens-Dimensionen unseres Textes sind bombastisch: ein riesiger Prozeß ohne irgendeine nachweisbare Schuld, gleichwohl mit tödlichem Ausgang; ein Mann, dem allenfalls im Erblinden ein Licht aufgeht; ein Mann, unser

Mann, der allenfalls angesichts des Todes ein wenig klarer sieht; unser Mann stellt eine einigermaßen richtige Frage allenfalls erst dann, wenn es bereits zu spät ist. (zu diesen Attributionen vgl. Allemann 1963, 261) Was will man mehr an Lebens-Relevanz?

Lesen stößt (individuelle) Vergleichsprozesse an; es gibt keine andere Möglichkeit zu 'verstehen'. Die Frage nach dem Verhältnis von Literatur und Leben ist nicht stornierbar. Die unlösbare, aussichtslose Frage nach dem 'richtigen' Leben bestimmt - in einer freilich komplexen Weise - die Lektüre auch des Textes 'Vor dem Gesetz'. Was Kafka so gesehen vorgibt, sind lebensrelevante Figurenspiele für Leser (was denn sonst?). So weit ich sehe, gibt es keine Interpretation, die durchgängig aus der Perspektive des "Türhüters" (oder gar des "Geistlichen") entwickelt worden ist (das wäre immerhin reizvoll); stets erscheint der "Türhüter" als Hindernis auch in der Interpreten-Perspektive; das beweist den vorrangigen identifikatorischen Akt - weniger mit dem "Türhüter" selbst, sondern eher mit der Aufgabenstellung, die er repräsentiert. Bei Kafka geht es immer um *eine* betroffene Figur, nie um eine Gruppe; das ermöglicht eine bestimmte Nähe. Wer aber hat andererseits schon Lust, die devote Rolle des "Türhüters" nachzuspielen (das wäre immerhin reizvoll; ansatzweise, aber zu 'robin-hood-artig' bei Sellinger 1982). Und dennoch, wer kann es unterlassen, die Formulierung "dieser Eingang war nur für Dich bestimmt" (294 f.) gleichsam probeweise auf sich selbst, auf das eigene Probieren zu beziehen, obwohl sich andererseits alle Protagonisten bei Kafka hauptsächlich dadurch charakterisieren lassen, daß sie die Erwartungen der Leser dann auch immer wieder enttäuschen? Der "Mann vom Lande" wäre der Prototyp eines 'konstruktivistischen Beobachters' (er tut ja schließlich nichts anderes mehr als "beobachten"). (Wenn er nur nicht so verdammt erfolglos damit wäre!) Und nichts ließe sich schöner demonstrieren an der Schwelle 'Vor dem Gesetz' als 'Systemtheorie': Luhmann-unkundig scheitert der "Mann vom Lande" an den zentralen Paradoxien der 'Innen-Außen-Differenz'.

Emotionen kommen ins Spiel: Anläßlich des Textes bringen wir eine reizvolle emotionale, sogar *körperliche* Ratlosigkeit hervor, und hierbei ergeben sich brauchbare Erklärungsmöglichkeiten für die auch in der Literaturwissenschaft unvermeidlich zu beobachtende Emotionalisierung der 'Beweismittel', der 'Methoden', der 'Sachverhalte' anläßlich von 'Autor' und 'Text'. Die 'konkreten' oder 'experimentellen' Autoren scheuen die offenen Gefühle und den Narzißmus-Vorwurf (vgl. Schmidt/Zobel 1983); sie geben derlei Eigenschaften an das '(Sprach-)Material' selbst weiter. Die Diskurs-Regeln, die Konstruktions-Regeln, die Konventionalität, die Kompetenz, aber auch der Mut und die Ängste des Literatur-Beobachters kommen jetzt verstärkt zum Vorschein - und nicht 'Autor' und 'Text' als inhaltlich weitgehend stabile Vorgaben. Literatur erscheint nicht selten völlig anders, nicht selten ungleich aufregender, weniger domestizierend, wenn die Autoren sich selbst über Literatur äußern. Lesend sind wir Nicht-Künstler freilich ein wenig kritischer und abenteuer-lustiger als in der übrigen Lebenspraxis, doch unsere Rest-Ängste begrenzen die Spielräume des 'Autors' und des 'Textes', die wir hervorbringen.

Literaturkritik und Literaturwissenschaft gewähren indessen denjenigen Autoren, die von einem schlimmen Leben (und Sterben) berichten können, zumeist einen merkwürdigen, sogar einen exklusiven Schutz. - Kafka denunziert sich fortlaufend selbst - so scheint es (mir); selbst die (seine?) "Zweifel der Selbstbeobachtung werden bald so selbstgefällig werden wie das Schaukeln eines Schweines in der Jauche." (Tagebuch-Eintragung vom 7.2.1915) Was würde daran hindern, mindestens Aspekte dessen als höheren oder auch niederen Unsinn Kafkas zu beschreiben?

Eine bestimmte Art von Selbst-Verständnis stellt auch die einzige Möglichkeit dar, in der ein Verständnis einer anderen Person bzw. eines Autors überhaupt realisiert werden kann. Andere Menschen sind verständlich aufgrund der jeweils mehr oder weniger stark entwickelten Fähigkeit, sich vergleichbare (Ich-)Sätze zu erzeugen. Die 'idealen Leser' wären diejenigen Frauen und Männer, die omnipotent alle Rollen bei sich selbst durchspielen können, die anläßlich eines Textes aktuell werden.

Bei der Interpretation von Literatur 'entschlüsselt' man keine Texte, eher im Gegenteil: Man setzt seinerseits un-eindeutige Text-Angebote für (mindestens teilweise) nicht-konforme Erfahrungen in Umlauf. So gesehen kann man den Interpreten auch nicht vorwerfen, sie würden bei der Darstellung anderer Absichten, nämlich ihrer gegenwärtigen Lieblings-Idee den 'Umweg' über literarische Texte nehmen; dieser 'Umweg' ist der unvermeidliche Hauptpfad bei der Interpretation von Literatur. Aus der Interpretation schallt - und gerade nicht erstaunlicherweise - immer nur das heraus, was zuvor hineingerufen wurde; in dieser Dialektik geht alles einigermaßen glatt auf: der Text erscheint im Herausschallen plausibel als "Antimärchen" (Heselhaus 1952 und Rosteuscher 1974), als "Parabel" (Hillmann 1964), als "Gleichnis" (Abraham 1983), das

"Gesetz" erscheint als "göttliches Gesetz" (Abraham 1983) oder als das "je eigene Gesetz" (Henel 1963, 60), je nachdem.

Jemand, der über Literatur redet und schreibt, kann also - zusammenfassend gesagt - grundsätzlich nichts 'über' einen 'Autor' oder 'Text' sagen, er kann auch nicht das (her-)auslegen, was 'der Autor intendiert hat' oder was 'in dem Text selbst' liegt, sondern er kann nur, gleichsam sich selbst beschreibend, einen phänomen-erzeugenden Mechanismus (eine Art 'Rezept') angeben. Aussagen über Außenwelt-Phänomene, über 'Text' und 'Autor' sind also in der Konsequenz eines solchen Vorschlags so zu formulieren, daß man einen Selbstbeschreibungs-Mechanismus angibt, aufgrund dessen andere Hörer und Leser sich selber die betreffenden Phänomene gleichsam ein zweites Mal in einer parallelen Hervorbringung erzeugen können. Aussagen über 'Text' und 'Autor' müssen in diesem Sinne generativ sein.

"'Trübselige Meinung', sagte K. 'Die Lüge wird zur Weltordnung gemacht.' - K. sagte das abschließend, aber sein Endurteil war es nicht." (303) Zitate haben keine andere Eigenschaft, als uns stets recht zu geben.

Literatur

Abraham, Ulf, 1983: Mose, Vor dem Gesetz. Eine unbekannte Vorlage zu Kafkas Türhüterlegende, in: Deutsche Vierteljahresschrift 57, Heft 1, S.636-650.

Allemann, Beda, 1963: Kafka. Der Prozeß, in: Vom Barock bis zur Gegenwart. Struktur und Geschichte, hg. von Benno von Wiese, Düsseldorf, S. 234-290.

Beicken, Peter U., 1974: Franz Kafka. Eine kritische Einführung in die Forschung, Frankfurt a. M.

Deleuze, Gilles/Guattari, Félix, 1976: Kafka. Für eine kleine Literatur, Frankfurt a. M.

Eco, Umberto, 1987: Streit der Interpretationen, Konstanz.

Emrich, Wilhelm, 1958: Franz Kafka, Bonn.

Glasersfeld, Ernst von, 1981: Einführung in den radikalen Konstruktivismus, in: Die erfundene Wirklichkeit. Wie wissen wir, was wir zu wissen glauben? Beiträge zum Konstruktivismus, hg. von Paul Watzlawick. München und Zürich, S. 16-38.

Hartung, Günter, 1992: Die Stadt Prag in Kafkas Dichtung, in: Wissenschaftliche Zeitschrift der Universität Halle, 34. Jg., Geisteswissenschaftl. Reihe, Heft 1, S.42 ff.

Henel, Ingeborg, 1963: Die Türhüterlegende und ihre Bedeutung für Kafkas "Prozeß", in: Deutsche Vierteljahresschrift, 37, Heft 2, S. 50-70.

Heselhaus, Clemens, 1952: Kafkas Erzählformen, in: Deutsche Vierteljahresschrift, 26, S.253-276.

Hillmann, Heinz, 1964: Franz Kafka. Dichtungstheorie und Dichtungsgestalt, Bonn.

Iser, Wolfgang, 1975: Die Wirklichkeit der Fiktion, in: Rezeptionsästhetik. Theorie und Praxis, hg. von Rainer Warning, München und Zürich, S. 277-324.

Kafka, Franz, 1973: Tagebücher 1910-1923, hg. von Max Brod, Frankfurt a. M. (Zuerst New York/Frankfurt a. M. 1951).

-, 1974: Briefe an Ottla und die Familie, hg. von Hartmut Binder und Klaus Wagenbach, Frankfurt a. M.

Koselleck, Reinhart, 1989: Vergangene Zukunft. Zur Semantik geschichtlicher Zeiten, Frankfurt a. M. (zuerst 1979).

Kremer, Detlef, 1992: Franz Kafka, Der Prozeß, in: Nach erneuter Lektüre: Franz Kafka "Der Prozeß", hg. von Hans Dieter Zimmermann, Würzburg, S. 185-195.

Mon, Franz, 1959: artikulationen, Pfullingen.

Ramm, Klaus, 1971: Reduktion als Erzählprinzip bei Kafka, Frankfurt a. M.

Rosteuscher, Joachim, 1974: Kafkas Parabel "Vor dem Gesetz" als Antimärchen, in: Festschrift für Friedrich Beißner, hg. von Ulrich Gaier und Werner Volke, Bebenhausen, S.359-363.

Scheffer, Bernd, 1986: Die Literatur der Moderne läßt sich nicht länger sprachtheoretisch begründen - Helmut Heißenbüttels Literaturtheorie als Beispiel, in: Merkur, 40.Jg., Heft 7, Juli 1986, S. 565-577.

-, 1992: Interpretation und Lebensroman. Zu einer konstruktivistischen Literaturtheorie, Frankfurt a. M. (= Suhrkamp Taschenbuch Wissenschaft 1028)

Schmidt, Siegfried J., 1985: Vom Text zum Literatursystem. Skizze einer konstruktivistischen (empirischen) Literaturwissenschaft, in: Einführung in den Konstruktivismus, hg. von Heinz Gumin und Armin Mohler, München, S. 117-133.

-, 1988: Diskurs und Literatursystem. Konstruktivistische Alternativen zu diskurstheoretischen Alternativen, in: Diskurstheorien und Literaturwissenschaft, hg. von Jürgen Fohrmann und Harro Müller, Frankfurt a. M., S. 134-158.

- /Zobel, Reinhard, 1983: Empirische Untersuchungen zu Persönlichkeitsvariablen von Literaturproduzenten, Braunschweig und Wiesbaden.

Sellinger, Beatrice, 1982: Die Unterdrückten als Anti-Helden. Zum Widerstreit kultureller Traditionen in den Erzählwelten Kafkas, Frankfurt a. M.

Sontag, Susan, 1968: Gegen Interpretation, in: S.S: Kunst und Antikunst. 24 literarische Analysen, Reinbek b. Hamburg, S. 9-18 (zuerst 1964).

Steiner, George, 1990: Von realer Gegenwart. Hat unser Sprechen Inhalt? München.

VIII.
Die fremde Hilfe der Frauen.
Tisch, Bett und Tür in Kafkas 'Proceß'

Barbara Hahn

1.

Vor dem Gesetz steht ein Türhüter. Oder ist das eine Täuschung? Warum ein Türhüter und kein Torhüter, keine Torwache und kein Wächter? Warum eine Figur, die mit einem Wort bezeichnet wird, das die im Deutschen seltene Kombination von zwei gleichen Umlauten enthält? Türhüter - ein Wort, gesprochen mit gespitztem Mund, fast schon ein Pfeifen. Ein Wort auch wie in sich gespiegelt, Effekt einer Wiederholung, einer Bestätigung, in sich geschlossen. Und wo wacht der Türhüter? Er steht an einem Übergang, dessen Bedeutung sich im Laufe der Geschichte verschiebt. Er hütet ein Tor, das "Tor zum Gesetz", "das Tor in das Innere", und bewacht damit einen Übergang zwischen Außen und Innen, der im Roman auch sonst als "Tor" bezeichnet wird. Doch nicht durchgehend ist von einem Tor die Rede, wenn der Eingang zum Gesetz bezeichnet wird. "Der Türhüter gibt ihm einen Schemel und läßt ihn seitwärts von der Tür sich niedersetzen", womöglich an der Stelle, an die er selbst "beiseite" trat, damit der Mann vom Lande ins Innere sehen konnte. Das "Tor" wandelt sich zur "Tür", und mit dieser kleinen lautlichen Differenz, mit dieser kleinen semantischen Verschiebung öffnet sich eine Ambivalenz, die den gesamten Roman durchzieht. Denn "Tür" ist in der Sprache des 'Proceß' der Name einer inneren Verbindung, Türen skandieren Räume gleicher Ordnung. In der Übersetzung vom Tor zur Tür verschwindet also der Unterschied zwischen Innen und Außen, oder anders gesagt: *Vor* dem Gesetz ist auch *im* Gesetz. Und somit dringt auch der "Glanz, der unverlöschlich aus der Türe des Gesetzes bricht" (292 ff.), nicht von Innen nach Außen, sondern verbreitet sich in einer Serie gleicher Räume. Der Moment dieses Umschlagens wird genau bezeichnet: Als der Mann vom Lande sich zu warten entschließt, wird das Tor zur Tür. Indem er wartet, ist er bereits eingetreten, ohne den Ort zu wechseln. Wer aber ist der Mann? Weder wird er durch eine Funktion noch durch einen Namen bezeichnet. Er ist einfach ein Mann, ein Mann vom Lande. Er kommt irgendwoher, wobei nicht klar ist, ob er dieses irgendwo überhaupt verlassen hat, indem er sich auf die Reise begab. Er ist nirgendwo gelandet, nicht in einer Stadt und nicht in einem anderen Land. Die Reise hat ihn offenbar eines Namens, einer Funktion und jeglicher Züge von Individualität beraubt. Nur mit dem Namen seines Geschlechts bezeichnet, steht er vor einem Anderen, der eine Funktion repräsentiert. Doch gerade weil er weder durch einen Eigennamen noch durch eine Funktion bezeichnet wird, kann der Mann vom Lande die Ordnung des Bezeichnens in Bewegung bringen und die Geschichte 'öffnen': Das Tor ist auch eine Tür, Innen ist auch Außen, ein Mann verweist auch auf ein Anderes, das in der Geschichte 'Vor dem Gesetz' nicht genannt wird, wohl aber in dem sie umrahmenden Kapitel "Im Dom": Frau.

Ebenso wie vor dem Gesetz sprechen auch "Im Dom" zwei ungleich bezeichnete Instanzen miteinander: ein Gefängniskaplan und Joseph K., ein Funktionsträger und jemand, der ebenso wie der Mann vom Lande einen Sprung in der Ordnung des Bezeichnens signalisiert. Der Gefängniskaplan gehört mit dem Türhüter in eine Reihe von Figuren, die Instanzen symbolisieren und Aufseher, Wärter, Untersuchungsrichter, Advokat, Gerichtsdiener, Direktor-Stellvertreter oder einfach die beiden Herren genannt werden, die Joseph K. zur Ermordung abholen. Andere männliche Figuren sind mit einem Wort bezeichenbar und heißen Huld, Block und Titorelli oder auch Rabensteiner, Kullich und Kaminer; nie werden diese Namen durch 'Herr' erweitert. Frauen werden anders bezeichnet: Sie haben entweder nur einen Vornamen wie Anna, Elsa, Erna und Leni oder sie heißen Frau Grubach, Fräulein Bürstner und Fräulein Montag. Andere werden über ihr Geschlecht und den Ort ihres Auftretens benannt; sie signalisieren damit eine Funktionslosigkeit oder eine abgeleitete Funktion: die Frau des Gerichtsdieners, das Mädchen in der Kanzlei auf dem Dachboden, die Mädchen auf der Treppe. 'Mann' und 'Frau' sind im Roman also Effekte unterschiedlicher Weisen des Bezeichnens; sie repräsentieren verschiedene Namensordnungen.

Zwei Figuren durchkreuzen dieses Schema: der Mann vom Lande und Josef K. Der Mann vom Lande hat keinen Namen und keine Funktion; Josef K. dagegen trägt einen Vornamen - wie eine Frau. Er trägt aber ebenso ein Zeichen des Namens des Vaters und wird manchmal nur mit diesem genannt: K. Er ist ein unvollständiger Mann oder eine Frau, die etwas zuviel hat. Als ob sich in die Konstitution seiner Identität ein Fehler eingeschlichen hätte. Aber welcher Fehler? Wer ist Josef K.?

"'Wer sind Sie?'" - diese Frage bestimmt gleich zu Beginn des Romans die Rede des Erzählers. Josef K. stellt sie am Morgen seines dreißigsten Geburtstags an seinen fremden Besucher, und selbstverständlich wird sie nicht beantwortet: "Der Mann aber ging über die Frage hinweg, als müsse man seine Erscheinung hinnehmen". (7) "Josef K.?" fragen Aufseher und Untersuchungsrichter, "Josef K.!" ruft der Gefängniskaplan und beginnt damit das lange Gespräch im Dom, das bald von längerem Schweigen unterbrochen wird:

"Du bist Josef K.". "'Ja', sagte K., er dachte daran wie offen er früher immer seinen Namen genannt hatte, seit einiger Zeit war er ihm eine Last, auch kannten jetzt seinen Namen Leute, mit denen er zum ersten Mal zusammenkam, wie schön war es sich zuerst vorzustellen und dann erst gekannt zu werden."(288)

Wie aber wird man gekannt? Gab es jemals diese Zeit, an die sich K. hier erinnert? In keiner Szene des Romans stellt sich Josef K. selbst vor, nie nennt er seinen Namen. "'Ich bin es'", flüstert er im dunklen Flur, um Fräulein Bürstner auf sich aufmerksam zu machen. Als er ihr seine Verhaftung nachspielt, wiederholt er seinen Namen wie ein Zitat. Nicht K. spricht, wenn er dabei seinen Namen nennt, sondern er spricht die Anrufung seines Namens nach. Sein Name wird nur von anderen ausgesprochen, er ist ein Ruf des Anderen. Dieser Ruf erreicht ihn im Dom gleich zweifach, an einem Ort also, wo man im Akt der Taufe "bei seinem Namen gerufen" wird. Beim Vor- oder Taufnamen, nicht aber beim Namen des Vaters. Der Vorname zirkuliert in der Familie - der Onkel[1] und die Cousine nennen ihn Josef - , er signalisiert im Roman jedoch noch eine weitere Anrufung. Nachdem Josef K. Fräulein Bürstner geküßt hat, will er sie "beim Taufnamen nennen, wußte ihn aber nicht".(48) Frauen haben einen Vornamen, wenn Josef K. sie begehrt.

2.

Frauen - ein merkwürdiger Plural. Joseph K. bildet ihn erst als Antwort auf eine Kritik des Gefängniskaplans. Als Leni ihm "fremde Hilfe" anbot, "dachte er fast verwundert, ich werbe Helferinnen".(143) Doch die

---

1 Der Name des Onkels wechselt im Lauf des Kapitels und bildet in diesem Wechsel ein Anagramm des Namens Kafka: Zu Beginn wird er als "Onkel Karl, ein kleiner Grundbesitzer vom Lande", eingeführt, später nennt er sich selbst Albert und wird vom Advokaten Huld dem Richter als Albert K. vorgestellt; vgl. 118, 131 und 137.

fremde Hilfe der Frauen, von der der Kaplan spricht, ist offenbar so einschneidend fremd, daß die Rede von ihr das Gespräch für längere Zeit unterbricht:

"'Du suchst zuviel fremde Hilfe', sagte der Geistliche mißbilligend, 'und besonders bei Frauen. Merkst du denn nicht, daß es nicht die wahre Hilfe ist?' 'Manchmal und sogar oft könnte ich Dir recht geben', sagte K., 'aber nicht immer. Die Frauen haben eine große Macht. Wenn ich einige Frauen, die ich kenne, dazu bewegen könnte, gemeinschaftlich für mich zu arbeiten, müßte ich durchdringen. Besonders bei diesem Gericht, das fast nur aus Frauenjägern besteht. Zeig dem Untersuchungsrichter eine Frau aus der Ferne und er überrennt um nur rechtzeitig hinzukommen, den Gerichtstisch und den Angeklagten.'" (289)

Auf diese Erwiderung antwortet der Kaplan nicht. Zweimal versucht Joseph K. vergebens, ihn wieder zum Sprechen zu bringen. Nach längerem gemeinsamen Schweigen kommen beide nicht mehr auf die fremde und unwahre Hilfe der Frauen zurück, statt dessen sprechen sie über Täuschungen.

Über Frauen kann also nicht einfach gesprochen werden, vielmehr unterbricht ihre Erwähnung den Fluß des Gesprächs nachhaltig. Was aber wird mit "Frauen" bezeichnet und worin besteht ihre Macht? Was erzählt Joseph K. von sich, wenn er Frauen in dieser Form zu möglichen Helferinnen konstituiert? Und warum erzählt Joseph K. in seiner Entgegnung eine Geschichte, die sich im Roman selbst so nicht ereignet?

Begeben wir uns auf Umwege. Bekanntlich beginnt das Kapitel "Im Dom" nicht im Dom. Den Auftakt bilden ein für Joseph K. weitgehend unverständliches Gespräch in einer fremden Sprache, ein überstürzter Aufbruch aus dem Büro und schließlich die Ankunft im Dom. In den Bericht von diesem Weg hat sich eine Zeitverschiebung eingeschlichen, die man als Irrtum, Fehler oder Flüchtigkeit oder aber als Hinweis auf einen signifikanten Sprung in der Logik des Kapitels lesen kann: Im Gespräch mit dem Italiener hatte K. sich mit diesem um zehn Uhr zur gemeinsamen Besichtigung des Doms verabredet. Um halb zehn ruft Leni an, und nach einem kurzen Telefonat bricht K. auf. "Nun war es aber schon spät, es bestand schon fast die Gefahr, daß er nicht rechtzeitig ankam." Die Sorge scheint unbegründet: "K. war pünktlich gekommen, gerade bei seinem Eintritt hatte es elf geschlagen, der Italiener war aber noch nicht hier."(279)[2] Eine Stunde ist verschwunden. In der Folge wird sich nicht aufklären, warum der Italiener nicht im Dom war, ob K. tatsächlich zur falschen Zeit kam und was in der fehlenden Stunde geschah. Die geplante Begegnung fällt aus, statt dessen trifft K. jemanden, von dessen

---

2 In der von Max Brod betreuten Fassung liest man dagegen: "gerade bei seinem Eintritt hatte es zehn geschlagen". Kafka 1958, 149.

Existenz er bisher nichts wußte, der ihn aber offenbar bestellt und ihn erwartet hatte.

Dieser Zeitsprung öffnet die Erinnerung an eine andere Zeit, die im Romangeschehen sonst nicht präsent ist. Der Domvorplatz wird zum Gedächtnisort, an dem Joseph K. seine eigene Geschichte gegenübertritt: "K. erinnerte sich, daß es ihm schon als kleinem Kind aufgefallen war, daß in den Häusern dieses engen Platzes immer fast alle Fenstervorhänge herabgelassen waren." (279) Draußen, außerhalb der Welt des Gerichts, in einer Stunde außerhalb der Zeit, kennt sich Joseph K. und ist mit seiner Geschichte in der Erinnerung verbunden, drinnen wird er mit dem Vergessen konfrontiert. Das Innere des Doms ist ein Labyrinth, ein Ort ohne Licht und ohne Wege, an dem Joseph K. nichts wiedererkennt. Indem K. einen ihm angeblich bekannten Ort als fremd wahrnimmt und mit Lücken seiner Erinnerung konfrontiert wird, begegnet er einem Anderen, der offenbar alles über ihn weiß. In dieser Begegnung erscheint die "eigene" Geschichte diskontinuierlich und punktuell, nicht mitteilbar und fremd, das Wissen des Anderen dagegen vollständig und umfassend. Der allwissende Andere erinnert Joseph K. an sein fremdes Wissen von draußen, in dem er ihn vor allem Fremden warnt. Fremd sind auch die, die ebenfalls nicht alles wissen, wenn man sie zum ersten Mal trifft: die Frauen. Im Roman wissen nur Männer alles und kennen daher auch Joseph K.s vollständigen Namen. Frauen dagegen verfügen ebenso wie Joseph K. nur über punktuelles und fragmentarisches Wissen und sollen deshalb zusammenarbeiten. Doch wie kann das geschehen, was verbindet die weiblichen Figuren, die im Roman nur einzeln, nicht als Gruppe und nie ohne einen Mann auftreten? Männer scheinen durch das Kontinuum par excellence, das Gericht, miteinander verbunden zu sein. Anders die Frauen. Die verschiedenen weiblichen Figuren kennen sich untereinander nicht. Leni lernt Elsa nur über ein Photo kennen, und sie erfährt nur deshalb von Elsas Existenz, weil sie Joseph K. nach einer möglichen Geliebten fragt. Nie sprechen zwei Frauen miteinander, nie können sie ihre Kenntnisse zusammenfassen und "gemeinsam durchdringen". Frau - das ist der Name einer Singularität, eines Bruchs in der Kontinuität des Wissens. Eine Möglichkeit der Erinnerung und ebenso des Vergessens. Ein Wissen, das anders strukturiert ist als das der Angehörigen des Gerichts. Ein Wissen, das nicht gegeben ist und worüber niemand verfügt, der dem Gericht nahe kommt. Ein ambivalentes und labiles Wissen, ein Wissen im Übergang, ein Wissen des Übergangs. Es ist mit keiner Figur des Romans identifizierbar, sondern blitzt auf, wenn Übergänge bezeichnet werden. Joseph K. trifft eine Frau immer an einer Tür.

3.

Als Joseph K. verhaftet wird, bilden die Zimmer der Wohnung eine Zimmerflucht. Voneinander getrennte Räume öffnen sich zueinander, aber nicht gesellig, sondern eher in der Atmosphäre eines Morgens, an dem aufgeräumt und geputzt wird. Für das Verhör wird die Ordnung der Pension mit ihrer strengen Scheidung von Öffentlichem und Privatem gestört, wodurch die Türen ihre Funktion verlieren. Sie trennen und verbinden nichts, an ihrer Stelle haben sich unschließbare Durchbrüche gebildet. Nach dem Verhör geleitet Frau Grubach - eine "alte" Frau ohne Vornamen und damit außerhalb der Ordnung des Begehrens - die Herren zur Wohnungstür, wobei die verschiedenen Türen ohne Probleme geöffnet werden können oder bereits offen stehen. Anders bei der Begegnung mit jungen Frauen; hier wirft der Durchgang durch die Tür immer ein Problem auf. Als Joseph K. spät in der Nacht aus Fräulein Bürstners Zimmer in den Flur treten will, wird er plötzlich gestoppt: "Aber vor der Tür, als hätte er nicht erwartet, hier eine Tür zu finden, stockte er". (47 f.) Erst diese Stockung, diese Verzögerung ermöglicht den Kuß außerhalb des Zimmers, im Vorzimmer. Warum aber hatte Joseph K. keine Tür erwartet? Hatte er einen endlosen Raum imaginiert, den ihm die Anwesenheit einer Frau eröffnet? Hatte er erwartet, daß die Annäherung an eine Frau in (s)einem Raum stattfinden kann? Ohne Übertritt, ohne Eintritt in einen anderen Raum?

Auch die nächste Frau, die Joseph K. trifft und begehrt, ist mit Türen verbunden:

Er "klopfte an die erste Tür des fünften Stockwerks. Das erste was er in dem kleinen Zimmer sah, war eine große Wanduhr, die schon zehn Uhr zeigte. 'Wohnt ein Tischler Lanz hier?' fragte er. 'Bitte', sagte eine junge Frau mit schwarzen leuchtenden Augen, die gerade in einem Kübel Kinderwäsche wusch, und zeigte mit der nassen Hand auf die offene Tür des Nebenzimmers." (57)

Als Joseph K. nach einer Verzögerung in diesen Raum eintritt, schließt die Frau die Tür: "'Nach ihnen muß ich schließen, es darf niemand mehr hinein.'" Dazu ergreift sie die Türklinke, den Teil einer Tür also, die deren Funktion aktiviert.

Auch die nächste Begegnung mit ihr bringt eine Tür ins Spiel. Nachdem das Verhör und K.s große Rede durch das Schreien der Frau unterbrochen worden waren, flieht Josef K. zur Tür. Doch dort steht bereits ein Türhüter, der Untersuchungsrichter, obwohl er sich einen Moment vorher noch zusammen mit K. am anderen Ende des Raumes aufgehalten hatte:

"Der Untersuchungsrichter schien aber noch schneller als K. gewesen zu sein, denn er erwartete ihn bei der Tür. 'Einen Augenblick', sagte er, K. blieb stehn, sah aber nicht auf den Untersuchungsrichter sondern auf die Tür, deren Klinke er schon ergriffen hatte. (...) K. lachte die Tür an. 'Ihr Lumpen', rief er, 'ich schenke Euch alle Verhöre', öffnete die Tür und eilte die Treppe hinunter." (72)

Indem K. die Tür anlacht, erfährt diese eine merkwürdig Substitution. Er lacht sie an - wie eine Frau? Er berührt sie - wie eine Frau? In der Erinnerung transformiert Joseph K. diese Szene und substituiert die Tür tatsächlich durch eine Frau. Dem Gefängniskaplan erzählt er von einem Untersuchungsrichter, dem aus der Ferne eine Frau gezeigt wird, worauf er, "um nur rechtzeitig hinzukommen, den Gerichtstisch und den Angeklagten überrennt." In der besagten Szene will der Untersuchungsrichter rechtzeitig zur Tür kommen, die bereits in Joseph K.s Händen ist. Zur Frau dagegen geht er nicht selbst, vielmehr wird ihm diese in sein Büro gebracht, und zwar über Treppen und durch eine Tür, die Joseph K. nicht als solche erkennt.

Als K. zum ersten Mal die Kanzleien auf den Dachböden betritt, braucht er bekanntlich ein weibliches Wesen, um aus dieser Welt der Männer wieder hinauszufinden. Ein Mädchen, keine Frau, hilft ihm hinaus. Doch sie führt ihn an eine Öffnung, die er nicht als Tür identifizieren kann:

"Da kam endlich, als wäre die Wand vor ihm durchrissen ein Luftzug ihm entgegen und er hörte neben sich sagen: 'Zuerst will er weg, dann aber kann man ihm hundertmal sagen, daß hier der Ausgang ist und er rührt sich nicht.'" (106)

Schließlich merkt K., "daß er vor der Ausgangstür stand, die das Mädchen ihm geöffnet hatte." Diese Tür aus der Männerwelt kann K. nur allein durchschreiten. Das Mädchen wäre "vielleicht abgestürzt, wenn nicht K. äußerst schnell die Tür geschlossen hätte." (107)

Leni schließlich *ist* eine Tür. Als Joseph K. sie zum ersten Mal sieht, belebt sie eine Tür, indem sie aus dem Guckfenster sieht und die Tür damit mit Augen versieht. Sie beobachtet ihre Besucher, bevor sie sich nach einer weiteren Verzögerung öffnet: "Im Guckfenster der Tür erschienen zwei große schwarze Augen, sahen ein Weilchen die zwei Gäste an und verschwanden; die Tür öffnete sich aber nicht." (129) Eine Tür wird schließlich auch zum Ort des Treffens; sie symbolisiert die körperliche Begegnung von Leni und Joseph K.:

"Kaum war er ins Vorzimmer getreten und wollte sich im Dunkel zurechtfinden, als sich auf die Hand, mit der er die Tür noch festhielt, eine kleine Hand legte, viel kleiner als K.'s Hand, und die Tür leise schloß." (139)

4.

Die Hände werden wohl nicht auf der Tür, sondern auf der Klinke über-
einandergelegen haben, so wie später die Körper auf dem Fußboden des
Arbeitszimmers liegen. Doch ebenso wie hier die Klinke als Ort der Begegnung nicht genannt wird, taucht in den späteren Szenen mit Leni nie
der Ort auf, der die Vereinigung zweier Körper so häufig symbolisiert:
das Bett. In der Bewegung von Leni und Joseph K. durch die Wohnung
des Advokaten wird diese symbolische Bedeutung des Bettes mehrfach
versetzt: K. verläßt den intimsten Raum der Wohnung, das Schlafzimmer, trifft Leni im öffentlichsten Raum der Wohnung, dem Vorzimmer, und läßt sich dann von ihr in einen ebenfalls öffentlichen Raum führen, in das Arbeitszimmer des Advokaten. Dort geschieht etwas, das offenbar in keinem Bett und in keinem Schlafzimmer geschehen kann.
Denn in Zimmern mit Betten begegnen sich Ungleiche, Angehörige
zweier Ordnungen, wie die Mitglieder des Gerichts und Joseph K. Die
anderen, die dieser Ordnung nicht angehören, untereinander aber durchaus nicht gleich sind, treffen sich an Türen, in einem vagen Zwischen-
raum. Joseph K., so kann man sagen, steht auf beiden Seiten der Tür,
denn diese signalisiert ja auch *den* symbolischen Unterschied par excellence, den der Geschlechter. Als "Mann" steht er auf der Seite derer, die
in *einer* Welt aus Gericht und Angeklagten leben, als Mann mit falschem
Namen steht er aber ebenso auf der anderen Seite, auf der der "Frauen".
Joseph K. - das ist also der Name eines Dazwischen, einer gefährlichen
Ununterscheidbarkeit.

Deshalb auch sind Türen umgekehrt Orte eines Kampfes um Unterschied. Joseph K. wirft die Tür zum Gericht "äußerst schnell" wieder zu,
damit das Mädchen aus der Kanzlei nicht abstürzt, und er kämpft mit
Leni um dieselbe Tür, die ihre Begegnung signalisierte. Dieses Mal grei-
fen nicht zwei Hände gemeinsam nach einer Klinke, vielmehr wird die
Tür selbst zum Objekt eines Kampfes. Als K. dem Advokaten kündigen
will und Leni von dieser Absicht erzählt, entspinnt sich eine körperliche
Auseinandersetzung bei K.s Eintritt in das Schlafzimmer des Advokaten.
Leni,

"die mit dem Fuß den Türflügel offenhielt, faßte ihn beim Arm und wollte ihn zurück-
ziehen. Aber er drückte ihr Handgelenk so stark, daß sie unter einem Seufzer ihn loslas-
sen mußte. Ins Zimmer einzutreten wagte sie nicht gleich, K. aber versperrte die Tür mit
dem Schlüssel." (249)

Mit diesem Übertritt ist Joseph K. wieder in der Welt der Männer angekommen, in einem Raum mit Bett und Tisch. Denn beide signalisieren

nie Orte des Familienromans, sondern gestalten den Raum des Gerichts. Tische sind Insignien der Macht; nie wird an einem Tisch Essen bereitet, gegessen oder gespielt. Als der Advokat - wie immer im Bett - nach Joseph K.s Kampf mit Leni um die Tür von deren "Zudringlichkeit" spricht, "klopfte [er] K. auf die Hand, die dieser zerstreut auf das Nachttischchen gestützt hatte und die er jetzt rasch zurückzog" (250), und besiegelt in dieser Berührung K.s Übertritt. Auch Joseph K.s Verhör im ersten Kapitel findet an einem zweckentfremdeten Tisch statt. Fräulein Bürstners Nachttisch, ein Möbel also, das eher die Funktion eines Schrankes hat, wurde vor Joseph K.s Eintritt in die Mitte des Zimmers geschoben und bildet nun eine Barriere in einem vorher nicht hierarchisch strukturierten Raum. In diesem geteilten Raum können nun zwei Ordnungen aufeinanderprallen: Hinter dem Tisch sitzt ein Repräsentant des Gerichts, der den vor ihm stehenden Joseph K. zu einem Teil des Gerichts konstituiert, indem er ihn verhört. Als Angeklagter gehört er aber gleichzeitig auch zu denen, die diese Konstitution selbst nicht vornehmen können. Diese Ambivalenz findet sich in Joseph K.s Suche nach dem Weg zum Gericht wieder; er fragt nach einem Tischler, nach jemandem also, der unter anderem das Möbelstück herstellt, das die Macht des Gerichts signalisiert. Doch ein Tischler produziert lediglich einen Gegenstand, nicht dessen symbolischen Ort.

Auch im Gerichtssaal ist "auf einem sehr niedrigen gleichfalls überfüllten Podium ein kleiner Tisch der Quere nach aufgestellt", hinter dem der Untersuchungsrichter, "ein kleiner dicker schnaufender Mann", sitzt. (58 f.) In der folgenden Szene werden weitere Bruchstücke der Geschichte erzählt, die Joseph K. dem Gefängniskaplan im Dom - weitgehend transformiert - als Rechtfertigung für die Suche nach Hilfe bei Frauen vorträgt. Wieder rennt der Untersuchungsrichter[3] keinen Tisch um, um zu einer Frau zu gelangen, die er in der Ferne sieht, sondern Joseph K. muß sich vorsehen, diese Barriere des Unterschieds nicht umzureißen:

"Er stand eng an den Tisch gedrückt, das Gedränge hinter ihm war so groß, daß er ihm Widerstand leisten mußte, wollte er nicht den Tisch des Untersuchungsrichters und vielleicht auch diesen selbst vom Podium hinunterstoßen." (60)

Schließlich ist es Joseph K., der diesen gefährlichen Ort verläßt, weil sich in der Nähe der Tür eine Frau gezeigt hat. Die Figur des Untersuchungsrichters in K.s Erzählung im Dom weist also Züge von zwei konträren Fi-

---

3 Auch in Joseph K.s einziger Begegnung mit einem Richter im Schlafzimmer des Advokaten ist dieser mit einem Tisch als Insignium der Macht ausgestattet: Er sitzt an einem Tischchen in einer dunklen Ecke des Zimmers.

guren auf, die in der Nennung des Tisches und der Flucht zur Tür kulminieren.

Es wundert nicht, daß umgekehrt Joseph K.s Tische nicht als Insignien seiner Macht respektiert werden. Der Onkel setzt sich auf Joseph K.s Schreibtisch im Büro und verwandelt diesen dabei in ein anderes Möbel, ein Sofa nämlich, indem er die darauf liegenden Papiere zu Sitzkissen macht. Der Direktorstellvertreter sucht auf K.s Schreibtisch herum, als ob er niemand zugehörig wäre. Joseph K. hat also keinen Tisch, den er sein eigen nennen könnte; er kann zwischen sich und den anderen keine Barriere der Macht errichten. Wieder ist sein Platz in der Ordnung der "Männer" labil, gefährdet und unsicher. Wieder gehört er nicht wirklich dazu.

Dieser Mangel ist in der Welt der Frauen, in der Begegnung mit ihnen nicht aufhebbar. Daß Frau Grubach an einem Tisch sitzt und stopft, macht ebenso wie ihr Verhältnis zu Türen deutlich, daß sie keine "Frau" ist: Sie ist "alt" und "vernünftig"[4] und steht daher außerhalb des Begehrens. Als Joseph K. Fräulein Montag an einem Sonntagvormittag im Eßzimmer der Pension trifft, ist der große Tisch für das gemeinsame Essen der Mieter bereits gedeckt. Da Fräulein Montag durch die Wohnung hinkt, schleift und schlürft, erscheint sie Joseph K. nicht begehrenswert, und von einer gemeinsamen Mahlzeit der Mieter ist in der Folge nicht mehr die Rede.

Ebenso wie der Tisch ist auch das Bett kein Ort, an dem Joseph K. mit Frauen zusammenkommt. Im Bett liegen nur Männer. K. ist noch im Bett, als er verhaftet wird; kurz darauf wirft er sich aufs Bett, um einen Apfel zu essen. Der Advokat hält sich offenbar nur im Bett auf, und auch auf das Bett des Angeklagten Block, das fast das ganze Zimmer füllt, wirft Joseph K. einen Blick. Von Lenis Bett ist dagegen nie die Rede, und auch Fräulein Bürstner sitzt beim Gespräch mit Joseph K. nicht etwa auf ihrem Bett, sondern auf einer Ottomane. Ihr Bett dient als Ablage für den Hut des Aufsehers, als Lehne für das stehende Fräulein oder auch als unwirklich fremder Ort. Als Joseph K. am Abend des Verhörs in Fräulein Bürstners Zimmer hineinsieht, "schienen die Pölster im Bett auffallend hoch, sie lagen zum Teil im Mondlicht." (36) Diesem Bett, dem Joseph K. sich nicht nähert, korrespondiert ein anderes, das ihm als Sitzgelegenheit dient: Der Maler Titorelli

---

4 Er möchte das Urteil einer "vernünftigen Frau" hören, so sagt Joseph K. während des Gesprächs mit Frau Grubach; und kurz zuvor denkt er: "Nur mit einer alten Frau kann ich davon [von der Verhaftung - B.H.] sprechen." Vgl. 33 bzw. 34.

"bat sich auf das Bett zu setzen, während er sich selbst auf den einzigen Stuhl des Zimmers vor der Staffelei niedersetzte. Außerdem schien es der Maler mißzuverstehen, warum K. nur am Bettrand blieb, er bat vielmehr, K. möchte es sich bequem machen und gieng, da K. zögerte, selbst hin und drängte ihn tief in die Betten und Pölster hinein." (199 f.)

Dieses Bett ist so entfernt davon, eine Begegnung mit einer Frau zu signalisieren, daß es sogar vor einer Tür steht. Da die andere Tür des Zimmers von den Mädchen belagert wird, die zu Titorelli hereinmöchten, übersteigt Joseph K. das Bett, um das Zimmer durch die verstellte Tür zu verlassen. In diesem Bild vom Bett als Barrikade vor einer Tür und gleichzeitig als Möglichkeit, einer Begegnung mit Frauen zu entgehen, kulminiert die entstellte Bedeutung des Bettes. Denn Joseph K. wird nicht nur von einem Mann ins Bett hineingedrückt, sondern von diesem auch aufgefordert, sich immer mehr zu entkleiden. Diese Entkleidung signalisiert keine erotische Szene, sondern eher einen signifikanten Ausfall von Erotik, der durch den voyeuristischen Blick der Mädchen durchs Schlüsselloch noch verstärkt wird.

5.

Wie Gerhard Neumann gezeigt hat, ist dieser Ausfall von Erotik und ebenso von Liebe charakteristisch für Kafkas Poetologie.[5] Die klassischen Konstellationen von Familien und Paaren wird man - zumindest in den Romanen - weitgehend vergeblich suchen. Joseph K. hat sich, wie er dem Aufsichtsbeamten sagt, allein durchschlagen müssen. Von seinem Vater ist nie die Rede, die Mutter taucht nur als Ziel einer mehrfach verschobenen Reise auf. Mutter und Sohn, Onkel und Cousine bilden zwei verdrehte Paare, von denen jeweils nur die Männer im Romangeschehen auftreten. Zusammen mit der Geliebten Elsa repräsentieren die Frauen, die die Familie bzw. ein Paar konstituieren, eine ferne Erinnerung, eine Geschichte ohne Bezug zur Zeit des Romans. Auch andere Paare sind nur in Erzählungen und Erinnerungen präsent. So hat Frau Grubach Fräulein Bürstner zweimal mit verschiedenen Männern gesehen, wie sie Joseph K. berichtet. Und dieser träumt von ihr auf dem Kanapee liegend in einer Konstellation, die er auf einer Photographie gesehen hat: zwei Männer umarmend. Aus der dualen Struktur und deren Überschreitung, die in der Geschichte des Romans zwischen Liebe, Eifersucht und Trennung so viel

---

5 Gerhard Neumann hat darauf hingewiesen, daß in Kafkas Romanen keine Liebesgeschichten erzählt werden. Die nicht mehr erzählbare Liebe sei der Ausgangspunkt von Kafkas Kunst, seine Poetologie ein Schreiben "vor der Erfindung der Liebe zwischen Mann und Frau"; vgl. Neumann 1990, 175 und 185.

zu erzählen gab, entspinnt sich im 'Proceß' nichts. Keine Geschichte mit Leni, sondern eine fast beliebige Folge von Konstellationen. Keine Geschichte mit der Frau des Gerichtsdieners. Keine Geschichte anderer Paare, die kurzfristig auftauchen wie Fräulein Montag und der Hauptmann, die Frau des Gerichtsdieners und der Student oder Leni und Block.

Wenn weder Familienroman noch Liebesgeschichten strukturbildend sind, tut sich eine narrative Leere auf, die im Gespräch mit dem Gefängniskaplan in eine andere Darstellungsform überführt wird. "Ich habe Dir die Geschichte im Wortlaut der Schrift erzählt", (295) so heißt es, als ob die Erzählung nur ein anderes Lesen wäre. Ein Lesen ohne Buch, ein Lesen aber, das jedem Wort, ja jedem Buchstaben der Schrift die Treue hält. Diese Treue ermöglicht endlose Kombinationen einzelner Momente der Geschichte und damit eine Vielfalt von Geschichten und Auslegungen, ein Spiel ohne Anfang und Ende, ohne Zweck und Ziel. Während das Sprechen über die Frauen und deren fremde Hilfe in langes Schweigen im dunklen Dom umschlägt, das erst durch Joseph K.s mehrfach ansetzendes und drängendes Fragen wieder aufgebrochen werden kann, eröffnet die "Geschichte im Wortlaut der Schrift" ein langes Gespräch. "'Bist Du mir böse', fragte K. den Geistlichen", nachdem er von den Frauen gesprochen hatte.

"'Du weißt vielleicht nicht, was für einem Gericht Du dienst.' Er bekam keine Antwort. 'Es sind doch nur meine Erfahrungen', sagte K. Oben blieb es noch immer still. 'Ich wollte Dich nicht beleidigen', sagte K. Da schrie der Geistliche zu K. hinunter: 'Siehst Du denn nicht zwei Schritte weit?' Es war im Zorn geschrien, aber gleichzeitig wie von einem, der jemanden fallen sieht und weil er selbst erschrocken ist, unvorsichtig, ohne Willen schreit." (290)

Diesem Schrei folgt wieder Stille, und wieder wird sie von einer Frage Joseph K.s skandiert, bis ein Wort schließlich alle Fragen in sich aufsaugt: Es entfaltet sich ein Gespräch über Täuschungen. Ein Wort, das - wie der Gefängniskaplan betont - im Wortlaut der Schrift nicht auftaucht, das er aber gebraucht, bevor er den Text referiert: "'Täusche Dich nicht', sagte der Geistliche. 'Worin sollte ich mich denn täuschen?' fragte K. 'In dem Gericht täuschst Du Dich". (292) Zwischen dem Text und seiner Auslegung öffnet sich ein Raum, in dem erst das Wort Täuschung auftauchen kann. Ist dieser Unterschied womöglich selbst eine Täuschung? Beide, der Mann vom Lande ebenso wie Joseph K., haben die Möglichkeit zu fragen und in ihren Fragen einer möglichen Täuschung zu entgehen. Diese Möglichkeit nutzen sie unterschiedlich. Joseph K. stellt sofort die entscheidende Frage nach der Täuschung, während der Mann vom Lande seine Frage erst am Ende des Textes stellt, der von seinem eigenen Ende spricht. Das Ansprechen, das im Text durch wörtliche Rede signalisiert wird, war zuvor nur dem Türhüter vorbehalten. Die eine wörtliche Frage des Mannes vom Lande und die Antwort darauf schließen den Eingang zum Gesetz, die Rede des Türhüters und den Text. Wer also fragt da, wenn seine Frage so weitreichende Folgen hat? Der lange Disput, der diesem Text folgt, zeigt dieselbe Struktur wie das Gespräch zuvor: Joseph K. fragt, und der Kaplan stellt seine Fragen und Hypothesen durch andere Perspektiven in Frage. Ein ungleiches Gespräch also, ebenso wie das zwischen dem Mann vom Lande und dem Türhüter, bis es schließlich von Joseph K. abgebrochen wird: "Die einfache Geschichte war unförmlich geworden, er wollte sie von sich abschütteln". (303)

In diesen ineinandergeschachtelten "unförmlichen Geschichten" finden sich Joseph K. und der Mann vom Lande auf ähnlichen Plätzen wieder. Sie begegnen Instanzen, die in der Frage nach ihnen, in der Bewegung zu ihnen hin entstehen. Gleichzeitig aber öffnen sie sich diesen Fragen. Oder wie der Gefängniskaplan sagt: "Das Gericht will nichts von Dir. Es nimmt Dich auf wenn Du kommst und es entläßt Dich wenn Du gehst." (304)

Damit ist eine Zeit gegeben, in der anders erzählt wird, als wir gewohnt waren, in der selbst Inszenierungen von nach ihrem Geschlecht identifizierbaren Figuren wie eine Erinnerung an Geschichten wirken, die auf diesen Unterschied angewiesen waren. Die Attribute dieser Figuren, die symbolischen Orte ihrer Begegnungen wurden entwendet und entstellt. Damit aber stellt sich eine Frage an die Leser: Wie kann man dann lesen?

Literatur

Grözinger, Karl Erich, 1992: Kafka und die Kabbala. Das Jüdische im Werk und Denken Franz Kafkas. Frankfurt/Main.

Kafka, Franz, 1985: Der Prozeß, hg. von Max Brod, Frankfurt/Main.

Kittler, Wolf/Neumann, Gerhard (Hg.), 1990: Franz Kafka. Schriftverkehr, Freiburg.

Kempf, Franz R., 1981: Das Bild des Bettes und seine Funktion in Franz Kafkas Romanen Amerika, Der Prozeß und das Schloß, in: Knapp, Gerhard P./Schmidt, Wolff A. von (Hg.): Sprache und Literatur. Festschrift für Arval L. Streadbeck zum 65. Geburtstag, Bern/Frankfurt/Las Vegas, S. 89-97.

Maché, Britta, 1992: The Bürstner Affair and Its Significance for the Courtroom Scenes and the End of Kafka's 'Prozeß', in: The German Quarterly 65.1, S. 18-34.

Moser-Verrey, Monique, 1987: Zur Choreographie der Begegnungen in Kafkas Roman 'Der Prozeß', in: Seminar 23.4, S. 341-354.

Mykyta, Larysa, 1980: Woman as the Obstacle and the Way, in: Modern Language Notes 95, S. 627-640.

Neumann, Gerhard, 1990: 'Nachrichten vom Pontus'. Das Problem der Kunst im Werk Franz Kafkas, in: Franz Kafka. Schriftverkehr, S. 164-198.

Neumann, Gerhard, 1990: Franz Kafka: Der Name, die Sprache und die Ordnung der Dinge, in: Franz Kafka. Schriftverkehr, S. 11-29.

Rey, Jean-Michel, 1985: Quelqu'un danse. Les noms de F. Kafka, Lille.

Robin, Régine, 1987: Kafka, Paris.

Susman, Margarete, 1992: Das Hiobproblem bei Kafka, in: Susman, M.: Das Nah- und Fernsein des Fremden. Briefe und Essays, hg. und mit einem Nachwort versehen von Ingeborg Nordmann, Frankfurt/Main, S. 183-203.

IX.
In tiefer Nacht.
Franz Kafkas 'Türhüterlegende'

Wolf Kittler

1.

"Schreiben", so schreibt Kafka in einem Brief an Felice Bauer,

"heißt ja sich öffnen bis zum Übermaß. (...) Deshalb kann man nicht genug allein sein, wenn man schreibt, deshalb kann es nicht genug still um einen sein, wenn man schreibt, die Nacht ist noch zu wenig Nacht. Deshalb kann nicht genug Zeit einem zur Verfügung stehn, denn die Wege sind lang, und man irrt leicht ab, man bekommt manchmal sogar Angst und hat schon ohne Zwang und Lockung Lust zurückzulaufen (eine später immer schwer bestrafte Lust), wie erst, wenn man unversehens einen Kuß vom liebsten Mund bekäme. Oft dachte ich schon daran, daß es die beste Lebensweise für mich wäre, mit Schreibzeug und einer Lampe im innersten Raume eines abgesperrten Kellers zu sein. Das Essen brächte man mir, stellte es immer weit von meinem Raum entfernt hinter der äußersten Tür des Kellers nieder. Der Weg um das Essen, im Schlafrock, durch alle Kellergewölbe hindurch wäre mein einziger Spaziergang. Dann kehrte ich zu meinem Tisch zurück, würde langsam und mit Bedacht essen und wieder gleich zu schreiben anfangen." (Kafka 1976, 250)[1]

So lautet (innerhalb der Korrespondenz mit Felice Bauer) die letzte Exegese des Gedichts 'In tiefer Nacht', das Kafka der Geliebten am 24. November 1912 geschickt und in den folgenden Briefen ausführlich kommentiert hat. Es handelt von einem Mann, der die Nacht "über einem Buch" zugebracht hat (man erfährt nicht, ob lesend oder schreibend). Seine Freundin, "die mit Mühe bis dahin ihren Zorn beherrschte", reißt ihm die Lampe weg und fragt: "Weißt du, wie spät es ist"? (Kafka 1976, 119)

Männer, die in tiefer Nacht schreiben, und Frauen, die diese Männer in Büros verführen oder umgekehrt ihre eigene Schlafkammer in eine

---

1 Brief vom 14. zum 15. Januar 1913.

Schreibstube verwandeln, sind ein Paradigma des 'Proceß'-Romans,[2] den Kafka - kurz nach der Lösung seiner Verlobung mit Felice Bauer - im Herbst 1914 zu schreiben unternimmt. Schon der erste Satz aber setzt den Traum voraus, den der Brief vom 14. zum 15. Januar 1913 als letzte Konsequenz der Lektüre des Gedichts 'In tiefer Nacht' entwirft, nämlich "gefangen" oder "verhaftet" zu sein. (7)

Daß Gefängnisse der ideale Ort des Schreibens sind, ist eine alte Phantasie, deren Geschichte noch zu schreiben ist. Die Parabel 'Vor dem Gesetz', in deren Auslegung die Niederschrift des 'Proceß'-Romans sehr wahrscheinlich kulminiert,[3] steht in diesem Kontext. Innerhalb von Kafkas Schreiben aber ist sie eine weitere Variation des Gedichts 'In tiefer Nacht'.

Das Kapitel "Im Dom", in das die Parabel eingebettet ist, stellt den Bezug unverkennbar her. Schon in der Bank muß K. auf seinem Weg "in das Direktionszimmer" durch das "Bureau des Direktor-Stellvertreters", das leer ist "wie in tiefer Nacht" (273). Nachdem er konstatiert hat: "Die Frauen haben eine große Macht", heißt es von der Atmosphäre, die im Inneren des Domes herrscht: "Das war kein trüber Tag mehr, das war schon tiefe Nacht." (290) Ehe der Geistliche die Geschichte 'Vor dem Gesetz' erzählt, reicht er K. "die kleine Lampe damit er sie trage." (292) Und ganz am Schluß des Kapitels erfährt man, daß die "Lampe in seiner Hand (...) längst erloschen" war. (303) So verwandelt sich der Dom in die tiefe Nacht des Kellers, von dem Kafka in seinen Briefen an Felice Bauer träumte.

Der Reiz des Gedichts 'In tiefer Nacht' liegt in jener eigentümlichen Schwebe zwischen Bildlichkeit und Diskursivität, die für die chinesische Lyrik, soweit das von Übersetzungen gesagt werden kann, charakteristisch ist. Auch Kafkas 'Vor dem Gesetz' ist gekennzeichnet durch diese Differenz, und der ganze Roman bereitet darauf vor.

Als K. zum ersten Mal Einblick in die Schriften des Gerichts erhält, findet er zwei Bücher: einen Text mit dem Titel "Die Plagen, welche Grete von ihrem Manne Hans zu erleiden hatte" und ein anderes mit obszönen Zeichnungen. (76 f.) Bei dem Versuch, Zugang zu dem Gericht zu erhalten, begegnet er sowohl einem Advokaten, der endlose Eingaben schreibt, als auch einem Künstler, der Porträts von Richtern (195 f.) und "Heidelandschaften" (220 f.) malt.

---

2 Vgl. dazu ausführlicher meinen Aufsatz "Die Klauen der Sirenen", der demnächst erscheint in: Literary Sexualities, Sondernummer: Modern Language Notes, Baltimore 1993.

3 Das "Ende" des Romans wurde unmittelbar nach dem ersten Kapitel "Verhaftung" niedergeschrieben. Vgl. den Kommentar von Malcolm Pasley (1990, 111).

Der erste Teil des Kapitels "Im Dom" treibt den Gegensatz zwischen Bild und Schrift auf eine groteske Spitze. Josef K. steht vor einem doppelten Problem: Er soll "einem italienischen Geschäftsfreund der Bank (...) einige Kunstdenkmäler zeigen" (270), und er muß zu diesem Zweck nicht nur sein Italienisch aufbessern, sondern sich zudem auch noch mit einem besonderen Dialekt dieser Sprache herumschlagen, den er "nur bruchstückweise" (274) versteht. Mit dem Widerwillen eines schlechten Schülers büffelt K. Vokabeln, um mit einem Mann zu sprechen, für den es "nicht gar so wichtig [ist] verstanden zu werden". (277) Deshalb hat er auf seinem Weg in den Dom "ein kleines Wörterbuch" in der Tasche und ein "Album der städtischen Sehenswürdigkeiten" "auf seinen Knien". (273 und 278)

Im Dom angekommen, fällt ihm als erstes ein "altes Weib" ins Auge, von dem es heißt, daß es "vor einem Marienbild kniete und es anblickte" (279). Dann blättert er in dem mitgebrachten Album, muß "aber bald aufhören", weil es "so dunkel" wird (280), schließlich beginnt er, mit seiner "elektrische[n] Taschenlampe" "das Altarbild" "einer nahen kleinen Seitenkapelle abzusuchen". (280 f.)

"Das erste, was K. sah und zum Teil erriet, war ein großer gepanzerter Ritter, der am äußersten Rande des Bildes dargestellt war. Er stützte sich auf sein Schwert, das er in den kahlen Boden vor sich - nur einige Grashalme kamen hie und da hervor - gestoßen hatte. Er schien aufmerksam einen Vorgang zu beobachten, der sich vor ihm abspielte. Es war erstaunlich, daß er so stehen blieb und sich nicht näherte. Vielleicht war er dazu bestimmt, Wache zu stehn. K., der schon lange keine Bilder gesehen hatte, betrachtete den Ritter längere Zeit, trotzdem er immerfort mit den Augen zwinkern mußte, da er das grüne Licht der Lampe nicht vertrug. Als er dann das Licht über den übrigen Teil des Bildes streichen ließ, fand er eine Grablegung Christi in gewöhnlicher Auffassung, es war übrigens ein neueres Bild." (281)

Die Parabel 'Vor der dem Gesetz' ist eine Variante dieses Bildes.[4] Dem "Wächter" entspricht der "Türhüter", und wo das Grab mit dem Corpus Christi war, ist jetzt das "Innere" des Gesetzes (292). Die Ähnlichkeit der beiden Szenen enthüllt eine mediale Differenz *zwischen Bild und Schrift*. In der Tat hat K., bevor er in die Parabel 'Vor dem Gesetz' eingeweiht wird, "das Album der städtischen Sehenswürdigkeiten" weit von sich geschleudert, jetzt herrschen - in der von keinem "Schimmer" unterbrochenen Finsternis (288) - das gesprochene Wort und "die einleitenden Schriften zum Gesetz". (292)

Die Differenz der Medien hat eine theologische Komponente. Das Bild zeigt den Moment, in dem das fleischgewordene Wort in die tiefe Nacht des Grabes eingeht, die Parabel beschreibt ein Geschehen, das sich

---

4 Auf diesen Zusammenhang verweist schon Weinberg 1963, 130 f.

über viele Jahre hinzieht: Ankunft, Warten und Tod "vor dem Gesetz". Dazu paßt die Haltung der beiden Wächter. Der Ritter der Grablegung ist dem Geschehen zugewandt, es ist die Geste der Nachfolge. Der Türhüter - den Eingang zum Gesetz im Rücken - wendet sich dem "Mann vom Lande" zu. (292)

In Abwesenheit des Corpus Christi kehrt sich die Szene um. Im Hintergrund öffnet sich ein leerer, unbekannter Raum, der Tod rückt in den Vordergrund -: an die Stelle, an der K. mit seiner Taschenlampe stand, an der er dem Priester gegenübertritt und an der schließlich der Mann vom Lande auf seinem Schemel sitzt und stirbt. Der Blick des Türhüters fällt auf einen Ort, der im Kontext des Kapitels von drei verschiedenen Subjekten eingenommen wird: einem Bildbetrachter, einem Angerufenen und einem Bittsteller. Sie alle scheinen frei zu sein, nicht verhaftet - wie K. am Anfang des Romans - und nicht gefangen "im innersten Raume eines abgesperrten Kellers", wie sich Kafka das erträumte. Und doch gibt es etwas, das sie hält:

"K. stockte und sah vor sich auf den Boden. Vorläufig war er noch frei, er konnte noch weitergehn und durch eine der drei kleinen Holztüren, die nicht weit vor ihm waren, sich davon machen. Es würde eben bedeuten, daß er nicht verstanden hatte oder daß er zwar verstanden hatte, sich aber nicht darum kümmern wollte. Falls er sich aber umdrehte, war er festgehalten, denn dann hatte er das Geständnis gemacht, daß er gut verstanden hatte, daß er wirklich der Angerufene war und daß er auch folgen wollte." (287)

Das (fragmentarische) Ende des Romans ist die Analyse seines Anfangs. Es zeigt, daß Festgehalten-, Gefangen- oder Verhaftetsein nichts anderes ist als das Verstehen eines Rufes,[5] ein Hören und Gehorchen, ein Geständnis. Josef K. ist nicht Opfer einer äußeren Gewalt, die ihm fremd ist und ihn unterjocht, er war und ist, sofern er auf seinen Namen hört, immer schon buchstäblich außer sich, draußen in seinem Prozeß, draußen bei der Institution des Gerichts. Er *ist* im Doppelsinn des Wortes, den einer von Kafkas Aphorismen formuliert: "Das Wort 'sein' bedeutet im Deutschen beides: Dasein und Ihmgehören." (Kafka 1953, 44) Es ist dasselbe Wort, mit dem der Priester am Ende des Domkapitels sein Verhältnis zur Institution des Gerichts beschreibt:

"'Ich gehöre also zum Gericht', sagte der Geistliche. 'Warum sollte ich also etwas von Dir wollen. Das Gericht will nichts von Dir. Es nimmt Dich auf wenn Du kommst und es entläßt Dich wenn Du gehst.'" (304)[6]

---

5 So auch im ersten Kapitel: "'Josef K.?' fragte der Aufseher, vielleicht nur um K.'s zerstreute Blicke auf sich zu lenken." (20)

6 Ähnliche Formulierungen in einer Passage von Kafkas 'Schloß'-Roman: "'Ihr seid doch der Landvermesser', sagte der Mann erklärend, 'und gehört zum Schloß. Wohin wollt Ihr fahren?' 'Ins Schloß', sagte K. schnell. 'Dann fahre ich nicht', sagte der Mann

Die Parabel 'Vor dem Gesetz' ist der Punkt, an dem die Frage, "wie man aus dem Proceß ausbrechen, wie man ihn umgehen, wie man außerhalb des Processes leben könnte" (291), in das Streben nach dem Inneren des Gesetzes umschlägt. Es ist ein Schwenk, der das Innere aller Kerker- und Innerlichkeitsphantasien ein für allemal nach außen kehrt, und damit zugleich eine Abkehr vom Problem der Freiheit, nämlich eine Abkehr von der Frage nach utopischen Außenräumen und eine Hinwendung zu der Öffnung, die der Wunsch nach Freiheit immer schon übersprungen hat. Dieser Ort ist die Grenze selbst, jene "äußerste Tür", von der Kafka in der Nacht vom 14. zum 15. Januar 1913 träumte und die nun am Ende des 'Proceß'-Romans bestimmt wird als "das Tor zum Gesetz", das "offensteht wie immer". (292)

Es macht keinen Unterschied, ob dieses Tor (wie in Kafkas Brief) von innen nach außen oder (wie in der Parabel) von außen nach innen führt, entscheidend ist vielmehr, daß es - wie das hörende und gehorchende Ohr K.s - die Schnittstelle ist, an dem ein System mit dem anderen verschaltet ist. Denn solange das Innere des Gesetzes von dem Raum unterschieden ist, aus dem der Mann vom Lande kommt, bleiben die Begriffe Außen und Innen relativ. Es gibt keinen Standpunkt, von dem aus beide Räume angeschaut und beschrieben werden könnten, keinen Blick, der das Tor zugleich von innen und von außen zeigen würde.[7]

2.

Der Eingang zum Gesetz ist kein Gegenstand der Erkenntnis, sondern ein Tor im Sinn der Kybernetik, also Ein- und/oder Ausgang des Kanals, durch den der Mann vom Lande dem Gesetz und zum Gesetz gehört. Alles, was in seinem Zeichen steht, das heißt, sowohl das, was das Gesetz erfüllt, als auch das, was gegen das Gesetz verstößt, muß durch dieses Tor hindurch. Deshalb ist der Ort des Mannes vom Lande, der Ort des Schreibens und der Ort des Textes selbst niemals *im*, sondern immer und notwendig "*vor* dem Gesetz". Denn das Gesetz ist das andere Ende des Kanals, also das unhintergehbare Andere, die Exteriorität des Faktums, daß es etwas zu verstehen gibt. Darum muß jeder Schritt ins Innere zwar nicht an die selbe, aber an die (strukturell) gleiche Stelle führen, vor neue Tore und vor neue Türhüter "einer mächtiger als der andere". (293)

---

sofort. 'Ich gehöre doch zum Schloß', sagte K., des Mannes Worte wiederholend. 'Mag sein', sagte der Mann abweisend." (Kafka [2]1983, 28)

7 Die Aporien, die sich bei der Konstruktion eines absoluten Innenraums ergeben, beschreibt Kafkas Erzählung 'Der Bau', (Kafka [2]1946, 172-214).

Das gilt im strengen Sinn selbst für die Midrasch-Legende, die nach Ulf Abraham Quelle und (negatives) Vorbild von Kafkas 'Türhüterlegende' war. Denn der Weg ins Innere des Gesetzes, den Mose in diesem Text zurückzulegen hat, führt zwar an den vier Wächtern der Himmelspforten vorbei bis vor den Thron Gottes (Abraham 1983, 638-640), aber selbst dort wird ihm das Gesetz nicht in unmittelbarer Anschauung gegeben, sondern in Form der Schrift: als Thora.

Wenn Kafka seinen "Anti-Mose" (Abraham 1983, 636) schon beim ersten Türhüter scheitern läßt, dann ist das zwar eine Verkehrung, aber zugleich auch eine Bestätigung der Midrasch-Legende aus den 'Pesikta Rabbati'. Denn der Satz: "Wenn aber Israel die Thora nicht empfängt, so habe ich keine Wohnung und ihr keine," (Abraham 1983, 639) ist aus dem Mund Gottes nichts anderes als die Setzung einer topologischen Differenz: die Institution eines Kanals, über den Botschaften gesendet und empfangen werden können. Die Thora ist Tor in einem doppelten Sinn: als Eingang ins Innere des Gesetzes und als Ausgang aus der tiefen Nacht der Gottesferne. Die Thora ist das Zeugnis eines Paktes, der die zwei Seiten einer Differenz zugleich auseinander- und zusammenhält.

Wenn Kafkas Mann vom Lande am Ende erfährt, daß das Tor zum Gesetz bei seinem Tod geschlossen wird, weil es "nur für" ihn "bestimmt" war, (295) dann heißt das im streng technischen Sinn, daß ein Kanal genau so lange existiert, wie die Beziehung zwischen Sender und Empfänger. Denn beides ist eins und dasselbe. Sobald eines seiner beiden 'Tore' ausfällt, ist der Kanal unterbrochen.

Das meint Lacans Satz: "une lettre arrive toujours à destination" ("ein Brief kommt immer an die richtige Adresse"), (Lacan 1966, 53) der weder behauptet, daß Briefe nie verloren gingen, noch, daß sie immer in die rechten Hände fielen. Der Satz ist vielmehr ein kybernetisches Theorem. Es besagt, daß Botschaften dann und nur dann ankommen, wenn es einen Kanal, das heißt, eine (wie auch immer geartete) Verbindung zwischen Sender und Empfänger gibt.

Das schließt nicht die Möglichkeit von Fehlern aus, sondern weist ihnen im Gegenteil eine systematische Stelle zu.[8] Es gibt erstens den Fall,

---

8 Die Kritik von Jacques Derrida verwechselt Botschaft und Kanal. Zwar gibt sie vor, Lacans These, daß der Signifikant unteilbar sei, (Lacan 1966, 30) durch den Nachweis zu widerlegen, daß Briefe beliebig oft mit ganzzahligen Faktoren kleiner oder größer eins multipliziert, das heißt, verloren oder vervielfältigt werden können, zeigt aber dann am Ende nur, daß die Menge möglicher Absender und Adressaten potentiell unendlich ist. (Derrida 1980, 520-524) Doch gerade diese Mannigfaltigkeit der Stationen, die ein Brief an- und durchlaufen kann, ist nicht nur nicht bestritten worden, sondern war im Gegenteil gerade das, was zu beweisen war. Deshalb kreist der

daß der Adressat nicht zu erreichen ist, das heißt im technischen Sinn, daß kein Kanal vorhanden ist. Dann bleibt die Botschaft (unabhängig davon, was mit ihrem materiellen Träger geschieht) am Platz des Senders, man kann auch sagen: sie kehrt zu ihm zurück. Und es gibt zweitens den Fall, daß die Nachricht an die falsche Adresse gerät. Dann geschieht das, was Lacans Seminar über Poes 'Stibitzten Brief' beschreibt: Der "falsche" Adressat gerät unter den Einfluß der Botschaft und wird damit zu einem richtigen Adressaten, das heißt, er nimmt eine bestimmte Stelle in dem Netzwerk ein, das ihn mit dem Absender und damit auch mit dem "richtigen" Adressaten der Botschaft verknüpft.

Kafkas Parabel formuliert dieses Gesetz nicht als Beziehung zwischen Botschaft und Empfänger, sondern als Relation zwischen der Anzahl der Kanäle und der Anzahl der Empfänger, es besagt mit anderen Worten, daß sich die Menge derer, die nach dem Gesetz streben, und die Menge der Eingänge ins Gesetz eineindeutig aufeinander abbilden. In diesem Sinn ist der Eingang zum Gesetz singulär und universell zugleich. Er ist ein Tor zu dem Netzwerk, das jeden einzelnen mit allen anderen verschaltet: "Handle so, daß die Maxime deines Willens jederzeit zugleich als Princip einer allgemeinen Gesetzgebung gelten könne." (Kant 1913, 30)[9]

3.

Seit Lessings 'Laokoon' gilt für die Unterscheidung zwischen Poesie und Malerei, daß Texte in und mit der Zeit spielen, während der Raum die Dimension der Bilder ist. Die Differenz zwischen Altarbild und Parabel im 'Proceß'-Roman kehrt diese These, wenn auch nicht vollständig, so doch in bemerkenswerter Weise um. Die Grablegung Christi gerät allein schon durch die Art der Betrachtung, nämlich das Abtasten mit dem Strahl einer Taschenlampe in eine eigentümliche Bewegung, und von dem Ritter, den K. besonders aufmerksam betrachtet, heißt es: "Es war

---

Brief in Lacans Analyse weder stets am selben Ort ("au même lieu") (Derrida 1980,493) noch um den Rand eines Lochs, (Derrida 1980, 465) sondern in einem Schaltkreis, der sich wie jede geschlossene geometrische Figur durch seinen Umfang und die davon eingeschlossene Fläche definiert. Und die Rede vom "Loch" des Signifikanten (Lacan 1966, 63) ist keine Aussage über das Wesen der Wahrheit, sondern beschreibt die Syntax einer Markow-Kette, die die Zahl der möglichen Wahlen aus dem Zeicheninventar in jedem Takt auf einen signifikanten Rest beschränkt. Lacans Aufsatz stellt, wie die Graphen der beiden Anhänge unmißverständlich zeigen, nicht metaphysische Probleme, sondern schaltlogische Gesetze dar. (Lacan 1966, 60, 70, Anm. 28)
9 Der Hinweis auf Kants 'Kritik der praktischen Vernunft' schon bei Derrida 1984.

erstaunlich, daß er so stehen blieb und sich nicht näherte." (281) Das Bild bewegt sich unter den Blicken des Betrachters wie die weibliche Figur auf dem Bild des Malers Titorelli, die sich unter "den zitternden Spitzen der Stifte" aus der "Göttin der Gerechtigkeit" in die "Göttin der Jagd" verwandelt. (197)

Umgekehrt beschreibt die Parabel 'Vor dem Gesetz' nicht so sehr eine Handlung als vielmehr einen Zustand, der sich über "Tage und Jahre" (293) hinzieht und der sich nur sehr langsam ändert. Es scheint, als sei die Grenze zwischen Bild und Text durchlässig geworden, als hätten die beiden Medien ihren Platz getauscht. In der Tat könnte man sagen, daß das Schwanken zwischen Erzählung und Beschreibung, Text und Bild, das den Roman im Ganzen prägt, im doppelten Sinn "vor dem Gesetz" zum Stillstand kommt, nämlich einmal in der Situation, die der (später unter diesem Titel publizierte) Text beschreibt, und zum andern in der Parabel selbst. Vielleicht ist das der Grund, weshalb die Niederschrift des Romans kurz danach abgebrochen wurde.

Der Statik der im ersten und zweiten Satz des Textes geschaffenen Situation schreiben sich drei sehr verschiedene Tempi ein: das Ereignis eines Anfangs ohne Vorgeschichte - Bitte des Mannes vom Lande und Verbot des Türhüters skandiert durch die dreifache Wiederkehr des Shifters "jetzt" (292 f.) -, die Dauer eines endlos scheinenden Wartens über "Tage und Jahre" (293) und schließlich das allmählich eingeleitete, dann aber abrupt eintretende Ende - wiederum angekündigt und besiegelt durch die dreimalige Rekurrenz des Adverbs "jetzt". (294 f.).

Diese drei Zeitabschnitte sind ihrerseits mit drei sehr verschiedenen Räumen korreliert. Am Anfang gibt es nur einen Ort des Interesses: das Innere des Gesetzes. Der Mann vom Lande versucht, es von außen zu erkunden, worauf der Türhüter diesen im Verlauf der Erzählung nie betretenen Ort - man weiß nicht, ob richtig oder falsch - beschreibt. In der Mitte (während der Warteperiode) "vergißt" der Mann vom Lande "die andern Türhüter und dieser erste scheint ihm das einzige Hindernis für den Eintritt in das Gesetz." (294) Das Geschehen beschränkt sich auf den eng begrenzten Ort, an dem die beiden Männer einander gegenüberstehen. Am Ende aber öffnet sich der Raum, den der Mann vom Lande mit seinesgleichen teilt. Denn die Frage, "wie kommt es, daß in den vielen Jahren niemand außer mir Einlaß verlangt hat" (294), wendet den Blick ab von dem einen Tor mit seinem einen Türhüter hin zu der Mannigfaltigkeit möglicher Zugänge zum Gesetz. Es ist der Blick auf die Grenze selbst, der letzte Blick.

Die dreifache Dimension dieses Raums entfaltet sich im Prozeß der Erzählung wie der Bildraum der Grablegung unter dem Strahl von K.s Taschenlampe - jedoch mit dem entscheidenden Unterschied, daß der Mann vom Lande - anders als der Betrachter K. - gleichsam "im Bild" ist. Während er den Ort "vor dem Gesetz" erforscht, vergeht ein großer Teil seines Lebens. Es sind, wenn man die Daten des Romans auf die Parabel überträgt, die Jahre des Erwachsenseins vom dreißigsten Lebensjahr bis zum Tod.

Das Verbot, mit dem die Geschichte beginnt, scheint dem zu widersprechen. Denn wenn es etwas gibt, das die Welt der Erwachsenen vom Reich der Kinder trennt, dann ist es die Tatsache, daß den Erwachsenen alles erlaubt und möglich ist, was nicht für alle Zeit verboten ist, während die Welt der Kinder dadurch bestimmt ist, daß fast alles möglich ist, "jetzt aber nicht." (292) Es ist das Gesetz des Aufschubs, das Verbote zu Versprechen macht. So auch hier: K. wird nicht durch das Verbot als solches vom und "vor" dem Gesetz festgehalten, sondern durch die daran geknüpfte Hoffnung auf das Verstreichen jenes ominösen "Jetzt". Am Anfang steht ein Wechsel auf die Zukunft.

Die Temporalität des Verbots widerspricht dem, was "immer" schon war und ist, daß nämlich "das Tor zum Gesetz offensteht wie immer" (292) und daß das Gesetz, wie der Mann vom Lande meint, "jedem und immer zugänglich sein" soll. (293) Aber dieser Sinn des Wortes nimmt schon bald eine andere Bedeutung an: Der Türhüter sagt dem Mann vom Lande "immer wieder, daß er ihn noch nicht einlassen könne."(293) Und so verkehrt sich das "Jetzt-(noch)-nicht" des Versprechens in das "Jetzt-nicht-(mehr)" der Reue. Das temporäre Verbot wird langsam zum Verdikt, "das Verfahren geht allmählich ins Urteil über." (289) Es sind zwei Deutungen ein und derselben Situation, zwei Lesarten ein und desselben Wortes. Die Geschichte, die erzählt wird, ist keine Folge von Ereignissen, sondern ein Prozeß im juristischen Sinn des Wortes.

4.

Im Schatten dieses Prozesses spielen sich Rudimente eines romanhaften Geschehens ab. Es ist die Geschichte von Anfang, Mitte und Ende eines jahrzehntelangen Dialogs, eine Groteske, die nicht zufällig den Szenen einer Ehe gleicht, die Kafka - in seiner letzten Deutung des Gedichts 'In tiefer Nacht' - in einem Brief an Felice Bauer schildert:

"Die Ehefrau aber, als das arme, unglückliche Wesen, das sie ist, kämpft wie blind; das, was sie vor Augen hat, sieht sie nicht, und wo eine Mauer steht, glaubt sie im geheimen,

daß dort nur ein Seil gespannt ist, unter dem man immer noch wird durchkriechen können." (Kafka 1976, 262)

Gewiß, 'Der Proceß' ist kein Liebesroman, und die Türhüterlegende ist
nicht die Geschichte einer Ehe. Doch es ist kein Zweifel, daß das Streben
nach dem Gesetz im Roman und besonders in den Romanen Kafkas immer auch die Frage nach dem Verhältnis der Geschlechter impliziert.
Und wenn diese Frage in K.s Gespräch mit dem Geistlichen auf geradezu
brutale Weise ausgeschlossen wird (289 f.), dann ist es nicht verwunder-
lich, wenn sie in den "einleitenden Schriften zum Gesetz" zwar verändert
und verzerrt, aber unverkennbar wiederkehrt.

Das Wesentliche dieser Modifikation liegt darin, daß der Ausgangs-
punkt der Parabel nicht mehr die Differenz zweier Körper ist, sondern
zwei verschiedene Positionen zum Gesetz. Wenn es wahr ist, daß die
Frauen für K. nur "Hilfen" (289 f.) in seinem Verhältnis zur Instanz des
Gerichts waren, dann steht der Türhüter in seiner Konfrontation mit dem
Mann vom Lande an der strukturell gleichen Stelle.

Die Legende ist auch eine Analyse von K.s Verhältnis zum anderen
Geschlecht. Sie zeigt, daß alles Begehren, alles Sprechen, ja daß selbst
das kindische Gebaren eines Greises sich immer schon "vor dem Gesetz"
abspielt, nämlich am Eingang eines Kanals, über den in einer bestimmten
Zeiteinheit nur eine finite Menge von Zeichen übertragen werden kann.
Die Zahl der Möglichkeiten, die dem einzelnen offen stehen, ist also
nicht unbegrenzt, sondern endlich. Und die Entscheidungen, die er fällt
und fällen muß, definieren ihn durch die Menge dessen, was er ausgeschlossen hat. Das Tor zum Gesetz ist die Schaltstelle, an der eine begrenzte Anzahl möglicher Ereignisse in regelmäßiger Folge wiederkehrt.
Das ist der Grund, weshalb das Verbot an dieser Stelle "immer wieder"
ausgesprochen wird: "Vor dem Gesetz" ist der Ort des Mangels und der
Wiederholung.

Das heißt nicht, daß die Serie dieser Ereignisse monoton wäre. Im
Gegenteil, vor dem Gesetz ist Raum für das Groteske wie für das Sub-
lime: für das kindische Verhalten des Mannes vom Lande, der den Türhüter behandelt wie ein alter Ehemann seine Frau, wie für den Glanz,
"der unverlöschlich aus der Türe des Gesetzes bricht." (294)

Das Licht 'In tiefer Nacht' ist ein Leitmotiv des Romans. Es ist - wie
im Gedicht des Yan-Tsen-Tsai und in Kafkas Briefen - mit dem Thema
des Schreibens und der Sexualität verknüpft. Im 'Domkapitel' gibt es eine
ganze Serie solcher Lichter, eines davon ist "das ewige Licht", das vor
dem Altarbild mit der Grablegung Christi schwebt. (281) Es steht in of-
fensichtlichem Gegensatz zu dem Glanz, den der Mann vom Lande kurz

vor seinem Ende aus der Türe des Gesetzes brechen sieht. Das eine der beiden Lichter stört nur bei der Betrachtung dessen, was es symbolisiert, das andere leuchtet im Inneren des Gesetzes, das der Mann vom Lande mit seinen letzten Blicken sucht. Zwar wird beiden grenzenlose Dauer zugesprochen. Aber die Institution des ewigen Lämpchens gehört in jede (katholische) Kirche, und man weiß, daß seine Ewigkeit nicht real, sondern nur ein Sinnbild ist.

Das Wort von einem Glanz, der "unverlöschlich" ist, läßt sich sehr viel schwerer einordnen. Es wird weder erklärt durch den Kontext des Romans noch durch eine Konvention. Bis zu diesem Punkt gibt es nur *eine* Beschreibung vom Inneren des Gesetzes: die des Türhüters. Der könnte lügen. Was der Mann vom Land am Anfang sieht, wird nicht gesagt. Und das Dunkel, das ihn am Ende umgibt, kann beides sein - eine wirkliche Nacht oder der Effekt einer Altersblindheit: "er weiß nicht ob es um ihn wirklich dunkler wird oder ob ihn nur seine Augen täuschen." (294)

Das Wort "Täuschung" kommt innerhalb des Textes nur an dieser Stelle vor. Aber es ist der Leitbegriff des Sprechens über die Parabel im Innern des Romans (292 und 295-303), allerdings mit dem signifikanten Unterschied, daß das Wort sich in den Gesprächen zwischen K. und dem Geistlichen stets auf das Verhältnis des Türhüters zu dem Mann vom Lande bezieht, während es im Kontext der Erzählung selbst die Möglichkeit einer Sinnestäuschung benennt.

Innen- und Außenseite der Parabel verhalten sich also zueinander wie die zwei Seiten der Wahrheit: wie die Frage nach der Wahrhaftigkeit einer Rede zu der Frage nach der Wahrheit der Erkenntnis. Die Rede von der Unverlöschlichkeit des Glanzes, der in dem Dunkel und durch das Dunkel sichtbar wird, das den Mann vom Lande einschließt, scheint von einem anderen Ort zu kommen als die Informationen des Türhüters. Sie ist nicht gebrochen durch dessen Subjektivität, auch nicht durch die eines Erzählers und vielleicht nicht einmal durch die des Mannes vom Lande, denn der Text unterscheidet streng zwischen seinem "Augenlicht" und dem Glanz, den er aus der Türe des Gesetzes brechen sieht. Es ist, als dränge eine Meldung von anderer Gewißheit in die labile Welt der Täuschung und der Lüge ein. Was sie benennt, ist die Bedingung der Möglichkeit des Gedichts 'In tiefer Nacht': das Licht, das dem Schreiben und Lesen und damit auch der Unterscheidung zwischen Wahrheit und Falschheit, Wahrheit und Lüge, Möglichkeit und Notwendigkeit immer schon vorausgeht.

Das Letzte, was der Mann vom Lande vor seinem Ende sieht, ist der eng begrenzte Raum der Schrift im Dunkel einer tiefen Nacht. Unentschieden aber bleibt, ob dieser Schein das Licht der Wahrheit oder der Abglanz eines Höllenfeuers ist. Sicher ist nur, daß das Gesetz als Gegenstand der kantschen "Bewunderung und Ehrfurcht" bei Kafka nicht mehr "in mir" ist, sondern außen, so anders, fremd und fern wie "der bestirnte Himmel über mir". Und wenn es von diesen beiden Instanzen bei Kant heißt:

"Beide darf ich nicht als in Dunkelheiten verhüllt, oder im Überschwenglichen, außer meinem Gesichtskreise suchen und bloß vermuten; ich sehe sie vor mir und verknüpfe sie unmittelbar mit dem Bewußtsein meiner Existenz", (Kant 1913, 161 f.)

dann gilt für Kafkas Text im Gegenteil, daß tiefe Nacht eben die Voraussetzung für die Erkenntnis dieser Lichter ist und daß nicht nur der "Anblick einer zahlenlosen Weltenmenge", sondern das Gesetz selbst "meine Wichtigkeit vernichtet", daß also die Existenz vor dem Gesetz nichts anderes ist als das Wissen, daß "mein Dasein" *nicht* "ins Unendliche geht".

5.

"Nun lebt er nicht mehr lange", (294) heißt es in dem Augenblick, da der Mann vom Lande den unverlöschlichen Glanz aus der Türe des Gesetzes brechen sieht. Sein Augenlicht ist schwach geworden, und sein Gehör vergeht, nichts täuscht ihn mehr über die Begrenztheit seiner Welt hinweg. Jetzt entdeckt er seine Einzigartigkeit und fragt nach seinesgleichen. Die Antwort des Türhüters enthält zwei Aussagen über das Gesetz. Sie widerlegen die beiden Voraussetzungen, die der Mann vom Lande von Anfang an für gegeben hielt. Wenn der nämlich das Verbot des Türhüters für ungerechtfertigt hielt, weil er annahm, daß das "Gesetz (...) doch jedem und immer zugänglich sein" solle (293), dann erfährt er jetzt vor seinem Ende, daß er sich doppelt geirrt hat: erstens weil es zwischen "*diesem*" (294) und allen anderen Eingängen zum Gesetz zu unterscheiden gilt und zweitens weil das Verbot, "*jetzt*" einzutreten, keineswegs impliziert, daß das Tor zum Gesetz für alle Zeiten offen steht.

Das Augenmerk fällt also wieder auf die Schnittstelle, die der Unendlichkeit und Universalität des Möglichen enge Grenzen setzt. Der Glanz im Inneren des Gesetzes mag unverlöschlich sein, aber das Tor, durch das er sichtbar wird, kann geschlossen werden, wie auch das Augenlicht, das ihn erblickt, verlöschen kann. Und die Universalität des Strebens nach dem Gesetz wird "vor dem Gesetz" aufgehoben durch die absolute Singularität[10] der Zugänge zum Gesetz. Das Tor ist ein Filter, der die Fülle dessen, was vor und hinter ihm ist oder zu sein scheint, auf eine einzige Möglichkeit reduziert.

Damit fällt ein neues Licht auf das Verbot des Türhüters. Es ist kein unglücklicher Zufall, wie es am Anfang scheint, sondern eine Botschaft, die nur eine einzige Adresse hatte, also eine Verheißung und ein Verdikt zugleich. Und wenn am Ende klar wird, daß der Mann vom Lande diese Chance ein für alle mal "vertan" hat, dann kommt der Augenblick dieser Erkenntnis fast, aber doch nicht ganz zu spät. Denn das letzte Wort des Türhüters ist die Wiederholung, wenn auch nicht die Erfüllung des Versprechens. Es ist das Siegel einer absolut singulären Existenz.

Die Parabel endet nicht mit dem Tod des Mannes vom Lande, sondern mit dem Schließen der nur für ihn bestimmten Tür zum Gesetz. Es ist die Anerkennung seines Sterbens durch die Geste eines anderen, ein Zeichen, das den Toten "vor dem Gesetz" vertritt, ein Symbol seiner Absenz. Die Erzählung 'Ein Traum', die ebenfalls aus dem Kontext des 'Proceß'-Romans stammt, endet mit einem ähnlichen Moment der Zeichen-Setzung. Während Josef K. "von der undurchdringlichen Tiefe" des für ihn bestimmten Grabes aufgenommen wird, sieht er, "den Kopf im Nacken noch aufgerichtet", wie "oben sein Name mit mächtigen Zieraten über den [Grab]-Stein" jagt. (Kafka 1952, 182)

Das Ende des Träumers Josef K. ist die Umkehrung dessen, was dem Mann vom Lande am Schluß der 'Türhüterlegende' widerfährt. Während der eine endgültig aus dem Inneren des Gesetzes ausgeschlossen wird, sinkt der andere, man möchte fast sagen: lustvoll, in sein Grab. Und während es das Verbot des Türhüters ist, das den Sterbenden "vor dem Gesetz" festbannt, scheint umgekehrt der Künstler gänzlich abhängig von der Todessehnsucht K.s. Im übrigen unterscheiden sich die beiden Texte auch durch die Differenz zwischen Bild und Schrift: die Erzählung 'Ein Traum' kulminiert in einem Akt des Schreibens, während der Tod des Mannes vom Lande durch eine Geste, nämlich durch das Schließen der Tür zum Gesetz verdoppelt wird.

Daß aber der eine der beiden Schlüsse durch das Erwachen abgebrochen wird, während der andere keinen solchen Ausweg zeigt, ist kein Unterschied, sondern vielmehr der Indifferenzpunkt, in dem sie koinzidieren. Denn wenn das Gelingen von Tod und Schrift nichts ist als 'Ein

---

10 Vgl. dazu Derrida 1984, 186.

Traum', aus dem Josef K. ausgestoßen wird, dann findet er sich am Ende wieder an dem Platz, an dem der Mann vom Lande stirbt: "vor dem Gesetz".

Was die Differenz zwischen den beiden Erzählungen überbrückt, ist eine Topologie, eine Logik nämlich, in der gilt, daß der Ort, an dem, um mit Kant zu reden, "die Bestimmung meines Daseins" (Kant 1913, 162) aufgeschrieben und beurteilt wird, weder mein Werk, mein Bewußtsein noch mein Wissen ist, sondern ein anderer Schauplatz. Es ist nicht das Reich der absoluten Wahrheit und des unbegrenzten Lichts, sondern der von tiefer Nacht beschränkte Raum der Schrift.

Literatur

Abraham, Ulf, 1983: Mose "Vor dem Gesetz". Eine unbekannte Vorlage zu Kafkas "Türhüterlegende", in: Deutsche Vierteljahresschrift für Literaturwissenschaft und Geistesgeschichte, Heft 57, Stuttgart, S. 636-650.

Derrida, Jacques, 1980: Le Facteur de la Vérité, in: La Carte Postale, Paris , S. 439-524.

-, 1984: Devant la Loi, in: Philosophy and Literature, Royal Institute of Philosophy Lecture Series: 16, Supplement to Philosophy 1983, Hg. A. Phillips Griffiths, Cambridge, London, New York, New Rochelle, Melbourne, Sydney , S. 173-188.

Kafka, Franz, [2]1946: Beschreibung eines Kampfes. Novellen, Skizzen, Aphorismen aus dem Nachlaß, Hg. Max Brod, New York.

-, 1952: Erzählungen, Hg. Max Brod, New York.

-, 1976: Briefe an Felice und andere Korrespondenz aus der Verlobungszeit, Hg. Erich Heller und Jürgen Born, New York (Frankfurt a. M.) (Taschenbuchausg.).

-, [2]1983: Das Schloß. Roman in der Fassung der Handschrift, Hg. Malcolm Pasley, New York (Frankfurt a. M.).

Kant, Immanuel, 1913: Kritik der praktischen Vernunft, Berlin.

Lacan, Jacques, 1966: Le Séminaire sur "La Lettre volée", in: Ecrits, Bd I, Paris (Taschenbuchausg.: Points), S. 19-75.

Lessing, Gotthold Ephraim, [3]1893: Laokoon: oder über die Grenzen der Mahlerey und Poesie. Mit beyläufigen Erläuterungen verschiedener Punkte der alten Kunstgeschichte, in: Sämtliche Schriften, Hg. Karl Lachmann und Franz Muncker, Bd IX, Stuttgart.

Pasley, Malcolm (Hg.), 1990: Franz Kafka. Der Proceß. Apparatband. Frankfurt a. M.

Weinberg, Kurt, 1963: Kafkas Dichtungen. Die Travestien des Mythos, Bern.

X.
Neue Literaturtheorien und Unterrichtspraxis. Eine Untersuchung am Beispiel von Kafkas 'Vor dem Gesetz'

Clemens Kammler

1. Risiken schulischer Kafkalektüre

"Die Schrift ist unveränderlich und die Meinungen sind oft nur ein Ausdruck der Verzweiflung darüber." (298). Dieser berühmte Satz des Gefängnisgeistlichen im Gespräch über den Sinn der Türhüterparabel kennzeichnet nicht nur das Dilemma seines Gesprächspartners Josef K. Zur Verzweiflung getrieben werden seit Kafkas unaufhaltsamem Aufstieg zum "Schulklassiker" (vgl. Krusche 1979) auch viele Jugendliche, die ihn im Unterricht behandeln müssen.

Davon berichtet eine Kurzgeschichte von Bolko Bullerdiek (Bullerdiek 1989, 5). In ihr wird die Ratlosigkeit einer Deutschlehrerin geschildert, deren Unterricht an den konträren Rezeptionshaltungen ihrer Schüler scheitert. Neben einer an Kafka desinteressierten Mehrheit gibt es eine Minderheit, deren Streit das Dilemma auf den Punkt bringt: "Was Sache ist", will eine Schülerin von der Lehrerin erfahren; "wie du den Text verstehst", will ein anderer Kursteilnehmer von seiner Mitschülerin (und damit potentiell auch von allen anderen Gesprächsteilnehmern) wissen.

Beide Forderungen haben ihre Berechtigung, scheinen aber gleichzeitig ihren Gegenstand zu verfehlen. Natürlich ist es ein Unding, Kafkas Prosa in das Korsett einer "einzig richtigen Interpretation" zu zwängen. Andererseits kann der schlichte Verweis auf die 'Polyvalenz' seiner Texte, der mit dem didaktischen Imperativ einhergeht, in der (Kafka-) Interpretation müsse alles erlaubt sein, nicht nur zu einer enormen Verunsicherung von Schülern führen. Er unterschlägt auch, daß der Deutbarkeit kafkascher Prosa bei aller 'Vieldeutigkeit' Grenzen gesetzt sind. So berechtigt die

These vom "anarchistischen", d.h. radikal subjektiven, Charakter von Lektüre sich gegen die Fiktion der 'Autorintention' als den angeblich einzigen Maßstab "richtiger" Interpretation wendet (vgl. Enzensberger 1984, 190), so unmöglich ist es für Literaturwissenschaft und -didaktik, auf dieser Position zu verharren. Bei aller Ablehnung autoritativer Herangehensweisen kann Literaturunterricht nicht beim 'subjektiven Erlebnisausdruck' stehenbleiben, sondern muß eine Ebene der Intersubjektivität anpeilen (vgl. Spinner 1987, 17), auf der sich die Vielfalt der Deutungsmöglichkeiten von Schülern und Lehrern im Blick auf den Text überprüfen und reduzieren läßt.

2. Drei literaturtheoretische Ansätze zur Interpretation der Türhüter-Parabel: Hermeneutik, (strukturale) Psychoanalyse, Diskursanalyse

In der didaktischen Literatur zu Kafka spiegelt sich das Dilemma Josef K.s wieder. Zum "Schulklassiker" scheint Kafka nicht zuletzt deshalb geworden zu sein, weil seine Texte aufgrund ihrer "außerordentliche[n] Vieldeutigkeit" eine "Erarbeitung der verschiedenen heute angewandten literaturwissenschaftlichen Methoden in ihrer jeweiligen Begrenztheit und ihrer gegenseitigen Ergänzung" (Krusche 1979, 869) ermöglichen.[1] Eine Fülle von literaturtheoretischen- und didaktischen Konzeptionen ist in publizierten Unterrichtsmodellen auf diese Texte angewandt worden (vgl. Fingerhut 1983, 356-369). Sie im einzelnen zu beurteilen ist hier unmöglich. Immerhin läßt sich seit den achtziger Jahren ein Trend ausmachen: "An die Stelle der Spekulationen und Hypothesenbildungen des Spontan-Lesers (treten) mehr und mehr Daten, Fakten, historische und ästhetische Informationen" (Fingerhut 1983, 356). Ist hier allgemein ein möglicher Weg aus dem Dilemma zwischen Vereinfältigung und Desorientierung gewiesen, so bleibt in bezug auf einen einzelnen Text wie 'Vor dem Gesetz' die Frage, ob und wie sich neuere fachwissenschaftliche Arbeiten unterschiedlicher theoretischer Herkunft für die Unterrichtsplanung verwerten lassen und wie schließlich ein Unterrichtskonzept aussehen könnte, das sie verwertet.

---

1 Dieses Konzept ist besonders im "wissenschaftspropädeutischen" Unterricht der gymnasialen Oberstufe angewendet worden. (Vgl. etwa: Die Verwandlung. Interpretationsversuche nach verschiedenen Methoden. In: Heinz König/Gustav Muthmann (Hrsg.): Wort und Sinn. Literatur - Struktur und Geschichte, Paderborn-München-Wien-Zürich 1980, S. 167 ff.).

Von 'Verwertbarkeit' kann hier allerdings grundsätzlich nur in einem eingeschränkten Sinn die Rede sein. Denn zum einen tragen gerade literaturwissenschaftliche Interpretationen ihre Deutungen oft "monologisch autoritäv" vor; intersubjektive Verständigung findet also erst auf der intertextuellen Ebene einer wissenschaftlichen Interpretationsgemeinschaft statt (vgl. Spinner 1987, 18). Zum anderen bewegen sie sich zunehmend auf einem gedanklichen und begrifflichen Abstraktionsniveau, das jeglicher unterrichtlicher Vermittlung, auch der universitären, abträglich ist. Fachwissenschaftliche Publikationen müssen aus didaktischer Sicht also daran gemessen werden, inwieweit sie exemplarische Deutungsansätze in einem didaktisch prinzipiell noch reduzierbaren Begründungszusammenhang präsentieren.[2] Eine weitere Einschränkung betrifft den theoretischen Status der meisten Textinterpretationen. Kaum ein neuerer Sekundärtext zu 'Vor dem Gesetz' läßt sich pauschal einer der theoretischen Richtungen zuordnen, wie sie in den 'Neuen Literaturtheorien' (Bogdal 1990) unterschieden werden. Viele dieser Arbeiten profitieren von unterschiedlichen literaturtheoretischen Ansätzen bzw. Fragestellungen.[3] So läßt sich schwerlich zwischen der hermeneutischen, der diskursanalytischen oder der struktural-psychoanalytischen Richtung unterscheiden, sondern allenfalls zwischen dominant hermeneutischen, diskursanalytischen bzw. psychoanalytischen Ansätzen.[4]

Hermeneutik

Kriterium für eine Zuordnung von Texten der Sekundärliteratur zu dieser Gruppe soll die implizite Prämisse von der "Unhintergehbarkeit von Individualität" (M. Frank, zit. nach Jung 1990, 171) sein, die jeden Verstehensakt präge. Die Unverzichtbarkeit hermeneutischer Textzugänge im Literaturunterricht ist evident. Gerade in der Phase der ersten Wahrnehmung eines literarischen Textes geht es darum, den Schülern die Möglichkeit zu geben, sich selbst mit ihren eigenen Assoziationen und Eindrücken einzubringen, um sich gleichzeitig auf den Text als potentiellen Vermittler von Wahrheiten einzulassen. Dies betont eine an Hermeneu-

---

[2] Dies erklärt die vergleichsweise geringe Wirkung eines erheblichen Teils der neueren Literaturtheorien auf die Literaturdidaktik.

[3] Das gilt in besonderem Maße für die in 2.c behandelten Ansätze.

[4] Ich beschränke mich auf diese drei Positionen zum einen aus Platzgründen, zum anderen, weil sie in der Kafka-Sekundärliteratur der letzten zehn Jahre eine wichtige Rolle gespielt haben und außerdem zentrale Prämissen mit anderen Positionen teilen. So ist etwa die Rezeptionsästhetik an einem hermeneutischen Paradigma orientiert, so teilt der Dekonstruktivismus seine Hermeneutikkritik mit der Diskursanalyse.

tik und Rezeptionsästhetik geschulte Literaturdidatik zu Recht (vgl. Müller-Michaels 1991, 588 ff).

In fachwissenschaftlichen Interpretationen wie in Unterrichtssituationen zeigt sich das "schöpferische" Sich-Einbringen des verstehenden Subjekts in den Verstehensakt allerdings nicht selten an der einseitigen Wahl von Deutungsmöglichkeiten, die auch Kafkas 'Vor dem Gesetz' zwar anbietet, deren Verabsolutierung der Text aber gleichzeitig verbietet. Dies soll exemplarisch an zwei Interpretationen gezeigt werden, deren Deutungsansätze dennoch wichtig sind. Sie sind - wenn auch in weniger komplexer Form - in einer Unterrichtsstunde über Kafkas Türhüterlegende, wie sie etwa in einem Kurs der gymnasialen Oberstufe stattfinden könnte, von Schülern zu erwarten; sie setzten sich mit zwei Grundfragen auseinander, die auch eine Schülerin oder ein Schüler, die jeder potentielle Leser des Textes stellen kann, sofern er bereit ist, sich auf diesen einzulassen: Warum gelingt es dem Mann vom Lande nicht, in das Gesetz zu gelangen, und was ist das Gesetz?

I. Henel (Henel 1963) und J. Born (Born 1986), auf deren nicht mehr ganz neue, aber für einen hermeneutischen Zugang beispielhafte Deutungen sich auch H. Binder in seinem Kafka-Kommentar maßgeblich stützt (Binder 3/1982, 183 ff), gehen von einer Schuld des Mannes vom Lande aus.

Nach Henel geht es in der Türhüterparabel wie im gesamten Prozeß-Roman um das zentrale Thema eines "Sündenfalles", der nicht im "Essen vom Baum der Erkenntnis", sondern im "Nicht-Essen vom Baum des Lebens" bestehe (Henel 1963, 58). In eine ähnliche Richtung bewegt sich Borns Argumentation, wenn er schreibt, der Mann vom Lande sei "schuldig (...) im Sinne einer Unterlassung" (Born 1986, 175). Beide Autoren sehen in der Bemerkung des Türhüters, der von ihm bewachte Eingang zum Gesetz sei nur für den Mann vom Lande bestimmt, ein entscheidendes Indiz für dessen Versagen:

"Der Mann hätte sich dessen gewiß sein müssen, daß dies sein Eingang war. (...) Mit anderen Worten: Er hätte eintreten sollen, allen Entmutigungen des Türhüters zum Trotz" (Born 1986, 176).

Der Türhüter stellt damit "keine autonome Macht" dar, sondern es ist die Angst und Unentschlossenheit des Mannes, die ihn am Eintritt hindert. Das Gesetz wiederum deutet Born nicht als Endpunkt, sondern als 'Weg' der Selbstverwirklichung, als Weg zur Identität, Subjektivität: "Schon im Beschreiten des Weges wäre, so vermuten wir, dem Mann das Gesetz zuteil geworden" (Born 1986, 177).

Wenngleich Henel und Born in ihrer entscheidenden Schuldzuweisung auf einer Linie liegen, weisen ihre Interpretationen Unterschiede auf. Während Henel Kafka religiöse Intentionen unterstellt und den Weg zum Gesetz als Zugang zu einer göttlichen Wahrheit deutet (vgl. Henel 1963, 64)[5], geht es bei Born diesseitiger zu. Ohne sich direkt auf C.G. Jung zu beziehen, bemüht er dessen "tiefenpsychologischen" Ansatz und koppelt diesen mit einer biographischen Betrachtungsweise: In der Türhüterlegende wie in Kafkas Werken überhaupt gehe es um "archetypische Situationen der menschlichen Existenz" (Born 1986, 170), wobei die Türhüterfigur als "übermächtiges Vater-Imago" (ibid. 178) gesehen wird. In der Handlungsschwäche des Mannes vom Lande spiegelt sich demnach Kafkas eigene Handlungsschwäche wider, die wiederum durch sein Vaterproblem bedingt sei.

J. Kobs hat schon zu einem relativ frühen Zeitpunkt auf den "Grundfehler" der Argumentation Henels aufmerksam gemacht, die ein Paradoxon dadurch aufzulösen versucht, daß sie "eine einzige der einander relativierenden Positionen absolut setzt" (Kobs 1970, 525). Das Paradox besteht in der "Aussage, daß dem Mann vom Lande das Betreten des Gesetzes 'jetzt' nicht gestattet werden könne, obwohl 'das Tor zum Gesetz offensteht wie immer', so daß er, frei und unfrei zugleich, sein Leben vor dem Eingang verwartet..." (Beicken 1974, 280). Zwei Deutungsmöglichkeiten - Schuld des Mannes bzw. Übermacht des Türhüters - stehen sich hier gegenüber, und keine der beiden Deutungen, das zeigt das Auslegungsgespräch zwischen K. und dem Geistlichen, läßt sich am Text als die einzig richtige verifizieren. Born konzediert das zwar (vgl. Born 1986, 180) ebenso wie die Vieldeutigkeit der Legende, die nicht nur tiefenpsychologische, sondern auch "metaphysische oder religiöse Züge" trage (ibid. 179). Dennoch leitet er das Recht auf eine "positive Deutung" aus der Behauptung ab, daß es sich bei den Widersprüchen des Textes nur um scheinbare handele (vgl. ibid. 175f und 180):

"Sollte die Legende in ihrem Kern auf echten Widersprüchen beruhen, so daß sich eine Deutung daran notwendig totlaufen müßte (...) , so hätte es wenig Sinn, überhaupt eine Deutung zu versuchen" (ibid. 180).

Ungeachtet ihrer Tendenz zur Auflösung des Paradoxons der ungeklärten Schuldfrage, des "hermeneutische(n) Dilemma(s)" der Kafka-Forschung überhaupt" (Beicken 1974, 276), haben die referierten Beiträge aus didaktischer Sicht einen Wert. Sie formulieren Fragen und Hypothesen

---

5 In einer kürzlich erschienenen Kafka-Monographie werden die unterschiedlichen Deutungsmöglichkeiten der Türhüterparabel besonders einseitig auf eine religiöse verkürzt (vgl. Eschweiler 1991, 50-59).

zum Text, die auch im Unterricht zwangsläufig gestellt werden, sofern er den Schülern die Gelegenheit zu subjektiven Textzugängen eröffnet. Und das in Borns Interpretation besonders stark zum Ausdruck kommende Bedürfnis des verstehenden Subjekts nach einer "positiven" (d.h. hier: einseitigen) Lösung dürfte in der Regel auch das von Schülern sein. Schneller noch als Josef K. pflegen sie zu ermüden, wenn sich ein Problem als unlösbar zu erweisen droht (vgl. 303). Problematisch werden hermeneutische Ansätze allerdings dann, wenn sie solche subjektiven Zugänge verabsolutieren, also etwa mit dem Verweis auf eine vermeintlich nachweisbare Autorintention für verifizierbar erklären. Dies suggeriert die Rede vom "verborgenen Hintergrund" der Erzählungen Kafkas (vgl. den Untertitel von Eschweiler 1991), die aus diskurstheoretischer Sicht wie eine ungewollte Selbstkarikatur exegetischer Hermeneutik anmutet (vgl. Foucault 1973, 13 ff).

(Strukturale) Psychoanalyse

Kann eine (struktural-)psychoanalytische Literaturwissenschaft diese Sackgasse prinzipiell vermeiden?

Sicher wäre es vermessen, wollte man in der Schule lacanistische Literaturinterpretation (vgl. Hiebel 1990, 56-81) betreiben. Hierzu wäre eine Fülle von theoretischen Voraussetzungen zu schaffen, die dort nicht möglich sind. Dennoch kann man fragen: Was bleibt unter diesen Voraussetzungen aus didaktischer Sicht von einer an Lacan orientierten Kafka-Interpretation?

Hiebels Kafka-Monographie "Im Zeichen des Gesetzes" (Hiebel 1983) versucht "kongeniale Parallelen zwischen werkimmanenten Textbefunden und lacanschen Theoremen (...) aufzuweisen" (Hiebel 1990, 75). So auch am Beispiel der Türhüterparabel, die der Autor als "Parabel vom Unzugänglichen" bezeichnet (Hiebel 1983, 220)[6]. Im Gegensatz zu den behandelten Interpreten ist hier die Anerkennung des grundlegenden Paradoxons konstitutiv für die Deutung: Das

"'Es ist möglich, jetzt aber nicht', das der Geistliche für keinen Widerspruch hält, konstituiert, lebenslang wiederholt, einen paradoxen double bind. Dieses Skandalon versuchen alle jene Interpreten zu leugnen, die mit der Unterstellung einer Schuld des Einlaß Begehrenden die Möglichkeit der Erfüllung konstruieren" (Hiebel 1983, 222).

Diese Paradoxie prägt nach Hiebel Kafkas Schreiben überhaupt. So sucht auch Josef K.- wie der Mann vom Lande - "das Gesetz hinter den Gesetzen" (ibid. 223), nach Hiebel den Ort des Begehrens (desir), das Es, wel-

---

6 Zu den Prämissen einer an Lacan orientierten Literaturtheorie vgl. Hiebel 1990.

ches vom Türhüter als dem "Imago des inneren Zensors, des Über-Ichs" (ibid. 223) bewacht wird. Es ist interessant, daß Hiebels Interpretation in diesem letzten Punkt Berührungspunkte zu derjenigen Borns aufweist, der ja im Türhüter Kafkas Vater-Imago wiederendeckt. Indem Hiebel jedoch das Türhüterimago psychoanalytisch konsequent als innere Instanz des Über-Ichs versteht, gesteht er ihm jene Macht über das Ich (den Mann vom Lande) zu, die Borns Hermeneutik mit der These von der Schuld, Verantwortlichkeit und damit auch von der Autonomie des Subjekts leugnet. Denn nur wenn der Mann vom Lande diese Autonomie besäße (d.h. wenn das Über-Ich über keine reale Macht verfügte), wäre die These Borns/Henels haltbar. Für Hiebel ist die Türhüterlegende eine "Parabel der Negativität" (Hiebel 1983, 222). Das Begehren nach dem Gesetz wird zur Qual aufgrund der Unzugänglichkeit des "Gesetzes" hinter den vielen kleinen Gesetzen, die die Situation des Mannes vom Lande realiter bestimmen. Vor dem Hintergrund der lacanschen Theorie verkompliziert sich dieser Zusammenhang:

"Das gespaltene Subjekt spricht sich lebenslang vorwärts und bleibt zugleich zurück auf einem Ort der Abwesenheit, einem abwesenden Ort. Nach diesem Ort, der in ihm ist, verlangt es, die 'Sehnsucht nach dem Ganzen', das zerschnitten wurde durch die Sprache - durch Verdrängung, Separation, Ödipus - kann es niemals aufgeben. Diese Sehnsucht und die symbolische Ordnung gehörten zusammen; das Gesetz und die verdrängte Begierde sind ein und dasselbe." (Hiebel 1983, 223)

So einleuchtend Lacan-Kennern diese Sätze erscheinen mögen, ebenso wie Hiebels These von der "bei Kafka in Szene gesetzte(n) endlose(n) Verschiebung des Signifikats, das immer wieder in die Position des Signifikanten rutscht" (Hiebel 1990, 76), so schwierig dürfte es sein, dies Schülern zu vermitteln.

Im Unterricht ließe sich dieser Ansatz nur in reduzierter Form verwerten. So könnte man, gestützt auf Kenntnisse des Freudschen Instanzenmodells, das sich im Unterricht der gymnasialen Oberstufe relativ leicht vermitteln läßt und vielen Schülern bereits aus anderen Fächern (Philosophie, Sozialwissenschaften, Pädagogik) vertraut ist, Hiebels Übertragung der Freudschen Instanzen auf die Kafkaschen Textelemente diskutieren. Allerdings bedarf auch eine solche Diskussion gezielter Vorbereitung; vor allem hat sie neben der Kenntnis freudscher Theorie einen offenen Textzugang zur Voraussetzung, der ein möglichst breites Spektrum an Meinungen ermöglicht. Erst in einer die immanente Textanalyse vertiefenden Phase könnte also dieses Modell Anwendung finden.

Insbesondere aber handelt es sich bei einer psychoanalytischen Literaturwissenschaft, für die der literarische Text "artikuliertes Begehren" ist (Gallas 1992, 604), um eine Konzentration auf eine spezifische, aber auch begrenzte Dimension von Literatur, die wissenschaftlich solange legitim ist, wie sie mit anderen Positionen sich ergänzt und konkurriert. Didaktisch ließe sich eine Beschränkung auf diese Position dagegen schwerlich legitimieren.

Diskursanalyse

Ungeachtet der Tatsache, daß es bei Foucault selbst ein ausgearbeitetes Konzept "diskursanalytischer Literaturwissenschaft" nicht gibt (vgl. Kammler 1990 und 1992) und daß die diversen literaturwissenschaftlichen Anschlüssse an sein Werk von heterogenen Prämissen ausgehen (vgl. Kammler 1992, 633 ff.), tauchen seit der Mitte der siebziger Jahre diskursananlytische Problemstellungen auch in der Kafka-Forschung auf. Deren methodisches Vorgehen im Detail zu rekonstruieren, wäre aufwendig und aus didaktischer Perspektive auch wenig ertragreich. Denn die wenigen systematischen oder innovativen Konzepte eines Transfers foucaultscher Diskurstheorie auf die Literaturwissenschaft (vgl. Link 1983, Kittler 2/1987) sind am "kafkaschen Diskurs" noch nicht erprobt worden. Statt dessen hat ein legitimer - und von Foucault selbst auch geforderter - Eklektizismus im literaturwissenschaftlichen Umgang mit diskursananlytischen Denkansätzen und Begriffen auch in wichtigen Beiträgen zur Kafka-Forschung stattgefunden (vgl. auch Abraham 1983 und 1985). Zwei repräsentative Arbeiten sollen hier kurz auf ihre didaktische Verwertbarkeit hin untersucht werden.

Für Joseph Vogl (vgl. Vogl 1990, 156ff) geht es in der Türhüterlegende um eine Macht hermeneutischen Typs, ja, um das Dilemma hermeneutischer Textauslegung überhaupt:

> "Die Auslegung des Gesetzes leistet in ihrer zirkulären Struktur eine doppelte Mediatisierung von Macht: durch ein Geheimnis, das in der Exegese nur weiter entrückt wird und schließlich spiegelbildlich im Inneren des Ichs wiederkehrt." (Vogl, 156)

Denn zum einen bleibt das Gesetz für den Mann vom Lande unerreichbar, "ein endloser Aufschub" in zeitlicher und räumlicher Hinsicht. Zum anderen kehrt das in der Türhüterlegende nicht eingehaltene Sinnversprechen im Auslegungsgespräch zwischen Josef K. und dem Geistlichen wieder als "Verprechen von Sinn, der nicht verstanden, sondern nur vollzogen werden kann" (Vogl, 163), den K. also auf seine eigene Situation anzuwenden hat. Bereits die im Gesetzesbegriff enthaltene Aufforderung zur Applikation impliziert nach Vogl ein unauflösliches Dilemma: Als Anwendung ist die Interpretation immer schon ein "Vergewaltigen, Zurechtschieben, Abkürzen, Weglassen, Ausstopfen, Ausdichten, Umfälschen" des interpretierten Textes (Nietzsche zit. nach Vogl, 163) und bleibt gleichwohl an dessen Wahrheitsanspruch gebunden.

Diese "paradoxale Einsicht von Verstehen und Anwenden"(Vogl, 164), die Vogl auch in Gadamers Hermeneutik ausmacht (vgl. Vogl 161 f.), erfährt bei Kafka ihre eigentliche Steigerung dadurch, daß bereits auf der Ebene des "reinen" Verstehens Paradoxie herrscht. Der einfache, vor jedem Applikationversuch angesiedelte, Kommentar der Türhüterlegende scheitert schon bei dem Versuch,

"jenen doppelten Boden des Wortes an die Oberfläche (zu) bringen, wo es sich in einer Indentität mit sich selbst wiederfindet, die man seiner Wahrheit näher glaubt" (Foucault 1973, 14).

Was sich hinter dem Signifikanten "Gesetz" verbirgt, bleibt dem Mann vom Lande wie Josef K. verborgen. Die poststrukturalistische Kritik an einem logozentrischen Verstehensbegriff, für die Foucaults Zitat exemplarisch steht (vgl. hierzu Fohrmann/Müller 1988, 14ff), nimmt Kafka hier in gesteigerter Form literarisch vorweg. Bezieht man die Türhüterlegende und das Auslegungsgespräch im 'Proceß' konsequent auf die Verstehensproblematik, so wird auch die "Schuld des Interpreten" (Vogl, 164) erklärbar, der an der Nichtverstehbarkeit des Gesetzes und an der Nicht-Anwendbarkeit des Nicht-Verstehbaren im doppelten Sinne scheitert.

Für Schüler als potentielle Opfer des hermeneutischen Imperativs - man denke an einen Satz wie "Interpretiern Sie den Text!" - kann Kafkas Nachweis der Paradoxien jenes Prüfungssystems, dem sie in der Regel unterworfen sind, von existenzerhellender Qualität sein. Verstehen soll subjektiv und objektiv zugleich sein, es soll die Wahrheit seines Gegenstandes, die sich dem Interpreten systematisch zu entziehen scheint, ans Licht bringen und darüber hinaus noch anwenden. Genau diese Zwickmühle kennzeichnet die Situation der Schüler in B. Bullerdieks eingangs zitierter Kurzgeschichte; eine Schülerin reagiert darauf mit panischem Verlassen des Klassenraums. Wenig trostreich wäre für sie in dieser Situation wohl jener Satz gewesen, der sich in Kafkas Erzählung 'Die Prüfung' findet: "Bleib (...) das ist ja nur eine Prüfung. Wer die Fragen nicht beantwortet, hat die Prüfung bestanden" (Kafka nach Bullerdiek, 5).

Leistet die Diskursanalyse noch mehr als eine Kritik der kafkaesken Züge institutionalisierter Verstehensprozeduren? Sicher wäre schon viel erreicht, wenn es im Unterricht gelänge, Kafkas Text als Parabel auf die Machtspiele zu lesen, auf die sich Schüler und Lehrer im schulischen Umgang mit Literatur einzulassen haben. Dennoch wäre Schülern mehr geholfen, wenn es darüber hinaus gelänge, ihnen einen analytischen Zugriff auf die Komplexität dieses Dilemmas zu eröffnen.

Zumindest in Ansätzen leistet dies die Untersuchung von Deuleuze/Guattari (Deuleuze/Guattari 1976), die nicht nur an das lacansche Theorem vom "(Gleiten des Signifizierten) unter dem Signifikanten" anknüpft (vgl. Hiebel 1990, 75), sondern ebenso an Prämissen der Diskursanalyse Foucaults.[7] Wenn die Autoren Kafkas Werk als "Rhizom", d.h. als einen Bau mit vielen Eingängen, bezeichnen, dessen Vielfalt sich auf keine Bedeutung, kein einheitsstiftendes Signifikat reduzieren lasse, scheinen sie zunächst nur die bekannte These von der semantischen Polyvalenz kafkascher Prosa zu wiederholen. Doch ähnlich wie Foucaults Diskursanalyse, die ja auch nach "Ereignissen", "Posivitäten", "Streuungen", "Vielheiten" sucht und sich gegen den logozentristischen Gebrauch traditioneller Diskurseinheiten wie Autor, Werk, Bedeutung wendet, um in ihrer Analysepraxis schließlich doch zu derartigen Einheiten zu gelangen (vgl. Kammler 1986, 86 ff.), mündet auch Deuleuze/Guattaris Untersuchung in sehr allgemeine Thesen über Kafkas Prosa. Dieser wird nicht nur die deterritorialisierende Kraft "kleiner", d.h. nicht anerkannter, gleichsam exilierter Literatur zuerkannt, deren politische Subversivität auf die Zerstörung "jede(r) Bedeutung und jede(r) Designation" (Deuleuze/Guattari 1976, 32) ausgerichtet sei.[8] Die Angriffspunkte dieser Subversion, jene "Mächte", auf die die Interpreten bei Kafka immer wieder stoßen, werden unter dem Gestus absoluter Dezentrierung gleichsam rezentriert, auf einen gemeinsamen Ursprung zurückgeführt. Im 'Brief an den Vater' entdecken die Autoren eine Ödipalisierung des Universums: "Das maßlos überzeichnete Bild des Vaters wird auf die geographische, historische und politische Karte der Welt projiziert" (ibid.16), hinter dem familiären Dreieck (Vater - Mutter - Kind), tauchen andere auf, die eines gemeinsam haben: "Unterwerfung zu propagieren" (ibid. 17). Damit wird der "entwendete Schlüssel" kafkascher Parabolik (vgl. Adorno 1963, 249) von Deuleuze/Guattari gleichzeitig für unauffindbar erklärt und dennoch wie selbstverständlich benutzt. Die Vielzahl der möglichen Inter-

---

7 Auf die offenkundige theoretische Affinität zwischen Deuleuze (/Guattari) und Foucault kann hier nicht näher eingegangen werden. Es sei nur darauf hingewiesen, daß Deuleuze in Foucaults Diskurs- bzw. Dispositivanalyse die gleichen Grundkategorien am Werke sieht, die Deuleuze/Guattari auch in ihrem Kafka-Buch verwenden: "Inhaltsform" und "Ausdrucksform" (in der Terminologie Foucaults "nicht-diskursive und diskursive Beziehungen") sowie "Macht" (vgl. Deuleuze/Guattari 1976, 8 ff und Deuleuze 1987, 47 ff). Diese theoretische Wertschätzung beruht auf Gegenseitigkeit (vgl. hierzu Deuleuze/Foucault 1977).

8 Auch hier ist die Paralelle zu Foucault offenkundig, der in dieser Subversivität die besondere Leistung der Literatur der Moderne sieht (vgl. Foucault 1974).

pretationen des kafkaschen Werks wird zugelassen und - um es in der Sprache der Autoren auszudrücken - insgeheim "reterritorialisiert":

"Was einem bei Kafka Angst (oder Freude) macht, ist nicht der Vater, nicht irgendein Über-Ich, sondern bereits die amerikanische Technokratie-Maschine und die sowjetische Bürokratie-Maschine und die faschistische Totalmaschinerie. Und in demselben Maße, wie das familiäre Dreieck zugunsten dieser realen und aktiv handelnden Mächte auseinanderfällt, werden die anderen, dahinter auftauchenden Dreiecke, immer diffuser, fließender". (Deuleuze/Guattari 1976, 18)

Deuleuze/Guattaris These von Kafkas satirischer Verzerrung derartiger, nach dem ödipalen Muster gestrickter Unterdrückungsmechanismen findet auch in ihren Ausführungen über die Türhüterlegende eine Anwendung. Indem er hier das Gesetz als "reine Leerform, ohne jeden Inhalt" präsentiere, betreibe Kafka die "Demontage eines Mechanismus", der "ein solches Bild von Gesetzen braucht" (ibid. 60).

Es ist interessant, daß ausgerechnet Deuleuze/Guattari, die so vehement gegen die Rede von der "Subjektivität der Aussage" polemisieren (vgl. ibid. 62f), Kafka bei all dem eine Intention unterstellen: "Bewußt" zerstöre er jeden Sinn, heißt es an einer Stelle (vgl. ibid. 32): ein Widerspruch nicht nur zum diskurstheoretischen Programm der Subjektdezentrierung, sondern auch in sich. Denn wenn Deuleuze/Guattari recht hätten, wäre gerade dies der Sinn kafkascher Prosa: "hinter dem Familienfoto eine ganze Weltkarte" (ibid. 17) auftauchen zu lassen und die aufgezeigten Ordnungsschemata unablässig zu verwüsten.[9]

Aus einer solchen Inkonsequenz die Schlußfolgerung zu ziehen, dieser Ansatz sei für Unterrichtzwecke unbrauchbar, wäre aber falsch. Wie die anderen behandelten Interpretationen leistet auch er einen wichtigen Beitrag zum Verständnis Kafkas - und indirekt auch der Türhüterlegende. Er liefert ein Verständnisraster, mit dessen Hilfe die Verbindung zwischen einem Einzeltext wie der Türhüterparabel und Kafkas restlichen Werken herstellbar wird. Die Parabel isoliert, losgelöst vom Roman zu behandeln, ist zwar gängige Unterrichtspraxis (vgl. Krusche 1979, 862), aber aus literaturwissenschaftlicher Sicht nicht unproblematisch (vgl. Binder 3/1982, 183).

---

9 Diese nietzscheanische Metapher gebrauchen die Autoren selbst zur Charakterisierung des kafkaschen Schreibgestus: "absolute Deterritorialisierung, (...) unmittelbares Hineinstürzen in die Wüstenwelt, die Kafka sich angelegt hat" (Deuleuze/Guattari 1976, 19).

3. Unterrichtsvorschläge

Bleibt einem Lehrer angesichts der Fülle der Kafka-Literatur etwas anderes übrig als zu verzweifeln? Zwischen der willkürlichen Entscheidung für eine Interpretation, die man wider besseres Wissen zur "richtigen" erklärt und einem nichtssagenden Pluralismus der "Meinungen" muß es einen dritten Weg geben. Ich plädiere für einen begründeten Eklektizismus im didaktischen Umgang mit Interpretationen, der sich insofern der Diskurstheorie verbunden weiß, als auch diese für einen pragmatischen, instrumentalisierenden Umgang mit Theorien eintritt und sich selbst davon nicht ausnimmt (vgl. Foucault 1976a). Ein solcher Eklektzismus vermeidet dann jene "postmoderne Beliebigkeit", die man der Diskurstheorie und dem "Poststrukturalismus" so häufig vorgeworfen hat,[10] wenn er strategischen Imperativen folgt. Was T. Eagleton über das Literaturstudium schreibt, gilt für jede Art von Literaturunterricht: daß nämlich jeder Versuch, ihn "entweder über seine Methode oder über seinen Gegenstand zu definieren, zum Scheitern verurteilt ist" (Eagleton 1988, 205). Didaktik ist Strategie, sie definiert Unterrichtsziele und verbindet sie mit entsprechenden Inhalten und Methoden. Angesichts der Überfülle an möglichen Inhalten des Deutschunterrichts stellt sich jedem Lehrer zwangsläufig die Frage, warum und mit welchem Ziel er ausgerechnet Kafka behandeln will. Erst dann wird er fachwissenschaftliche Literatur auf ihre Verwendbarkeit im Unterricht hin überprüfen. Dabei kann die technokratische Begründung, am Beispiel kafkascher Prosa ließen sich methodische Verfahren besonders gut einüben (vgl. Krusche 1979, 869), nicht ausreichen. Denn wenn die Methodendiskussion Selbstzweck bleibt, wird man Schüler kaum für sie interessieren.

Wie die eingangs zitierte Kurzgeschichte von Bolko Bullerdiek zeigt, ist Unterricht über Kafka riskant. Es besteht geradezu die Gefahr eines "Leserschocks" (Elm 1986, 34), der unerfahrene Leser - und das sind Schüler in drastisch zunehmenden Maße[11] - besonders hart treffen kann.

Ich meine, daß es sich dennoch lohnt, dieses Risiko einzugehen. Die überzeugendste Begründung hierfür scheint mir Walter Benjamin geliefert zu haben, für den es bei Kafka um die undurchschaubar gewordene

---

10 In hilfloser Zuspitzung heißt es etwa bei Georg Steiner: "Wo kämen wir denn hin, wenn es keine Maßstäbe mehr gäbe für die verbindliche Deutung unserer Dichtung?" (zit. nach Frank 1992).

11 Eine vom Deutschen Lehrerverband in Auftrag gegebene Untersuchung hatte das Ergebnis, daß sich die tägliche Lesezeit deutscher Schüler in den letzten zwanzig Jahren halbiert habe. Ca. 15 Minuten stünden bis zu vier Stunden durchschnittlichem TV-Konsum gegenüber. (Vgl. "Schüler lesen nur noch halb so viel wie vor 20 Jahren". In: "Westfälische Rundschau" vom 23.7.1992).

"Organisation des Lebens und der Arbeit in der menschlichen Gemeinschaft" geht (Benjamin 1980 Bd. II.2, 420): "Kein Dichter hat das 'Du sollst dir kein Bildnis machen' so genau befolgt" (ibid. 428). Kafkas Prosa verbietet ein Überstülpen einfacher Erklärungsraster über komplexe Sachverhalte, sie ist eine Schule des Paradoxen, Widersprüchlichen, Enigmatischen. Die besondere Qualität seiner Werke als Unterrichtsgegenstand besteht deshalb darin, jene Selbstverständlichkeit in Frage zu stellen, mit der Interpretationen Sinn in Geschehen hineinlegen. Gleichzeitig aber fingieren sie, wie es bei Ernst Fischer heißt, "eine von Millionen erlebte Wirklichkeit" (Fischer 1975, 366). Dies sichtbar zu machen , wäre die Aufgabe von Unterricht.

Hier stellt sich jedoch erst das entscheidende didaktische Problem. Denn es ist nicht einfach, gleichzeitig Kafka und die berechtigten Interessen der Lernenden ernstzunehmen. "Sich Bildnisse zu machen", bedeutet, Komplexes auf Anschauliches zu reduzieren, und von solchen Reduktionen lebt Unterricht. Interpretationen stellen Bildnisse her, sie beziehen Texte auf einheitsstiftende Instanzen wie Autor, Werk, Bedeutung. Solche Instanzen der Verknappung und Reglementierung diskursiver Praxis sind in allen hier untersuchten Interpretationen der Türhüterparabel am Werk, und sie sind auch aus keiner sinnvoll begründbaren Variante von Literaturdidaktik wegzudenken. Denn auch Schüler wollen "Bildnisse", Sinnentwürfe herstellen, an denen sie sich orientieren und abarbeiten, die sie mit dem Text konfrontieren und an ihm überprüfen können. Nicht nur, weil auch in Prüfungssituationen von ihnen verlangt wird, daß sie sich mit ihnen auseinandersetzen, muß man als Lehrer ihre Herstellung zulassen und fördern. Jede Kommunikation über Literatur lebt von ihnen. In diesem Widerspruch zwischen dem Bedürfnis des Lesers und dem Anspruch des Textes ist schulische Kafka-Lektüre angesiedelt. Ihn sollte sie auch durchschaubar machen.

Wie könnte eine auf dieses Ziel hinarbeitende Unterrichtseinheit über die Türhüterparabel in einem Kurs der gymnasialen Oberstufe in groben Zügen aussehen?

Unterrichtsplanung orientiert sich in der Regel an einem "Grundrhythmus schulisch institutionalisierter Lehre" (Meyer 1987, 121): Einstieg, Erarbeitung, Ergebnissicherung. Die Unterrichtsforschung hat im Verlauf ihrer Geschichte eine Vielzahl von Konkurrenzbegriffen zu diesen drei genannten entwickelt, hinter denen sich jeweils unterschiedliche Auffassungen von Unterricht verbergen (vgl. Meyer 1987, 161). So spricht H. Müller-Michaels[12] von "Wahrnehmung", "Auslegung" und "Anwendung" (Müller-Michaels 1991, 588 ff.): einer Phase der ersten Auseinandersetzung mit dem literarischen Text, in der es zunächst einmal darum geht, den Wahrnehmungshorizont der Schüler für diesen zu öffnen; einer stärker analytisch ausgerichteten Phase, in der "philologische Tugend" vorherrscht (vgl. ibid. 591), um ein "vertieftes Verstehen" des Gegenstandes zu sichern; und schließlich einer applikativen Phase, die mit dem Stichwort "Verstehen des Selbst am Anderen" (ibid. 593) umrissen ist.

In der *Einstiegsphase* könnte man den Schülern Kafkas 'Vor dem Gesetz' ohne umfangreiche Vorgaben über Autor und Kontext präsentieren, etwa mit der Aufforderung, eigene Eindrücke zu formulieren, Assoziationen zu notieren usw. Ich hielte es nicht für sinnvoll, die Rezeption der Schüler hier durch Vorgaben oder gezielte Arbeitsaufträge zu steuern. Dieser Text stellt die entscheidenden Fragen an den Leser selbst: Warum gelingt es dem Mann vom Lande nicht, in das Gesetz zu gelangen? Was ist dieses Gesetz überhaupt? In dieser Phase ist ein hermeneutischer Umgang mit dem Text notwendig, müssen alle Deutungsansätze der Schüler ernstgenommen und thematisiert werden. Es wird hier kaum zu Interpretationsansätzen im Stile Hiebels, Vogls oder Deuleuze/Guattaris kommen; Positionen wie diejenigen Henels oder Borns werden jedoch auch die Schüler formulieren. Zumindest im Kern werden ihre Aussagen darauf hinauslaufen, daß hier das Scheitern eines Menschen beschrieben ist, und es wird eine Diskussion über die Frage entstehen, ob dies seinem eigenen Versagen oder der Übermacht des Türhüters zuzuschreiben sei. Problematisieren werden die Schüler auch die Frage, ob es sich bei dem Gesetz um ein göttliches oder "bürgerliches" handelt, ob hier ein "Lebensweg oder -ziel" oder etwas anderes gemeint sein könnte.

All diese Fragen werden sie bei einer auf die Türhüterparabel begrenzten Lektüre weder beantworten noch vertiefen können. Herausarbeiten ließen sich allenfalls das Paradoxe der beschriebenen Situation und die Tatsache, daß "das Gesetz" als "reine Leerform" (Deuleuze/Guattari) offen für alle möglichem Deutungen ist, von denen sich jedoch keine am Text als "einzig richtige" belegen läßt.

In einer *Erarbeitungsphase*, die nicht über den Text hinausginge, könnte man diese Probleme lediglich konstatieren, eine mögliche Anbindung an das, was Benjamin "Organisation des Lebens und der Arbeit in der menschlichen Gemeinschaft" oder Deuleuze/Guatarri "reale und ak-

---

12 Die Diskussion über unterschiedliche literaturdidaktische Ansätze muß hier aufgrund ihrer Komplexität ausgeklammert werden.

tiv handelnde Mächte " genannt haben, müßte jedoch äußerst vage und spekulativ bleiben. Um hier zumindest zu einem begründeten Durchspielen von Möglichkeiten zu gelangen, muß über die Ebene der Parabel hinausgegangen werden.

Hierbei ließen sich verschiedene Ansätze verfolgen:

Eine Lektüre von Auszügen des "Briefes an den Vater" (vgl. etwa: Schuhmacher 1986, 97 ff.) in Verbindung mit wichtigen Informationen zum historischen und biographischen Kontext (vgl. etwa ibid. 47 ff.) sollte den Schülern auf keinen Fall vorenthalten werden, da sie den Blick auf die ödipale Problematik in Kafkas Schriften eröffnen hilft.

Wenn Kafka seinem Vater das Attribut des "Rätselhafte(n), das alle Tyrannen haben", zuschreibt (ibid. 98) oder wenn er seine "Welt" im Elternhaus als beherrscht von den "Gesetzen (beschreibt; C.K.), die nur für mich erfunden waren und denen ich überdies, ich wußte nicht warum, niemals völlig entsprechen konnte" (ibid. 99), sind die Parallellen zur Türhüterparabel offenkundig.

In diesen Zusammenhang wäre die psychoanalytische Kafka-Interpretation einzubringen. Will man allerdings eine allzu simple Identifizierung kafkascher Bildelemente mit Figuren aus seinem Leben (das Gesetz = Über-Ich = Kafkas Vater) vermeiden, muß man andere Prosatexte hinzuziehen. Wer weiter in der psychoanalytischen Richtung arbeiten will, wird sich hier vermutlich für 'Die Verwandlung' entscheiden, da in ihr das "familiäre Dreieck" im Vordergrund steht.

Will man jedoch den Blick auf die "Weltkarte" kafkascher Prosa ausweiten, so sollte man in dieser Phase den Proceß-Roman behandeln. Dabei läßt sich die Frage nach den unterschiedlichen Deutungsmöglichkeiten der Gerichtswelt stellen, lassen sich auch jene Interpretationsansätze thematisieren, die Deuleuze/Guattari meinen, wenn sie von der Projektion des Vaterbildes auf die Weltkarte sprechen. Ihren Versuch, die Vieldeutigkeit kafkascher Bilder auf ein gemeinsames Grundmuster zurückzuführen, würde ich den Schülern nicht vorenthalten.[13] Denn so läßt sich die Vielzahl möglicher "Bilder" (=Interpretationen) in ein Gesamtbild integrieren, ohne daß diesen Bildern ihre (relative) Autonomie genommen würde.

---

13 Methodisch dürfte hier der in der Schuldidaktik lange verpönte Lehrervortrag einer Lektüre von Textauszügen aus dem Buch von Deuleuze/Guattari oder einem Schülerreferat vorzuziehen sein. Denn die (teilweise auch durch problematische Übersetzung) schwer zugängliche Terminologie des Textes würde Schüler in der Regel ebenso verwirren wie die sprunghaft-assoziative, umfassende Kenntnisse des kafkaschen Gesamtwerks voraussetzende Schreibweise.

Daß dieses Gesamtbild nicht verabsolutiert, sondern gleichsam mit dem benjaminischen Kommentar versehen wird, kann eine gründliche Analyse des Dom-Kapitels erreichen, die am Abschluß der "Erarbeitungsphase" stehen könnte. In diesem Zusammenhang könnte man (im Sinne von Vogls Untersuchung) zeigen, daß der Roman - und parallel zu ihm die Türhüterlegende - das Problem der Grenzen der Interpretierbarkeit nicht nur von Texten, sondern von "Welt" überhaupt thematisiert.

In der *dritten Phase* der Unterrichtseinheit könnten die Schüler die paradoxale Situation des Mannes vom Lande, die Josef K.s Situation im Roman entspricht, auf ihnen vertraute, gegenwärtige Situationen anwenden. Hierzu bietet sich eine Fülle methodischer Möglichkeiten an: vom einfachen Unterrichtsgespräch bis zur eigenen Textproduktion (vgl. Waldmann 1984), die etwa schulische (Prüfungs-)situationen im Stil Kafkas beschreiben oder Kafkas Türhüterparabel bzw. einen Auszug aus dem Auslegungsgespräch mit dem Geistlichen umschreiben und dabei auf solche Situationen beziehen.[14]

4. Schluß

Selbst wenn es im Unterricht gelingen sollte, lustvolles Lernen zu ermöglichen, bliebe doch ein Problem: Ist die Prüfung, der wir unsere Schüler auch im Literaturunterricht pausenlos unterziehen, nicht eigentlich ein inadäquates Verfahren für den Umgang mit Literatur, zumal diese Jugendlichen immer unzugänglicher wird? Foucault hat in 'Überwachen und Strafen' gezeigt, daß die Prüfung das wichtigste Mittel pädagogischer Machttechnologie ist, weil sie jeden Lernprozeß als "dauernd wiederholte(s) Machtritual" (Foucault 1976 b) begleitet. Seine These von der modernen Disziplinargesellschaft, in der es - auch in der gesellschaftlich institutionalisierten Pädagogik - um die Herstellung von "normalisierten", "dressierten" Untertanen-Subjekten gehe, ist inzwischen hinlänglich bekannt. Einerseits habe sich aufgeklärte Pädagogik die Emanzipation des Individuums auf die Fahnen geschrieben, andererseits arbeite sie an

---

14 Ein überzeugendes Beispiel produktiver Rezeption von Kafka-Texten haben Rüdiger Scholz und Hans Peter Herrmann geliefert (Literatur und Phantasie. Schöpferischer Umgang mit Kafka-Texten in Schule und Universität, Stuttgart 1990). Ihr Konzept des "phantasierenden Interpretierens" will der Subjektivität des/der Interpretierenden Raum lassen, stellt sich aber gleichwohl in den "Dienst der Interpretation der Dichtung" (187). Die Autoren weisen nach, daß gerade Kafka zum Phantasieren einlädt, weil der "phantastische Anteil" seiner Texte groß ist. So dokumentieren sie eine Schülerarbeit, in der die Handlung von Kafkas "Schloß" ins Vampir-Milieu verlegt wird. Ebenso könnte man sich z.B. eine Verlegung der Türhüterparabel ins Deutschlehrer- bzw. Germanistenmilieu vorstellen...

seiner 'Sozialisation', sprich Unterwerfung. Von diesem Dilemma handelt auch Bullerdieks Geschichte. Doch je stärker Lehrer es als solches verinnerlichen, desto hilfloser stehen sie den Konfliktsituationen gegenüber, die ihre Rolle als Erzieher mit sich bringt. Vielleicht ist die Diskursanalyse vor allem deshalb auf die Pädagogik und auch auf die Literaturdidaktik praktisch ohne Wirkung geblieben, weil sie sich durch das bloße Feststellen dieses Dilemmas einer Beantwortung der Frage entzieht, wie man in ihr handlungsfähig bleibt, ohne bloß die Gebote eines Machtapparats zu exekutieren (vgl. Kammler 1986, 192 ff.).

Auch Kafka stellt uns vor ein solches Dilemma: das des Mannes vom Lande und Josef K.s, deren Fixierung auf für sie rätselhafte Mächte ihr Leben bestimmt. Kafkaesk wird Unterricht dann, wenn er sich darauf beschränkt, die Unlösbarkeit der Rätsel zu konstatieren, statt darüber hinaus die Funktionsweise der Machtverhältnisse erfahrbar zu machen und zu analysieren.

Literatur

Abraham, Ulf, 1983: Mose "Vor dem Gesetz". Eine unbekannte Vorlage zu Kafkas "Türhüterlegende", in: DVjs 57(1963), S. 636-650.
-, 1985: Der verhörte Held. Verhöre, Urteile und die Rede von Recht und Schuld im Werk Franz Kafkas, München.
Adorno, Theodor W., 1963: Prismen. Kulturkritik und Gesellschaft, München.
Beicken, Peter u., 1974: Franz Kafka. Eine kritische Einführung in die Forschung, Frankfurt a. M.
Benjamin, Walter, 1980: Gesammelte Schriften, Frankfurt a. M.
Binder, Hartmut, [3]1982: Kafka-Kommentar zu sämtlichen Erzählungen, München.
Bogdal, Klaus-Michael (Hg.), 1990: Neue Literaturtheorien. Eine Einführung, Opladen.

Born, Jürgen, 1986: Kafkas Türhüterlegende. Versuch einer positiven Deutung, in: Luc Lambrechts/Jaak de Vos (Hg.): Jenseits der Gleichnisse. Kafka und sein Werk Bern; Frankfurt a. M.; New York, S. 170-181.

Bullerdiek, Bolko, 1989: Die Prüfung, in "Praxis Deutsch" H. 98, S.5

Deuleuze, Gilles, 1987: Foucault, Frankfurt a. M.

-,/Foucault, Michel, 1977: Der Faden ist gerissen, Berlin.

-,/Guattari, Felix, 1976: Kafka. Für eine kleine Literatur, Frankfurt a. M.

Eagleton, Terry, 1988: Einführung in die Literaturtheorie, Stuttgart

Elm, Theo, 1986: Die Rhetorik der Parabel. Historische Modelle, in: Theo Elm/Hans Helmut Hiebel: Die Parabel. Parabolische Formen in der deutschen Dichtung des 20. Jahrhundert, Frankfurt a. M., S. 9-41.

Enzensberger, Hans Magnus, 1984: Ein bescheidener Vorschlag zum Schutz der Jugend vor den Erzeugnissen der Poesie, in . Christoph Buchwald/Klaus Wagenbach: Lesebuch. Deutsche Literatur der siebziger Jahre, Berlin, S. 186-192.

Eschweiler, Christian, 1991: Kafkas Erzählungen und ihr verborgener Hintergrund, Bonn.

Fingerhut, Karlheinz, 1983: Zwischen "Beobachtern" und "Mitspielern". Neuere fachdidaktische Konzepte zum Schulklassiker Kafka, in: "Diskussion Deutsch" 72, S.356-369.

Fischer, Ernst, 1975: Von Grillparzer zu Kafka, Frankfurt a. M.

J.Fohrmann/H.Müller (Hg.), 1988: Diskurstheorien und Literaturwissenschaft, Frankfurt/M.

Foucault, Michel, 1973: Die Geburt der Klinik, München.

-, 1974: Schriften zur Literatur, München.

-, 1976a: Mikrophysik der Macht, Berlin.

-, 1976b: Überwachen und Strafen. Die Geburt des Gefängnisses Frankfurt a. M.

Frank, Manfred, 1992: Wörter, Wörter, Wörter, in: "Die Zeit" Nr. 38, 11.09.1992, S. 74 f.

Gadamer, Hans-Georg, [3]1972: Wahrheit und Methode, Tübingen.

Gallas, Helga, 1992: Psychoanalytische Positionen, in: Helmut Brackert/Jörn Stückrath (Hg.): Literaturwissenschaft. Ein Grundkurs, Reinbek bei Hamburg, S. 593-605.

Henel, Ingeborg, 1963: Die Türhüterlegende und ihre Bedeutung für Kafkas "Prozeß", in: DVjs 37 (1963), S. 50-70.

Hiebel, Hans Helmut, 1983: Die Zeichen des Gesetzes. Recht und Macht bei Kafka, München.

-, 1990: Strukturale Psychoanalyse und Literatur (Jacques Lacan), in: Klaus-Michael Bogdal (Hg.) 1990, S. 56-81

Jung, Werner, 1990: Neuere Hermeneutikkonzepte. Methodische Verfahren oder geniale Anschauung? In: Klaus-Michael Bogdal (Hg.) 1990, S. 154-175.

Kammler, Clemens, 1986: Michel Foucault. Eine kritische Analyse seines Werks, Bonn.

-, 1990: Historische Diskursanalyse (Michel Foucault), in: Klaus-Michael Bogdal (Hg.) 1990, S. 31-55.

-, 1992: Historische Diskursanalyse. Foucault und die Folgen, in: Helmut Brackert/Jörn Stückrath (Hg.): Literaturwissenschaft. Ein Grundkurs, Reinbek bei Hamburg, S. 630-638.

Kittler, Friedrich A. [2]1987: Aufschreibesysteme 1800/1900, München.

Kobs, Jürgen, 1970: Kafka. Untersuchungen zu Sprache und Bewußtsein seiner Gestalten, Bad Homburg.

Krusche, Dietrich, 1979: Kafka als Schulklassiker, in: Hartmut Binder (Hg.): Kafka-Handbuch in zwei Bänden, Bd. 2: Das Werk und seine Wirkung, Stuttgart, S. 860-871.

Müller-Michaels, Harro, 1991: Produktive Lektüre. Zum produktionsorientierten und schöpferischen Literaturunterricht, in: Deutschunterricht, 44. Jg., H. 8, S. 584-594.

Scholz, Rüdiger/Herrmann, Hans-Peter, 1990: Literatur und Phantasie. Schöpferischer Umgang mit Kafka-Texten in Schule und Universität, Stuttgart.

Schuhmacher, Günter, 1986: Arbeitbuch Deutsch. Literaturepochen: Moderne, München.

Spinner, Kaspar H., 1987: Interpretieren im Deutschunterricht, in: "Praxis Deutsch" 81, S. 17-23.

Vogl, Joseph, 1990: Orte der Gewalt: Kafkas literarische Ethik, München.

Waldmann, Günter, 1984: Produktionsorientierter Literaturunterricht, in: Norbert Hopster (Hg.): Handbuch "Deutsch" für Schule und Hochschule. Sekundarstufe I. Paderborn, München, Wien, S. 98-135.

Personenregister

Autorenverzeichnis

Klaus-Michael Bogdal, Dr. phil., Professor für Neuere Deutsche Literaturgeschichte und Didaktik an der Pädagogischen Hochschule Freiburg.

Veröffentlichungen: *Arbeitsfeld: Materialistische Literaturtheorie* (Mithrsg.), 1975; *Schaurige Bilder. Der Arbeiter im Blick des Bürgers,* 1978; *Heinrich von Kleist: Michael Kohlhaas,* 1981; *Geschichte in der Erzählung,* 1986; *Neue Literaturtheorien. Eine Einführung* (Hrsg.), 1990; *Zwischen Alltag und Utopie. Arbeiterliteratur als Diskurs des 19. Jhds.,* 1991.

Aufsätze zur Literaturgeschichte, -theorie und -didaktik; Mitherausgeber der Reihe *'Unterrichtsmaterialien Ruhrgebiet'.*

Roland Galle, Dr. phil, Professor für Romanistik an der Universität Essen.

Veröffentlichungen u.a.: *Tragödie und Aufklärung. Zum Funktionswandel des Tragischen zwischen Racine und Büchner,* 1976; *Geständnis und Subjektivität. Untersuchungen zum französischen Roman zwischen Klassik und Romantik,* 1986; *Leib-Zeichen. Körperbilder, Rhetorik und Anthropologie im 18. Jh.* (Hrsg. mit R. Behrens), 1993.

Barbara Hahn, Dr. phil., Privatdozentin und Wissenschaftliche Mitarbeiterin an der Universität Hamburg.

Veröffentlichungen u.a.: *Rahel Levin Varnhagen. Die Wiederentdeckung einer Schriftstellerin,* 1987 (Mithrsg.); *Von Berlin nach Krakau. Zur Wiederentdeckung von Rahel Varnhagens Korrespondenzen,* 1989; *"Antworten Sie mir". Rahel Levin Varnhagens Briefwechsel,* 1990; *"Im Schlaf bin ich wacher". Die Träume der Rahel Levin Varnhagen* (Hrsg.), 1990; *Unter falschem Namen. Von der schwierigen Autorschaft der Frauen,* 1991; *Von einer Welt in die andere. Jüdinnen im 19. und 20. Jahrhundert* (Mithrsg.), 1993.

Arbeitsschwerpunkte: Hrsg. einer kritischen Edition von Rahel Levin Varnhagens Tagebüchern und Briefwechsel (zus. m.a.); Briefkultur um 1880; Literatur des Ostjudentums.

Klaus Hermsdorf, Dr. phil. habil., Professor für Geschichte der Neueren Deutschen Literatur an der Humboldt-Universität zu Berlin.

Veröffentlichungen und Editionen u.a.: *Kafka. Weltbild und Roman,* 1961 (3. Aufl. 1978); *Franz Kafka: Erzählungen, Der Prozeß, Das Schloß,* 1965; *Franz Kafka, Das erzählerische Werk,* 1983; *Franz Kafka: Die Verwandlung und andere Tiergeschichten,* 1984; *Franz Kafka: Amtliche Schriften,* 1985; *Ein Traum. Zu Franz Kafkas Briefen an Paul Kisch,* in: Sinn und Form, 1988, H.4; *Thomas Manns Schelme. Figuren und Strukturen des Komischen,* 1968; *Bücher aus Amsterdam,* in: *Exil in den Niederlanden und Spanien,* 1981, *Literarisches Leben in Berlin. Aufklärer und Romantiker,* 1987; Aufsätze zur Regionalliteratur.

Hans H. Hiebel, Dr. phil., o. Prof. für Neuere Deutsche Literaturgeschichte an der Universität Graz.

Veröffentlichungen u.a.: *Individualität und Totalität*, 1974/1980; *Theorie und Deutung*, 1976; *Die Zeichen des Gesetzes*. *Recht und Macht bei Franz Kafka*, 1983; *Franz Kafka: Ein Landarzt*, 1984; *Die Parabel* (Mithrsg.), 1986; *Franz Kafka*, 1987; *Henrik Ibsens psycho-analytische Dramen*. *Die Wiederkehr der Vergangenheit*, 1990; *Gottfried Zeißig*. *Die Ueberwindung der Rede im Drama*. *Mit einer wissenschaftsgeschichlichen Studie des Herausgebers: Auktoriales und personales Drama* (Hrsg.), 1990; *Medien und Maschinen*. *Literatur im technischen Zeitalter* (Hrsg. zus. m. Th. Elm), 1991.

Clemens Kammler, Dr. phil., Oberstudienrat in Hattingen/Ruhr und Lehrbeauftragter an der Universität/GHS Essen.

Veröffentlichungen: *Michel Foucault. Eine kritische Analyse seines Werks*, 1986.
Aufsätze zur Literatur des 19. und 20. Jahrhunderts, zur Diskurstheorie und Literaturdidaktik.

Wolf Kittler, Dr. phil., Professor für Deutsche Literatur an der University of California, Santa Barbara.

Veröffentlichungen: *Der Turmbau zu Babel und das Schweigen der Sirenen*, 1985; *Die Geburt des Partisanen aus dem Geist der Poesie*, 1987.
Aufsätze u.a. zu Kleist und Kafka.

Jürgen Link, Dr. phil., Prof. für Literaturwissenschaft an der Ruhr-Universität Bochum.

Veröffentlichungen: *Literaturwissenschaftliche Grundbegriffe*, 1974/1979; *Die Struktur des literarischen Symbols*, 1975; *Die Struktur des Symbols in der Sprache des Journalismus*, 1978; *Biedermeier und Ästhetizismus*, 1979; *Elementare Literatur und generative Diskursanalyse*, 1983; *Literatursoziologisches Propädeutikum* (zus. m. U. Link-Heer), 1980.
Aufsätze zur Theorie und Geschichte des literarischen Symbols und der Kollektivsymbolik und zur Literaturtheorie. Zusammen mit Ursula Link-Heer seit 1982 Hrsg. der Zeitschrift *'kultuRRevolution. zeitschrift für angewandte diskurstheorie'*.

Rolf Parr, Dr. phil., Wiss. Mitarbeiter im DFG-Projekt 'Literarisch-kulturelle Vereine' an der Ruhr-Universität Bochum; Mitarbeit an der Zeitschrift *'kultuRRevolution. zeitschrift für angewandte diskurstheorie'*.

Veröffentlichungen: *Historische Mythologie der Deutschen 1776-1918*, 1991 (zus. m. K. Bruns u. W. Wülfing); *"Zwei Seelen wohnen, ach! in meiner Brust". Strukturen und Funktionen der Mythisierung Bismarcks (1860-1918)*, 1992.
Aufsätze zur Mythisierung historischer Figuren, zum Mediendiskurs, zur Karikatur, zur Sozialgeschichte der Literatur des 19. Jahrhunderts.

Bernd Scheffer, Prof. Dr. phil., Habilitation 1985, Diplom in Psychologie 1988, arbeitslos seit 1992.

Veröffentlichungen: *Interpretation und Lebensroman. Zu einer konstruktivistischen Literaturtheorie*, 1992.

Arbeitsschwerpunkte: Neuere Deutsche Literaturgeschichte, Literatur des 20. Jahrhunderts, Literaturtheorie, Medien, Journalistik.

Bernd Witte, Dr. phil., Professor für Neuere Deutsche Literatur am Germanistischen Institut der RWTH Aachen.

Veröffentlichungen u.a. zu Gellert, Goethe, Benjamin, Celan.

Hrsg. der kritischen Werkausgabe C. F. Gellerts und des Goethe-Handbuchs.

Studienwissen zur deutschen Literatur

Klaus-Michael Bogdal (Hrsg.)
Neue Literaturtheorien
Eine Einführung
2., neubearb. Aufl. 1997. 287 S.
(wv studium, Bd. 156) Pb.
ISBN 3-531-22156-6

Die Einführung in die neuen Literaturtheorien erfreut sich seit ihrem Erscheinen großen Zuspruchs von Lehrenden und Studierenden literaturwissenschaftlicher Fächer. Sie hat sich im Studienalltag als Hinführung zu den komplexen Theorieentwicklungen der letzten 20 Jahre bewährt, darüber hinaus auch als Kompendium für das Verfassen wissenschaftlicher Arbeiten und als Prüfungsrepetitorium.

Für die 2. Auflage wurden sämtliche Beiträge im Blick auf den jeweiligen Forschungsstand aktualisiert und überarbeitet oder völlig neu geschrieben. Wie bisher werden in zehn übersichtlichen Einzelbeiträgen die historische Diskursanalyse, psychoanalytische Theorien, Dekonstruktivismus, feministische Literaturwissenschaft u.a.m. vorgestellt und erläutert und der Einfluß von Foucault, Derrida, Lacan, Luhmann u.a. untersucht.

Andreas Dörner /Ludgera Vogt
Literatursoziologie
Literatur, Gesellschaft, Politische Kultur
1994. 304 S. (wv studium, Literaturwissenschaft, Bd. 170) Pb.
ISBN 3-531-22170-1

Die literatursoziologische Diskussion hat in den letzten Jahren wichtige Impulse erhalten. Diese kommen sowohl aus der Literaturwissenschaft als auch aus den Sozialwissenschaften, wo neue Ansätze (Systemtheorie, Bourdieus Kultursoziologie, Politische Kulturforschung u.v.m.) neue Zugangsweisen zur Literatur eröffnen.

Die Autoren stellen die Vielfalt dieser Entwicklungen vor dem Hintergrund der „klassischen" literatursoziologischen Paradigmen leicht verständlich dar und diskutieren sie kritisch. Neben den Theorien zur Soziologie von Produktion, Text, Rezeption und literarischem Feld wird das Problem der literarischen Wertung beleuchtet. Eine umfangreiche Fallstudie zu Heinrich von Kleists „Hermannsschlacht" dient der Veranschaulichung der Theorieansätze.

Eine kommentierte Auswahlbibliographie gibt schließlich Hinweise zur Vertiefung der Thematik in der universitären Lehre wie auch im Selbststudium.

WESTDEUTSCHER VERLAG
Abraham-Lincoln-Str. 46 · 65189 Wiesbaden
Fax (06 11) 78 78 - 420

Studienwissen zur Literaturwissenschaft

Jochen Vogt

Aspekte erzählender Prosa

Eine Einführung in Erzähltechnik
und Romantheorie
7., neubearb. und erw. Aufl. 1990.
273 S. (wv studium, Bd. 145) Pb.
ISBN 3-531-22145-0

Die seit vielen Jahren in Studium und Schule bewährte Einführung „Aspekte erzählender Prosa" liegt mit dieser Ausgabe in völlig neubearbeiteter und stark erweiterter Fassung vor.

Der Autor vermittelt die grundlegenden Bedingungen, Strategien und Techniken literarischen Erzählens sowie die Terminologie und die Kategorien der Erzählforschung anhand zahlreicher Beispieltexte aus der deutschen und internationalen Literatur.

Diskutiert werden ferner die historische Dimension und die Entwicklung verschiedener Erzählstrukturen und -techniken sowie die Beziehung zwischen Romanform und moderner Gesellschaft.

Der Leser erhält mit diesem Band ein leichtverständliches Instrumentarium für die selbständige Analyse von Erzähltexten aller Art.

Heinz Geiger / Hermann Haarmann

Aspekte des Dramas

Eine Einführung in die Theatergeschichte
und Dramenanalyse
4., neubearb. und erw. Aufl. 1996.
261 S. (wv studium, Bd. 147) Pb.
ISBN 3-531-22147-7

Dieser vor allem für Studenten und Schüler nützliche Band liegt in der 4., neubearbeiteten und erweiterten Auflage vor, er versteht sich ganz pragmatisch als Einführung in die Theatergeschichte und Dramenanalyse.

Während Teil I zunächst einen problemorientierten Überblick zum Verhältnis von Drama und Theater zu geben versucht, folgt mit den Bauelementen des Dramas der begrifflich-systematische Teil II, der sich den gattungsspezifischen Strukturmerkmalen des literarisch-dramatischen Textes widmet. Dokumente zur Theorie des Dramas beschließen den Band.

WESTDEUTSCHER VERLAG

Abraham-Lincoln-Str. 46 · 65189 Wiesbaden
Fax (06 11) 78 78 - 420